U0668020

电网企业班组建设典型实例

（第三辑）

国网河北省电力有限公司工会　组编

中国电力出版社
CHINA ELECTRIC POWER PRESS

内 容 提 要

班组管理是企业内具有根本性和基础性，又事关全局性的一项工作。为提升电网企业班组管理水平，提高班组成员的技能素质和创新能力，打造团结、高效、充满活力和创新力的班组集体，特组织编写了本书。本书精选几十个典型实例，旨在通过对这些实例的学习，提高工作效率，提高班组人员素质，提升班组建设水平。

本书主要内容分为六篇，分别为：班组基础建设，班组技能建设，班组创新建设，班组长队伍建设及其他，班组安全建设，班组民主、思想及文化建设。

本书可供电网企业一线班组长交流学习使用，也可向电网企业工会干部、班组管理人员等提供管理参考。

图书在版编目（CIP）数据

电网企业班组建设典型实例.第三辑／国网河北省电力有限公司工会组编.—北京: 中国电力出版社，2021.3

ISBN 978-7-5198-5458-4

Ⅰ.①电…　Ⅱ.①国…　Ⅲ.①电力工业－工业企业管理－班组管理－中国　Ⅳ.① F426.61

中国版本图书馆 CIP 数据核字（2021）第 043047 号

出版发行：中国电力出版社
地　　　址：北京市东城区北京站西街 19 号（邮政编码 100005）
网　　　址：http://www.cepp.sgcc.com.cn
责任编辑：马淑范（010-63412397）　马雪倩
责任校对：黄　蓓　王海南
装帧设计：张俊霞
责任印制：杨晓东

印　　刷：北京雁林吉兆印刷有限公司
版　　次：2021 年 4 月第一版
印　　次：2021 年 4 月北京第一次印刷
开　　本：787 毫米 ×1092 毫米　16 开本
印　　张：23.5
字　　数：383 千字
定　　价：72.00 元

本书编委会

电网企业
班组建设典型实例（第三辑）

国家电网有限公司一直以来高度重视班组自主管理，先后设立了一系列的工作标准和管理规范。班组建设工作是各级工会组织年度重点工作中的重要组成部分。班组管理是企业管理的重要内容，班组建设是事关企业发展全局性、根本性和基础性的工作，是一项长期的战略性任务。加强班组基础管理，提升队伍素质，提高创新能力，不断促进公司产业工人队伍素质水平提升，进而推动企业安全发展、创新发展、科学发展、高质量发展。

班组建设对于电网公司企业至关重要，它有利于加强团队建设，提高职工的安全意识，提高工作效率和质量，是建设一流企业的必然要求。目前，班组建设存在着一些不足，还有部分专业管理需要进一步提升，但从发展情况来看，落到实处做建设、突破思路来创新，都有利于企业的经营与发展。在日常工作中，只要持续不断加强班组建设，加强班组成员的团队融合，就能推进班组安全与管理不断地完善。

近年来，国网河北省电力有限公司工会积极打造先进班组、一流班组、工人先锋号，依托先进典型班组坚持每年征集一次班组建设与管理的工作经验和成果，精选几十个班组建设的典型实例，汇编成册，旨在通过对这些实例的学习，搭建交流平台，提高工作效率，提高班组人员素质，提升班组建设水平，并且可以更好地总结经验。

本书主要内容分为六篇，分别为：班组基础建设，班组技能建设，班组创新建设，班组长队伍建设及其他，班组安全建设，班组民主、思想及文化建设。本书可供电网企业一线班组长交流学习使用，也可向电网企业工会干部、班组管理人员等提供管理参考。

本书在编写过程中，得到了各级领导的大力支持和帮助，在此一并感谢。同时，书中如有疏漏之处，敬请读者批评指正。

前 言

第六篇　班组民主、思想及文化建设　　　　329

第一篇
班组基础建设

▽

电网企业班组建设典型实例

（第三辑）

多措并举，制度先行，
全力打造一流服务枢纽班组

班组：国网高邑县供电公司供电服务指挥中心

一　产生背景

随着社会的快速发展，市场经济体制的不断完善和电力行业市场化转变的持续深化，供电企业的内外部环境发生了深刻变化。当前，公司正处在争先进位和综合实力全面提升期，改革发展任务极为繁重。客户的用电需求亦从"用上电"转变为"用好电"。供电服务指挥中心作为重要的客服渠道，对内需结合生产、营销、调度多专业，关联部门较多；对外是联系客户与电力企业的纽带和沟通桥梁，是客户沟通的前沿，一言一行都代表着企业的形象。如何做到工作流程顺畅、专业互通，如何紧密围绕公司"三型两网、世界一流"战略目标，以现有资源做好供电服务指挥工作是我们面临的一大挑战。

二　主要做法

1. 牵头部门＋工单联系人制，保证内部工作运转顺畅

（1）建立内部协同服务机制，成立以公司经理、党委书记带头的95598工单处理领导小组，全面协调95598工单处理工作。

（2）明确各类工单的牵头部门，确保供电服务中心接收到95598工单后可顺利下

派，不存在"烫手山芋"无人接管问题。

（3）确定"工单联系人"。公司各部门、供电所明确一至两名管理人员作为本部门首问负责人，负责受理、协调涉及该部门的有关工单指令。派发至各部门、供电所的工单指令，该部门工单联系人必须第一时间使用业务规范用语与诉求客户联系、核实具体事宜，落实"首问负责制"。客户诉求如属于该部门、供电所内部不同专业管辖范畴，由工单联系人协调该部门、供电所内部工作，并督促工作人员及时处理。

（4）客户诉求处理完毕后由工单联系人按模板回复工单至供电服务指挥中心，工单处理内部流程闭环管理。

2. 实行线上副班，人力效能提升

我班组共五名值班人员，班组工作量随季节、天气变化明显：春灌时节、炎热夏季、冬季取暖期，工单数量、客户电话量较多；雷雨等恶劣天气时工单数量、客户电话量剧增；其他时间则较为平稳。五人班组无法实现双人24h值班，但单人值班弊端大：平日95598停送电信息发布无人审核，恶劣天气大面积停电后客户电话接听、工单流转、95598停送电信息报送、内部协调等多项任务无法兼顾。增加至8人可实现双人值班，但工作量平稳期间，会造成人力资源浪费。

就此问题，国网高邑县供电公司供电服务指挥中心实行线上副班制，建立班组微信群，配备可移动值班电话，班组人员互为备班，当日主班A到单位值班，备班B在家持移动电话，关注微信群消息，线上审核工作，恶劣天气时协助A与其他部门沟通，接听客户电话。

3. 1212工作法，提升客户服务感知

计划停电、临时停电可利用95598智能互动网站"http：//www.95598.cn""国网河北电力"微信公众号、广播局数字电视滚动播出等多种形式提前告知客户，但故障停电具有不可预测性，直到客户

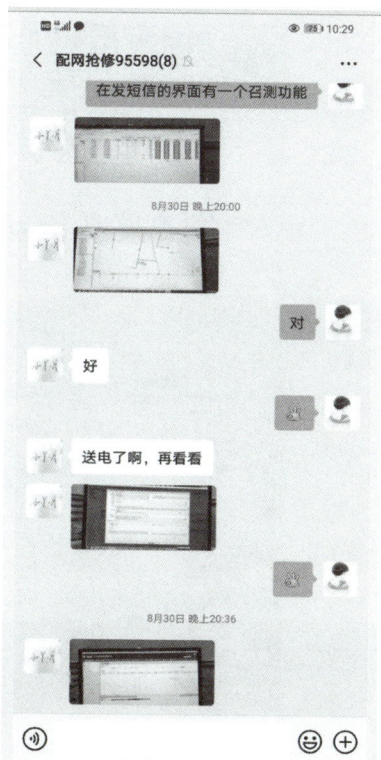

图1 通过微信群线上副班

拨打供电服务电话，供电公司才能被动解释停电情况，此处一直是供电服务的薄弱环节。面对此情况，国网高邑县供电公司供电服务指挥中心实行 1212 工作法：一条故障停电两条短信"维稳"，一个故障工单两个电话"护航"。

一条故障停电两条短信"维稳"：通过整合 PMS、SG186、SG184 平台信息资源，贯通低压电网设备与营销客户，实现信息共享、数据贯通，现可依托河北供电服务指挥系统，利用营配调数据综合分析模块，在发生故障后，按照站线变压器支户逻辑推送第一条短信，及时将客户关注的有效信息告知客户，减少客户主动电话诉求，变被动为主动。送电后推送第二条短信，及时告知已恢复供电。

一个故障工单两个电话"护航"：受理客户故障报修工单后，拨打第一个电话提前告知客户此故障信息已经受理，起到安抚客户的作用，避免因等待时间长造成客户二次拨打 95598 引起投诉。客户供电故障修复后拨打第二个电话跟进客户，了解抢修人员现场维修情况及客户回访事项，完善最后一环节的工作流程。

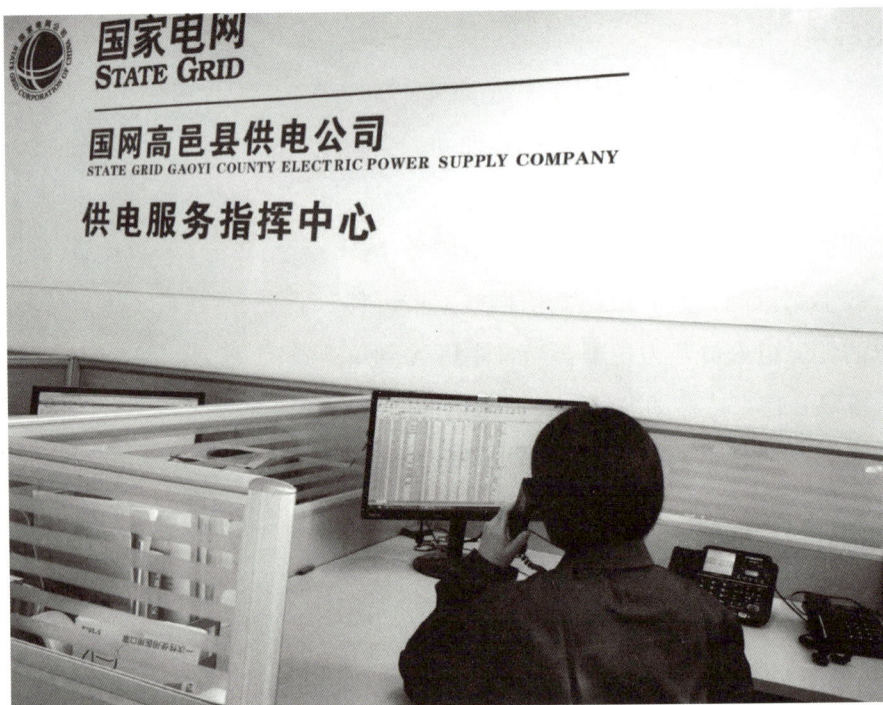

图 2　客户供电故障修复后电话跟进

4.统一话术，规范服务

班组成员每人都有自己的话术习惯、自成一体系的回复方式，给客户的解释有时难免出现偏差，造成客户的困惑和不满，也不利于交接班后接班人员后续工作的开展。良好的话术不是一蹴而就的，需结合当地风土人情，在实践中逐步完善。话术制定初期，国网高邑县供电公司供电服务指挥中心成员利用交接班时间，相互配合进行巩固演练；工作中接待客户时融会贯通；在定期的业务培训中播放典型的录音电话，共同查找不足之处。经过一次次演练实战，发现纰漏进而完善，最终形成具有当地特色，通俗易懂，真诚亲切的统一话术标准。

高邑供电公司
供电服务业务规范用语举例

1.与客户电话联系时
您好！我是高邑县供电公司，请问您是××先生（女生）吗？我向您核实一下您反映的××情况！

2.客户所反映情况不属于自己部门的职责时
对不起，您反映的情况超出了我们部门的业务范围！但是您别着急，我马上联系相关专业人员尽快和您联系，请您保持电话畅通。

3.所办业务一时难以答复需请示领导时
对不起，您反映的问题我们马上汇报领导，有结果后第一时间给您答复。

4.未听清楚，需要客户重复时
对不起，我没听清楚，请您再说一遍！

5.客户提出建议时
您提的建议我们一定慎重考虑，有利于改进我们工作的，我们一定采纳，谢谢您对我们工作的支持！

图3 话术规范举例

三 实施效果

国网高邑县供电公司供电服务指挥中心共五名值班人员，承接 95598 全类型工单指令、"掌上电力"、12398 监管热线、12345 市政热线、行政值班转办的工单指令，负责 95598 停送电信息报送管理、95598 知识管理、复电查询催办、客户电话接听等大量工作。人员少，业务多，国网高邑县供电公司供电服务指挥中心多措并举，尽力解决目前中心存在的问题。

（1）牵头部门 + 工单联系人制有效避免推诿扯皮现象，缩短工单处理时长，对工单处理时效性、服务态度、客户满意度等方面提升明显。非抢修类工单派单时长平均缩短 0.36h/ 单，工单回复时长平均缩短约 1 个工作日，2019 年全年无红色预警工单。

（2）线上副班灵活性强，有效解决了人员不足问题，保证了工作质量，且未大幅度增加职工工作时长，人性化管理，班组体系高效运转。2019 年无停电信息错误，未发生接单超时、到场超时，故障工单平均处理时长 33.57min，同比 2018 年（45.97min）下降 26.97%。

（3）1212 工作法明显提升客户服务感知，对降低工单数量、提高抢修时效性等方面也有显著成效。2019 年共给用户发送短信 25 万余条短信，给客户拨打电话 2.6 万个，平均每条次停电线路减少客户报修工单 23.27%，减少投诉 16.58%。

（4）统一话术的制定，着力营造了一个积极向上的工作氛围，在短时间内员工的服务意识不断加强，精神面貌焕然一新，极大地提高了客户体验和员工的工作效率，增加了客户的满意度和黏合度。2019 年全年班组零投诉，接受客户电话表扬 6 次，同比 2018 年（2 次）上升 200%。

优质服务没有最好，只有更好，高邑供电服务指挥中心在"始于客户需求，终于客户满意"的服务理念基础上，将进一步细化服务环节，为电力客户提供更优质、方便、规范、真诚的供电服务。

强化班组管理，
争创卓越班组

班组：国网石家庄市藁城区供电公司营销部计量二班

一 产生背景

国网石家庄市藁城区供电公司营销部计量二班，主要负责公司各电压等级电能表采集数据的监控和采集失败的处理，并承担营配贯通异常数据的消缺，是沟通营销部各班组以及运维检修部关口数据的桥梁。

随着电力改革的不断深入，班组建设的重要性也逐渐被越来越多的人所认识和重视，为适应当前新形势下供电服务水平，进一步提升班组管理水平，国网石家庄市藁城区供电公司在积极探索和建立科学合理的班组管理体系、优化和改进当供电公司生产经营目标的圆满实现、开创供电公司服务新局前班组工作模式，实现班组向科技驱动型组织、知识驱动型组织转变，向一专多能、高效协同化队伍转变，更好地服务公司快速健康发展。

二 主要做法

（一）贯彻"甘当重任、敢于负责、争创卓越班组"思想

班组建设中统一思想，明确班组建设意义，贯彻"甘当重任、敢于负责、争创卓

越班组"思想。班组是企业实现自我发展壮大的有效载体。班组建设搞好了，供电公司的基础才能够稳固，基础稳固了公司才能够发展，班组成员的"幸福指数"才会上升。班组内部召开相关会议，提升班组成员对班组建设意义的认识，激发班组成员工作积极性，从而自觉地投身到班组建设中去，把企业的利益和自身的利益紧紧联系起来，要有抓好班组建设的决心和信心，不能遇到困难就退缩。

图 1　班组长带领召开班组会议

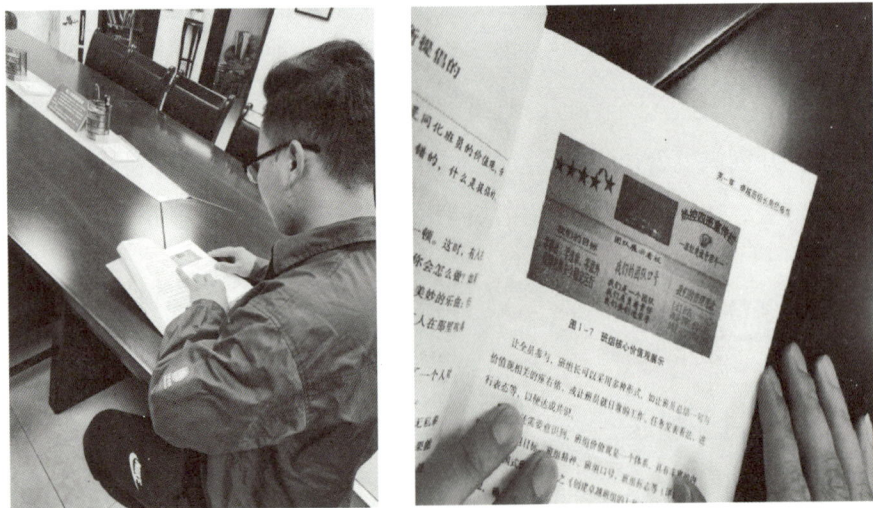

图 2　班组长自我学习班组建设

（二）开创员工自我教育的培训新方式

班组成员的素质好坏决定班组有没有活力和竞争力，可见班组成员的素质是一个班组完成各项指标的关键。开创员工自我教育的培训方式牢固确立"技术工人也是人才"的观念。组织和鼓励员工岗位成才、自学成材，为员工的文化学习和业务技能培训提供良好的环境和条件，促进员工自身素质、文化素质、业务素质的不断提升。

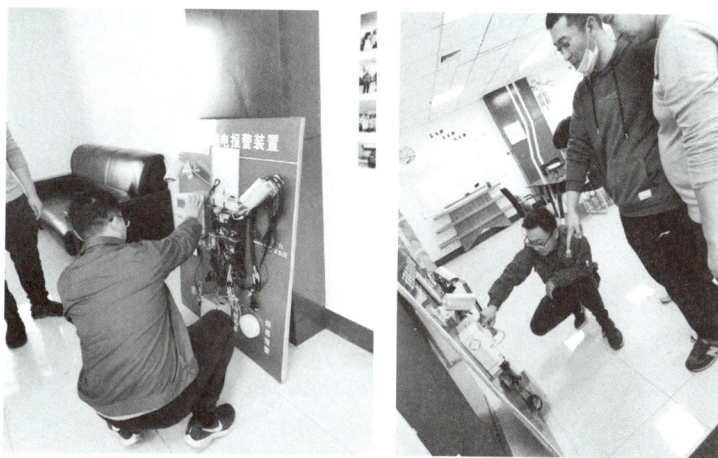

图 3　共同学习专业知识

每周针对处理过的疑难户进行分析总结，积累专业经验。在平常的工作中，善于发现问题，解决问题。互相学习，取长补短，各员工齐头并进，开展劳模竞赛，在班

图 4　员工自我学习

组成员中形成比、学、赶、帮、超的工作氛围。强化自身领导、组织作用，与班组成员及时沟通，共同学习进步。

（三）完善制度体系，严格执行奖罚制度

建立和完善包括规章制度，工作流程。操作标准在内的班组工作制度，同时强化执行力，维护规则制度的严肃性和权威性真正把各项制度落到实处。日常工作有细则要求，所有工作有序开展，重点指标有专人关注，并能做到班组成员互为 AB 角工作制度（在每个窗口、每个岗位，都设置两名工作人员，两人在工作中互为补充，A 角离岗前，要交代好工作，B 角在其离岗期间代为行使岗位职责），第一时间内发现并处理采集异常，高质量，精准消缺。与供电所沟通顺畅，对供电所提出的各类问题能做到良好的反馈和及时的总结。每天总结现场出现的各类问题，归纳解决问题的方法。找出有代表性的典型采集异常问题，通过微信、电话沟通、开会交流，总结提升和发布教程等方式，形成闭环。

图5 指标分析

此外，加强班组机制建设，建立健全班组绩效考核机制。严格执行奖惩制度，形成公平、公正的约束机制，充分发挥考核激励机制，激发全体员工工作热情。

图 6　共同参观优秀成果

（四）加强安全建设，以安全为中心

要认真提高每一位班组成员的专业技能和综合素质，实现国网石家庄市藁城区供电公司营销部计量二班的安全生产，为国网石家庄市藁城区供电公司安全奠定坚实的基础。建立健全安全生产责任制，严格遵守"十不干"工作要求，把安全责任制落实到每位班组成员。认真开展岗位风险和隐患识别及应对时的措施教育，做到隐患排查、全员参与。

图 7　现场施工作业

日常工作中出现场前填写派工单并由局方专责签字确认，出现场最少两人，现场工作时需供电所采集人员陪同；严格要求现场人员现场作业时，必须穿长袖、戴安全帽、携带电笔等安全设备，严禁带电更换设备；现场工作前熟悉工作内容、工作流程，掌握安全措施，明确工作中的危险点；如发现不安全情况，可拒绝现场作业，需现场人员互相监督；高温天气现场作业按公司要求车上常备藿香正气水，携带水杯等；雨水天气不出现场，严禁触碰带电设备。

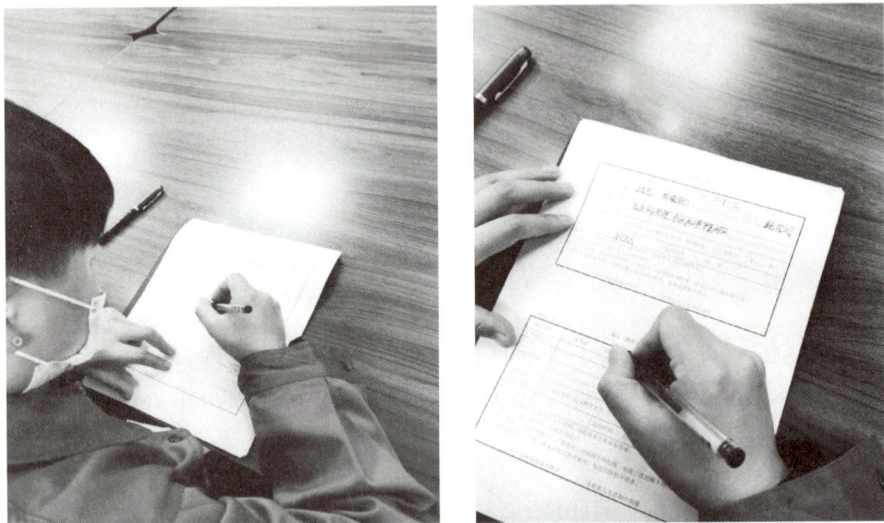

图 8　派工单填写

（五）广开言路、固本强基

优秀经验从班组中来，到班组中去。只有让一线班组员工积极参与班组建设和管理，才能确保班组建设取得实效。

积极鼓励一线班组员工认真思考工作中存在的问题，及时总结推广好经验、好做法。建立了合理化建议收集、分析、利用、推广的良性循环机制。班组的战斗力最终取决于整个班组的业务技能和综合素质，从提高班组长能力和班组员工素质两方面着手，提升班组整体能力，着眼于班组长综合素质能力提高，精心组织编写培训教材，组织班组长管理能力提高培训，在具体工作开展中体现了班组建设的实效，全班上下统一思想和认识，齐心协力，积极协商和解决班组建设出现的新困难和新问题，为班组发展献计献策，不断创新服务模式并赢得好评。更重要的是要使职工树立起不等、不靠、不推、不拖的作风和主人翁思想，从一点一滴做起，把班组建设创建活动贯穿于日常生产、工作和生活之中，使班组建设成为顺利开展安全生产的有效保障和动力。

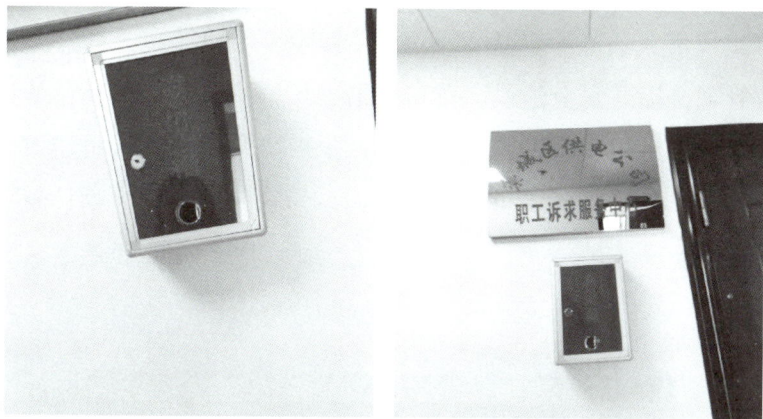

图 9　意见箱

（六）创文明班组，营造和谐工作氛围

团结和谐的工作环境是标准化班组建设的保障，让班员感受到一"家"亲的温暖，才能让班员齐心协力地干好工作。广泛开展生动活泼、丰富多彩的文体活动，锻炼班组成员体魄，陶冶情操，铸造积极向上的精神。

图 10　班组活动建设

三　实施效果

国网石家庄市藁城区供电公司营销部计量二班通过统一思想行为，明确班组建设内涵、重视班组成员素质教育，提升服务基础、完善制度体系，提高班组建设水平、加强班组绩效管理，提高安全建设，营造和谐工作氛围，使班组成员认识水平不断提高，全班上下统一了思想和认识，齐心协力，积极协商和解决班组建设出现的新困难和新问题，进一步强化了服务质量和工作效能，为企业发展壮大献计献策，推动了综合管理水平的有效提升。

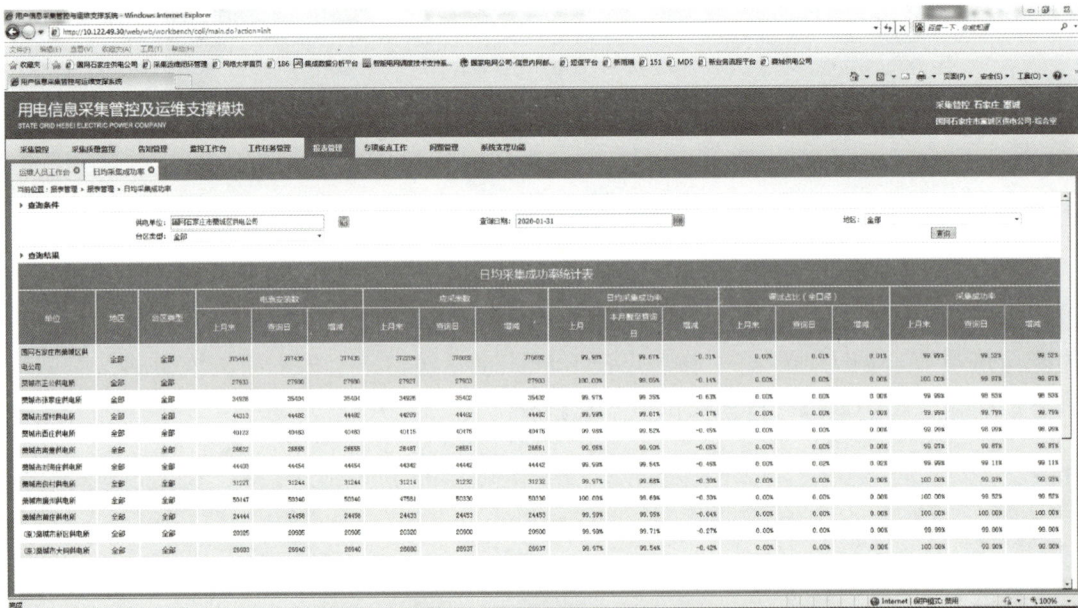

图 11　年初指标 99.67

（1）班组长的带头作用和积极性得到了发扬，不仅提高了自身的技术与服务技能，而且能够做到善于用人、管人、调动班组成员的工作积极性，会合理安排班组其他成员分工协作，在生产任务特别紧的情况下，能够调动所有员工的积极性；同时对那些主动承担工作的员工要在绩效上体现出来，提出表扬和奖励建议，树立了良好的工作风气。

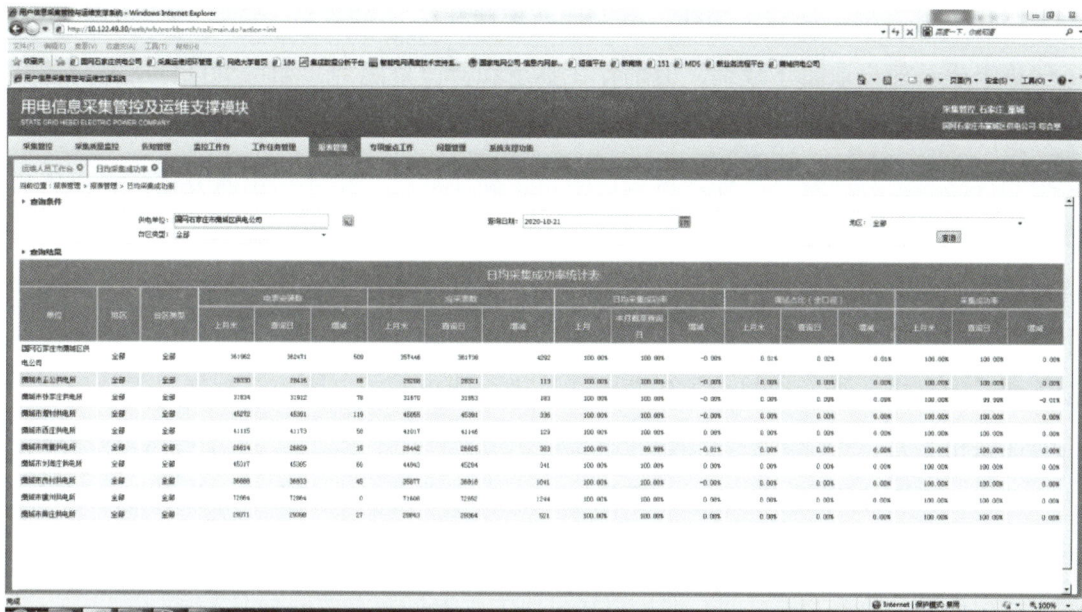

图 12　截至目前已连续 4 个月月月均稳定 100%

（2）通过绩效管理改进，班组评分考核很好地将班组和员工个人工作职责体现为绩效考核目的，员工知道自己应该干什么，应该如何干，应该做到何种程度。尤为可贵的是班组评分制办法不只是对过去的事件的记录，更是用概念性的班组职责来指导工分制办法的建立，前瞻性的指导班组成员去实现班组工作目标，各级部门加强了沟通协调，达成了共识，形成了合力，使大家心往一处想，劲往一处使，形成一种既争先恐后又关心维护团队利益的良好氛围和局面。

（3）制度建设中形成激励和约束班组成员的有效机制，有效调动班组成员的主动性。下大力气搞好搞活班组的绩效奖金分配，充分体现了多劳多得，奖勤罚懒的分配原则，利用最合理的分配去最大限度地调动职工的工作积极性。同时增强班组绩效奖金分配的透明度，实行公开发放，符合班组职工的意愿，让班组成员互相监督，寻找差距，使分配更具有民主性、公正性，赢得职工的信任，提高班组的向心力和凝聚力。

经过不懈的努力，终于完成了将 35 万低压用户采集成功率提升至 100%，采集失败数从 6000 户以上降至 15 户以下，7 天以上长期失败用户从上千户降到 0 户的突出成绩，并为供电所培养了一批踏实肯干，努力奉献的优秀采集专责。通过提升采集率，更为公司线损降损、抄表实用化、电费回收提供了有力的支持，促进各项指标提升。虽然班组成员建设取得了成绩，但仍存在不足和待改进之处，如班组自身所拥有的知识、素质和技能的差异，导致了对绩效考核的认识不一致，有些班组长还存在思想认识不到位问题，对绩效管理存在抵触情绪，在操作的过程中无法正面引导班组员工正确认识绩效考核与绩效管理；另外，班组长的协调作用需要不断提升，班组长要在化解矛盾、协调关系、理顺情绪等方面做好疏导工作，妥善地协调好部门与线（工段）、小组之间、上下工序之间、组员之间的关系，构建和谐、有战斗力的集体。把班组建设创建活动贯穿于日常生产、工作和生活之中，使班组建设成为顺利开展安全生产的有效保障和动力。

总之，班组建设是一项庞杂的系统工程，在今后的长期工作中，公司将围绕以业务融合、转型升级为方向开展班组建设。新形势下必将产生新变化，这些新变化将为班组建设提供全新的发展空间，使班组建设成为企业创新发展的有力支撑。

实施"五个一线"工程，打通供电服务"最后一公里"

班组：国网隆尧县供电公司莲子镇供电所

一　产生背景

东方食品城是隆尧县的经济重心，园区食品企业多，用电负荷增长迅速，安全可靠的电力供应是企业健康快速发展的重要保障，国网隆尧县供电公司莲子镇供电所作为东方食品城供电服务的主体，主动联系政府、联系客户，从电网规划、业扩报装、配电设施建设、供电优质服务等多方面入手，建立起了一整套满足食品城客户用电需求的超前服务流程。

二　主要做法

以"五个一线"工作法为抓手，大力实施品牌服务，服务园区企业用电无忧。

（一）情况在一线掌握，提供保姆服务

国网隆尧县供电公司莲子镇供电所大力发挥企业文化推动力，把卓越文化理念融入优质服务中，采取"跟踪服务"、实施"诚信服务"、开辟"绿色通道"等方式深入企业一线，摸着企业脉搏提供"保姆式"服务。该供电所辖区内的东方食品城是隆尧

县经济重心，为全县经济发展起到了"引擎"作用，其电力负荷发展在全县占有举足轻重的地位，为确保对食品城的供电服务，结合"百厂千商万户"走访活动，以所长成某某为队长的"共产党员服务队"走进今麦郎集团、龙大食品包装公司等，实地了解企业生产现状，用电需求和存在的困难，检查厂区变电所运行情况，切实解决企业在投资兴业过程中遇到的供电服务问题，并对存在的安全隐患及时给予专业指导，确保企业生产用电安全。为企业不间断提供"跟踪服务"和"一对一"服务，及时解决生产中存在的用电难题，当好企业发展的"电参谋"和"电保姆"。供电所所长在与客户的交谈中，把供电企业的优质服务精神和供电员工"客户事情无小事"的服务理念带到客户中去，像"供电公司与用电企业是鱼与水关系，客户的满意就是对我们工作最大的肯定，在平时的用电过程中如果遇到问题，您可以随时打电话联系我们的工作人员，我们会以最快的速度为你们解决。""您好，我是专门为你们企业提供供电服务的客户经理，这是我的名片，如果在用电方面有需要帮忙的地方，随时来找我。"等这些服务语成为所有员工经常挂在嘴边的话，这样的"保姆式"服务在莲子镇供电所已成为常态。

（二）帮扶在一线实施，提供精益服务

一是帮助企业培训技术人员，确保安全生产。国网隆尧县供电公司莲子镇供电所工作人员经常深入企业了解生产规模、用电设备现状、用电负荷、企业电工技能等方面的情况，有针对性地为企业电工进行"电工理论知识、电力安全规程、实际操作、故障排查、应急处置及高温恶劣天气情况下企业用电安全管理"等培训，保障企业安全用电、安全生产。二是针对负荷增加企业量身定做个性化用电方案，指导企业制定节电改造方案，优化用电方式，实现让客户省钱、省力、省时、省心。启动"一对一"服务机制，实行差异化服务，积极开展客户经理联系制度，划分客户经理管辖片区，与用电客户建立长期联系沟通机制，定期组织召开辖区用电协调会，解决用电困难和问题。针对微小企业生产规模小，多数未配备专职电工的情况，主动上门征求微小企业用电需求，指导微小企业安全用电、科学用电、减少不必要的损耗。同时，上门开展用电"预诊"活动，对辖区企业用电设施进行巡视和检修，及时帮助企业排除各类用电故障，及时消除各类隐患，让企业安全用电、舒心用电。三是抓好延伸服务，解

决企业用电难题。"供电所的服务非常到位，我们非常满意。"在洋浦包装公司，总经理冯某某话音刚落，设备部经理张某某紧接着说："供电所对我们的服务非常周到。不久前，我公司 800kVA 变压器发生故障，供电所及时派人到场修理，并不计报酬，上月我公司供电线路遭外力破坏，倒杆断线，当时正值半夜，由于彩印加工是连续性生产，停电时间过长将造成严重损失，供电所领导和抢修人员及时到场，一边组织抢修，一边采取环网供电措施，避免了严重损失。"园区企业内部供电设施属用户自维电力设施，不在供电所服务范围之内，但莲子镇供电所想客户所想，急客户所急，开展"延伸服务"，千方百计帮助企业解决用电上的困难，得到园区企业的交口称赞。

（三）工作在一线落实，提供亲情服务

国网隆尧县供电公司莲子镇供电所辖区内的东方食品城是隆尧县委县政府重点扶持发展的食品工业园区，是隆尧县"两区两业两城"发展战略的重要支撑，现已升格为省级滏阳高新技术开发区，园区现有食品及相关配套企业 200 余家。其中今麦郎集团、龙大食品包装公司等大型企业享誉全国，具有很高的知名度。园区企业以前由华龙 35kV 变电站供电，随着近几年园区企业规模的扩大和数量的增加，企业用电凸显紧张，公司领导多次向上级公司申请，在园区新建了莲东 110kV 输变电工程，作为食品城园区企业的主供电源。该工程是省市公司重点工程，涉及施工占地、青苗赔偿、线路走廊清障等诸多涉农问题。为保障这项工程顺利实施，国网隆尧县供电公司莲子镇供电所作为属地管理单位，一是做到思想上重视，工作上主动，行动上迅速。从所长到班长、专责，都亲力亲为，盯现场，问进度，主动了解工程进展情况，遇到阻工等问题，都是第一时间赶到现场协调处理。树立一张网、一盘棋意识，对于外包的施工队伍，该供电所明确告知，如施工遇阻，可以随时找该供电所协调。二是依靠乡镇政府、村委会，及时向他们通报工程进度，争取他们的帮助和支持。三是深入农户做工作。站在群众的角度去考虑问题，了解他们的关注点，然后进行分析、预判，对群众所想、所虑做到心中有数，有针对性地开展工作。比如，有的群众是嫌赔偿标准低，有的群众是与村干部有矛盾等，问题不同，采取的策略也不同，带着感情做工作，与群众交心交友、疏通心结、理顺情绪、排遣怨气、化解矛盾，使问题逐个解决。对于个别不理解、不配合的群众，通过社会关系，安排专人跟踪联系和协调解决。对于拒

不配合，无理取闹的极个别群众，通过莲子镇派出所来做工作，给群众讲法律、讲政策，争取他们的理解，做到即使不理解、不支持也不阻挠施工。四是积极开展宣传引导。让群众认识到电力建设是利国利民的好事，把工程建设的重大意义和党的好政策宣传到户、到人，争取群众的理解和配合。矛盾梳理了，心结解开了，群众对供电所的工作也就满意了。通过以上努力，确保了莲东 110kV 变电站及配套线路如期投运，保证了园区企业用电无忧。

（四）问题在一线解决，提供满意服务

结合行风建设，努力创新管理和服务，建立服务企业的常态化机制，与企业"结对子""串门子""办实事"，在服务企业中真实、准确、全面掌握电力需求状况，并从企业最关心的优质服务、生产电压、节能降耗、设备安全、停电告知等方面入手，针对企业存在的问题和困难，出谋划策，积极行动，实现公司与企业客户的互动双赢。积极畅通企业诉求反映渠道，通过"面对面"听意见，"心贴心"送服务，"实打实"解难题，了解企业所想、所盼、所需、所求，坚持多服务、少打扰，多指导、少麻烦，少说不能办，多说怎么办，真心实意为企业解难事、办实事、做好事。建立结对联系点制度和企业帮扶常态机制，对企业的需求从"管理意识"转变为"服务意识"，对企业的服务从"被动参与"转变为"积极进驻"，扎扎实实为企业解难题、办实事。实施"一二三四"工作法，确保安全生产实现"一闭环"，作业现场安全监督人员和供电所管理人员"两到位"，95598 值班中心、供电所营业班、东方食品城管委会线路停电"三通知"，高损台区、负损台区、零电量、大电量用户"四必查"，保障客户安全放心用电。

（五）作风在一线转变，提供清廉服务

供电所把廉政建设和优质服务作为标准化供电所建设的一项重要内容，实行所长接待日和工作人员首问负责制，定期召开监督员座谈会，定期走访客户，增强自身业务素质和服务水平，提高专业技能，主动接受政府监管和社会监督，积极主动征求行风监督员意见，对群众投诉举报问题及时进行调查处理和反馈，做到了件件有落实，事事有回音，对抄表、业扩报装时限、故障报修等关键问题组织明察暗访等措施进行

重点监控，确保不发生服务质量事件，树立了良好的对外形象。同时国网隆尧县供电公司莲子镇供电所大力开展小食堂建设，规定职工进企业服务和下乡工作，必须返回单位就餐，确实不能返回的，要足额交纳饭费，有效避免了"吃、拿、卡、要"现象，树立了廉洁勤政形象，受到了社会各界广泛好评。在行风评议中，国网隆尧县供电公司莲子镇供电所在辖区内连年保持了第一名的好成绩。

三　实施效果

"一线工作法"的推行，不仅拉近了供电所与客户的距离，达到为客户排忧解难的效果，而且也激发了一线员工的工作斗志和热情，实现了党的群众路线教育实践活动的有效落地。国网隆尧县供电公司莲子镇供电所以客户用电满意为抓手，切实当好"驻企服务员""先锋联络员""企业电保姆"，解决联系服务群众"最后一公里"，赢得良性回馈，不断提升企业品质。由于工作突出，国网隆尧县供电公司莲子镇供电所多次受到上级单位表彰，2012年被市公司评为行风建设红旗班组，2013年被市公司授予"十佳客户满意服务窗口"，2014年被评为公司先进供电所荣誉称号，全年未发生投诉事件，2015年被市公司命名为"四星级供电所"，2017年被河北省总工会、省公司评为"文明服务流动红旗"，2018年被省公司评为"企业文化示范点"，2019年被市公司评为"优秀班组"。

"四步法"夯实计量设备主人制，全面服务"质效邯供"建设

班组：国网邯郸供电公司计量室装表接电一班

一　产生背景

2020 年，国网邯郸供电公司总经理李某某在公司两会报告中提出"效益为先，打造'质效邯供'转型发展新形象"的战略理念，其中重要的一点就是坚持管理与技术降损并重，持续开展高损、负损和反窃查违工作。在线损治理过程中，计量采集专业就扮演了极其重要的角色。随着线损智能统计、远程停复电和精准反窃电的开展，均需要计量采集专业提供更加强大的支撑，这样对计量采集的精益化管理提出了更高的要求，原来按照分组开展计量采集运维，并以 AB 角的形式全班运作的方式就难以适应精益化管理的形势，亟须创造一种更加适宜的计量采集新装和运维方法，计量设备主人制应运而生。

围绕"量价费损"基础核心指标，由计量设备主人对计量采集设备运行进行在线监控和现场巡视，及时发现计量采集异常并处理，班长建立健全计量采集风险管控机制，提高管控能力，全面服务远程停复电、抄表收费、线损统计、负荷监测、智能反窃电和客户用电，为管理策略制定、管控手段的应用提供支撑，推动营销现代化进程。

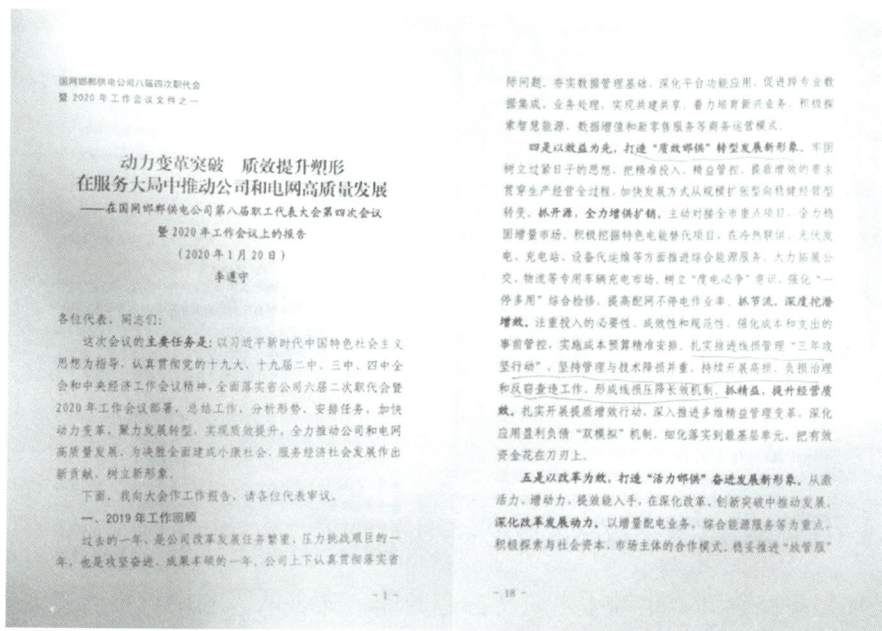

图 1　国网邯郸供电公司 2020 年 1 月两会报告提出"质效邯供"建设

二　主要做法

（一）建制度，明责任，夯实管理基础

一是加强通用制度学习。集中学习《电能计量装置设备主人制管理办法》《计量装置封印管理办法》和《供电服务奖惩规定》等规章制度，使全员清楚上级要求，提高设备主人的敬畏意识和站位高度。建立并完善办公变计量异常监控消缺机制，明确工作责任、工作目标、工作流程。二是开展计量设备主人制工作启动会，全体设备主人在条幅上签字，共同表示要当好计量设备主人，营造设备主人制落地的良好氛围。三是以青工交流、师带徒、创新创效，提高思想站位，增强青年员工做好设备主人、奉献计量采集事业的决心。

通过上述措施，明确了管理要求，确定了设备主人的责任，夯实了计量设备主人制的管理基础。

图2　国网邯郸供电公司计量室装表接电一班
计量设备主人

图3　计量设备主人制工作启动会

（二）开思路，战技术，攻克多项瓶颈

一是加强思路创新。定制手书防伪标志封印，完善两级领用、现场登记、电子存档等封印使用记录，规范专用变压器、公用变压器封印管控，将专用变压器封印管理纳入系统管控，助力推进计量资产设备主人制。同时依托"河北计量App"，将系统筛查计量采集异常通过手机直接派发到设备主人，重点异常24h内完成消缺。

表1　手书防伪标志封印

种类	领用、使用人员	使用人员	使用地点	铭牌	颜色	形状	备注
专用变压器、公用变压器计量箱封	计量人员	光明区域（1班）高压计量人员	光明区域	HGJL-光明	蓝色	长方形	
		和平区域（2班）高压计量人员	和平区域	HGJL-和平	红色	长方形	
	用电检查人员	用电检查人员	市区范围	邯郸供电	黄色	长方形	
专用变压器、公用变压器表尾封，接线盒封	计量人员	光明区域（1班）高压计量人员	光明区域	HGJL-光明	蓝色	—	
		和平区域（2班）高压计量人员	和平区域	HGJL-和平	红色	—	

图 4　手书防伪标志封印及封印领用记录

二是加强管理创新。采取"一二二"管理新模式，即：一个平台（班组 1 人作为监控平台）、两个目标（打造一流计量采集运维队伍、提升计量采集业务指标）、两个建设（队伍建设、体系建设），将上级制度要求、最新会议精神、技术难题解决方案通过视频会议、微信群、一对一培训和帮扶等方式直接传达至现场运维人员。

三是加强技术创新。积极推进采集新技术应用，与采集运维厂家合作，研发地下

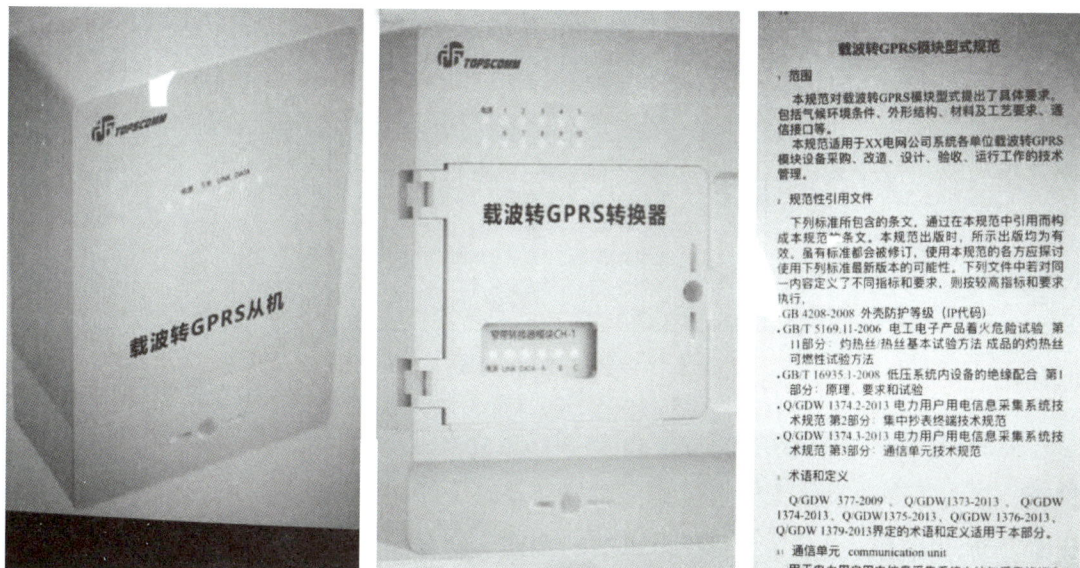

图 5　解决地下室无信号的信号转换器

室无信号台区解决新技术，有效解决了城区 63 个无信号台区的采集疑难。加大技术攻关力度，基于大数据技术的精准反窃电技术和计量异常定位技术研究，提出用电信息采集大数据优化算法，实现窃电用户和计量异常的精准定位。

通过三个创新，战胜了制约计量采集指标的技术难题，攻克了管理瓶颈，为专业指标的提升做好了充足的准备。

（三）抓落实，重协同，打破专业壁垒

抓落实方面，一是创新计量设备主人制落地方式。根据每人负责线路所带专用变压器和公用变压器，因不能单人作业，与另外 1 人结对子，对两人同检查、同考核。明确班长（含副班长）、技术员负责所有计量装置的管理，监督计量设备主人的工作质量。二是制订"计量采集运维八要八不要"工作守则，提升员工思想水平、工作技能。工作守则具体内容如下：一要负责，不要轻视；二要学习，不要不求上进；三要安全，不要事故；四要实干加巧干，不要蛮干；五要协同，不要单干；六要效率，不要磨洋工；七要常态化，不要三分热度；八要超越，不要故步自封。通过工作守则，提高设备主人工作技能和质量。

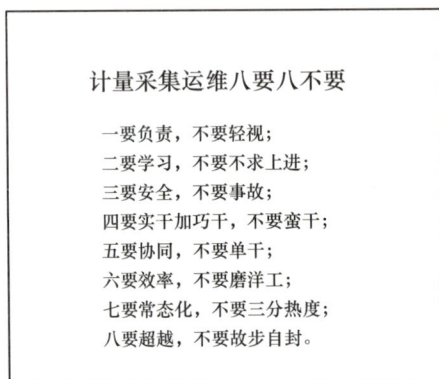

计量采集运维八要八不要

一要负责，不要轻视；
二要学习，不要不求上进；
三要安全，不要事故；
四要实干加巧干，不要蛮干；
五要协同，不要单干；
六要效率，不要磨洋工；
七要常态化，不要三分热度；
八要超越，不要故步自封。

图 6 《计量采集运维八要八不要》

重协同方面，一是构建计量、配电网、检查专业的协同体系。将计量、配电网、检查、抄表等专业具体责任人员直接对接，及时反馈和处理问题，提高效率。二是深化专业协同内涵。加强与相关配电班组的沟通，结合配电网停电计划，提前进行现场勘查，制订精准的配合计划，进行设备治理。

表2　计量、配电网、检查专业的协同体系人员对应表

部室 协同单位人员	领导	管理	班长	人员
计量室	刘某某	崔某	霍某某	杨某
配电网	詹某某	王某某	陈某	姜某
营业电费室	杨某某	王某	徐某	霍某某

通过上述措施，真正打破了专业之间各自为战、各为己利的局面，形成了高效系统的协同机制。

（四）积经验，大推广，服务质效邯供

在推行计量设备主人制的过程中，国网邯郸供电公司计量室装表接电一班积累了丰富的经验。

党员引领服务电力用户。发挥班组党员先锋作用，结合设备主人制定期开展专用变压器客户专项排查，检查计量设备的运行情况，了解用户需求；紧盯批量新装工作深入居民社区开展用电宣传；制订设备改造计划消除计量设备安全隐患，在党员践行初心使命的同时，积极带动了群众，达到了增强电力用户的获得感、幸福感、安全感。

计量异常定位方法优化。提出计量异常优化算法，创新专用变压器、公用变压器计量异常"一查二看三核"（即：查系统、看现场、核倍率）的三步工作法，建立各类用户用电负荷模型，通过监测系统中的计量异常，比对10kV线路实时线损和0.4kV台区实时线损，达到精准定位计量异常的效果。

采集运维经验得到传承。编写专著《专公变和低压采集安装调试、故障处理和指标提升一本通》，全部为国网邯郸供电公司用电信息采集实际情况和问题的解决方案和提升措施，是对国网邯郸供电公司采集运维经验的全面总结，指出了采集提升的方向。

实践证明，计量设备主人制是行之有效的计量采集管理方法，适宜于大力推广。国网邯郸供电公司计量室装表接电一班向计量室汇报，2019年年底开始在市公司营业及电费室低压台区和全部16个县公司推广应用，把准了"计量"这杆公平秤，将采集变为营销的千里眼，做到了先行先试的示范作用，带动了全面服务"质效邯供"建设。

专公变和低压采集
安装调试、问题处理及指标提升一本通

指　导：刘亚楠　田向阳
　　　　步强书　田　坤

主　编：霍振星
首　创：单亚静
编　写：石　伟、刘　诚、苗子艳
　　　　于　璐、李成广、王雅杰

第一章　采集系统概述

1.1 采集系统概述

采集系统全称为"电力用户用电信息采集系统"，即对电力用户的用电信息进行采集、处理和实时监控的系统。采集系统能够实现用电信息的自动采集、计量异常监测、电能质量监测、用电分析和管理、相关信息发布、分布式能源监控、智能用电设备的信息交互等功能。用电信息采集终端，即对各信息采集点用电信息采集的设备，同称采集终端，是可实现电能表的数据采集、数据管理、数据双向传输以及转发执行控制命令的设备。用电信息终端按应用场所分为专变采集终端、集中抄表终端（包括集中器、采集器）、分布式能源监控终端等类型（如图1-1所示）。

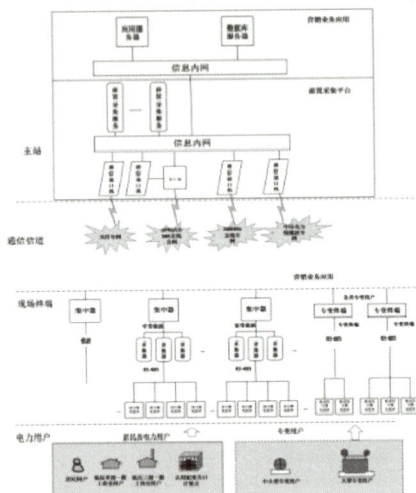

图 1-1　电力用户用电信息采集系统示意图

图 7　《专公变和低压采集安装调试、故障处理和指标提升一本通》节选

三　实施效果

（一）达到的目标

1. 计量采集指标持续提升

光伏日均采集成功率 99.97%；专用变压器、公用变压器采集成功率 99.75%；故障处理及时率 100%。

2. 计量采集运维水平持续提升

一是计量装置规范性提升。更换公用变压器集中器 816 台、计费表 169 块，完成公用变压器计量箱专项治理 301 处，对 135 户高压临时用电、258 户三相电流不平衡用户设备开展设备特巡，追补电量 110.7 万 kWh，合计电费 66 万元。

二是异常处理更加高效。班组通过全员出击、强化培训、落实制度三把利剑打赢了 2019 年计量攻坚战，提高了计量异常装置监控精准性和科学性。在一次异常处理中显示了计量设备主人制的高效率，8 时 30 分，在线监测系统发现邯郸市光华金属结构厂三相不平衡报警，10 时，经过现场核查，计量装置运行正常，警报解除。12 月 25 日，装表接电一班仅用时 1.5h 就将发现的计量异常妥善处理。

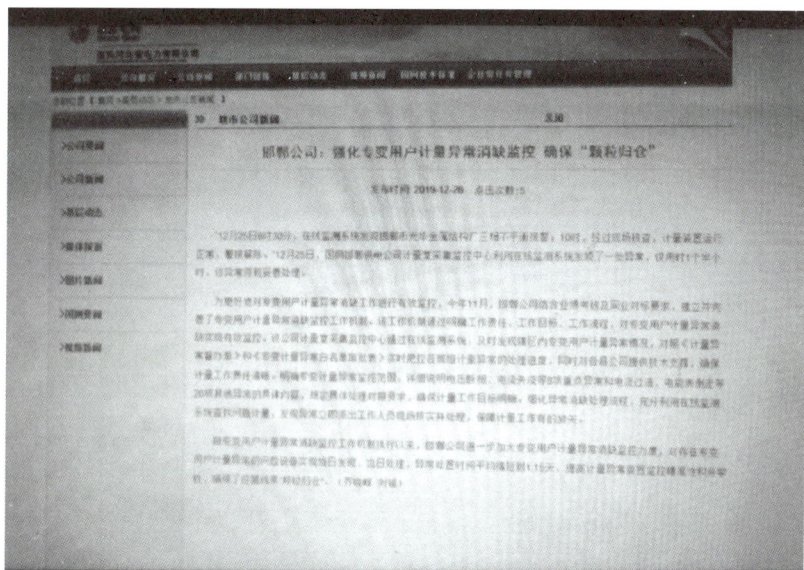

图 8　计量异常高效处理被省公司网站首页报道

三是线损治理支撑能力提升。专用变压器、公用变压器采集成功率较年初提升 0.99 个百分点，在河北南网六地市本部中排名第一名。处理计量异常 352 项，处理采集异常 1005 项，有效支撑了邯郸公司 10kV 线路实时线损合格率和 0.4kV 台区实时线损合格率分别提升至 90.16%、81.25%。

3. 人才培养和创新成果丰硕

一是竞赛成绩突出。霍某某获国家电网有限公司劳动竞赛"优秀服务之星"，获邯郸市装表接电大赛团体第一名、个人第四名。二是创新成果丰硕。班组团体获河北省质量科技成果一等奖 1 项、地市级奖项 5 项，省公司级奖项 2 项，市公司级奖项 2 项。霍某某创新工作室获邯郸市十佳创新工作室。三是争先氛围浓厚。国网邯郸供电公司计量室装表接电一班获河北省质量信得过班组建设一等成果、省公司工人先锋号，1 人获邯郸市青年五四奖章，1 人获"冀电工匠"荣誉称号。

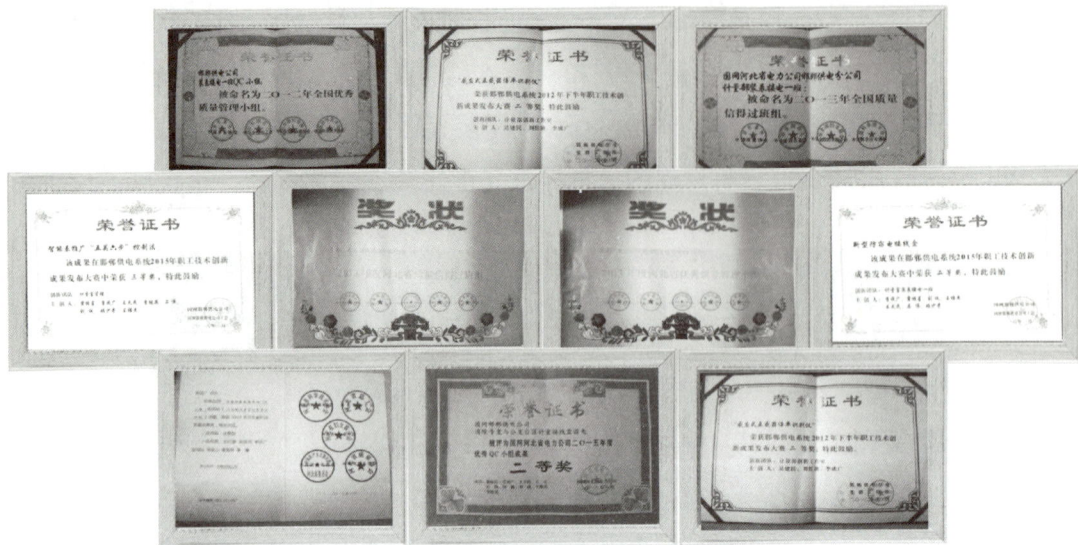

序号	年份	称号	获奖单位和个人	获奖等级
1	2019	河北省质量信得过班组一等成果	装表接电一班	省部（国网公司）级
2	2019	QC成果《研制计量定制电缆》获河北省质量科技成果一等奖	装表接电一班	省部（国网公司）级
3	2019	技术创新《通讯模块批量检测仪》获国网河北省电力有限公司优秀奖（分十佳和优秀）	装表接电一班、采集监控班	地市（省公司）级
4	2019	QC成果《研制计量定制电缆》获国网河北省电力公司成果三等奖	装表接电一班	地市（省公司）级
5	2019	《电能计量采集定制量箱的研制》获邯郸市质量强市优越QC成果	装表接电一班	地市（省公司）级
6	2019	《基于泛在电力物联网的脊柱状态巡检系统》获邯郸市"邯青春"岗位创新创效大赛优秀奖	装表接电一班、三班	地市（省公司）级
7	2019	《便携式计量现场作业终端安全杆》获邯郸市"邯青春"岗位创新创效大赛优秀奖	装表接电一班	地市（省公司）级
8	2019	《一种电力采集专用计量箱》获邯郸市"邯青春"岗位创新创效大赛优秀奖	装表接电一班	地市（省公司）级
9	2019	《免入户电表接线防串户测试仪》获邯郸市"邯青春"岗位创新创效大赛优秀奖	装表接电一班	地市（省公司）级
10	2019	技术创新《通讯模块批量检测仪》获国网邯郸供电公司职工技术创新成果一等奖	装表接电一班	公司级
11	2019	技术创新《计量专业定制电缆》获国网邯郸供电公司职工技术创新成果二等奖	装表接电一班	公司级
12	2016	撰写的班组建设典型经验"三位一体"促创新建设结硕果》获国网邯郸供电公司十佳典型经验	装表接电一班	公司级
13	2016	撰写的班组建设典型经验《三"+"促三提文化建设见成效》获国网邯郸供电公司优秀典型经验	装表接电一班	公司级
14	2016	QC成果《新型防窃电计量采集一体化接线盒》获中国质量协会、中华全国总工会、中华全国妇女联合会、中国科学技术协会优胜QC成果	装表接电一班	国家级
15	2016	QC成果《缩短关口电能表故障时间》获中国质量协会、中华全国总工会、中华全国妇女联合会、中国科学技术协会优胜QC成果	装表接电一班	国家级
16	2011	QC成果《新型螺母环钩》获中国质量协会、中华全国总工会、中华全国妇女联合会、中国科学技术协会优胜QC成果	装表接电一班	国家级
17	2017	QC成果《研制采负控专用计量箱》获全国电力行业QC成果二等奖	装表接电一班	省部（国网公司）级
18	2018	QC成果《研制免入户分户测量仪》获河北省特等质量科技成果奖	装表接电一班	省部（国网公司）级
19	2017	QC成果《研制采负控专用计量箱》获河北省优秀质量科技成果奖	装表接电一班	省部（国网公司）级
20	2017	QC成果《研制采负控专用计量箱》获国网国家电网公司QC成果二等奖	装表接电一班	省部（国网公司）级
21	2015	QC成果《新型防窃电计量采集一体化接线盒》获河北省优秀质量成果奖	装表接电一班	省部（国网公司）级
22	2015	QC成果《缩短关口电能表故障时间》获河北省优秀质量科技成果奖	装表接电一班、三班	省部（国网公司）级
23	2017	QC成果《研制采集负控专用计量箱》获国网河北省电力公司QC成果二等奖	装表接电一班、三班	地市（省公司）级
24	2017	QC成果《研制采集负控专用计量箱》获国网河北省电力公司QC成果三等奖	装表接电一班	地市（省公司）级
25	2018	技术创新《新型防窃电计量采集一体化接线盒》获国网河北省电力公司职工技术创新成果三等奖	装表接电一班	地市（省公司）级
26	2015	QC成果《消除专变与公变台区计量接线盒窃电》获国网河北省电力公司优秀QC小组活动成果二等奖	装表接电一班	地市（省公司）级
27	2018	技术创新《计量互感器防护箱》获国网邯郸供电公司职工技术创新成果三等奖	装表接电一班	公司级
28	2018	技术创新《专公变采集终端数据捕捉器》获国网邯郸供电公司职工技术创新成果三等奖	装表接电一班	公司级
29	2017	技术创新《免入户分户测试仪》获国网邯郸供电公司职工技术创新成果二等奖	装表接电一班	公司级
30	2016	技术创新《新型防窃电计量采集一体化接线盒》获国网邯郸供电公司职工技术创新成果一等奖	装表接电一班	公司级
31	2016	技术创新《专公变采集调试安装维护标准指导书》获国网邯郸供电公司职工技术创新成果二等奖	装表接电一班	公司级
32	2016	技术创新《新型防窃电计量采集一体化接线盒》获国网邯郸供电公司职工技术创新成果一班、优秀汇报片	装表接电一班	公司级
33	2016	管理创新《构建客户导向的智能表推广"五关六步"控制法》获国网邯郸供电公司管理创新成果二等奖	装表接电一班	公司级
34	2015	技术创新《一键式专公变计量故障监测器》获国网邯郸供电公司职工技术创新成果二等奖	装表接电一班	公司级
35	2015	技术创新《电能表远抄采集百科全书》获国网邯郸供电公司职工技术创新成果三等奖	装表接电一班	公司级
36	2013	技术创新《关口计量故障监制和处理程序》获国网邯郸供电公司职工技术创新成果三等奖	装表接电一班、三班	公司级

图 9　装表接电一班及成员 2019 年获得荣誉一览

（二）存在的问题和差距

（1）优质服务意识仍需加强。小部分现场计量箱破损较重，在智能表批量新装和表箱维护中优质服务风险依然较大，服务用户的意识仍需强化、工作思路需进一步开拓，为用户服务的主动性需进一步提高。

（2）班组成员素质建设仍需进一步深化。新技术大量推广应用，随之人员技术水平亟须提升。人员责任心、学习力建设需继续加强，班组绩效管理作用需进一步发挥。

（三）今后的改进方向

（1）提高设备主人优质服务意识。尤其是在计量箱破损治理和低压批量新装等业务开展中，主动服务客户，维护客户的切身利益。

（2）进一步加强班组成员素质建设。强化专业技能培训，深入学习关联专业知识，提高班组成员对新技术和新事物的学习、采纳和应用能力。

（3）加强计量采集新技术推广应用。推广应用新一代智能计量箱，优化计量异常监测处理，提高反窃电定位精准性。

"内化于心、外化于行、固化于制"，该班组将持续创新性地开展计量设备主人制建设，提高班组基础建设水平，以为民服务的初心、干事创业的信心、担当作为的责任心，只争朝夕，不负韶华，为全面服务"质效邯供"、建设能源互联网企业做出班组的贡献。

做精技术，做强配电网，
打造精细化班组

班组：国网曲周县供电公司运维检修部配电运检班

一　产生背景

　　国网曲周县供电公司运维检修部配电运检班隶属于运维检修部，共有管理人员 6 人，其中工程师 2 人，助理工程师 3 人，中级工 1 人，主要担负着县城以及 10 个乡镇的 10kV 配电线路维护和带电抢修工作。并拥有高科技、标准化工具器室，承担着曲周县范围内的带电作业的领域应急抢修等工具的存放，是一支思想素质高、业务技能精的特殊专业队伍。

图 1　国网曲周县供电公司运维检修部配电运检班车辆和标准化工具器室

二　主要做法

（一）树立安全管理意识，提升班组成员管理水平

安全是带电作业永恒的主题。近年来国网曲周县供电公司运维检修部配电运检班根据公司发展要求并结合工作实际，以强化班组执行力为重点，以提高班组成员综合素质为核心，以培养复合型人才为目标，始终将强化培训，提升人员安全技能和职业素质作为本质安全根本保证，牢固树立安全生产风险意识、忧患意识，时刻保持清醒头脑，不断增强班组的凝聚力和战斗力，为国网曲周县供电公司运维检修部配电运检班精细化管理和科学高效发展奠定了坚实的基础。牢固树立培训随时随地、无处不在，人人当老师、个个当学员的理念，坚持利用班组培训会、月度工作会以及现场施工班前会等机会，对班组人员开展安全管理提升培训。培训中重点对出现场危险点、应对措施等进行一一讲解，提高全员应急反应和处置应变能力，切实加强风险管理，强化班组执行力，有效提升安全管理水平。

图 2　理论学习技术交流研讨会现场

（二）创建"学习型"班组，提升班组整体技能

图3　广泛开展岗位练兵和技术比武活动

　　一是岗位练兵提素质，在练中学、学中练。在深化班组质量建设中，国网曲周县供电公司运维检修部配电运检班以提高员工综合素质、培养技能人才为目标，牢固树立"终身学习"的理念，建立健全学习制度和激励机制，激发班组成员学习热情，营造良好的学习氛围，广泛开展岗位练兵和技术比武活动，提高业务水平和操作技能。努力把班组建设成为员工刻苦钻研、增强技能、提高素质的"成才基地"。

　　二是施工现场变课堂，在学中做、做中学。将施工现场变为现场教学课堂，根据班组成员不同层次的技术水平，因人施教。针对工作过程中屏蔽服的穿戴，安全带的正确使用，高空作业中斗内高空防坠以及个人防护用品的操作要领进行实地指导和培训。将培训融入现场工作中，边讲解、边演练、边操作，采取灵活多变的学习方式激发班组成员的学习兴趣和面对面亲身体会的感受，能够达到事半功倍的结果。营造出作业人员现场积极学习和自觉提升的良好氛围。

　　三是以老带新传帮带，用心教、大胆学。针对带电作业的特殊性，组织经验丰富的老师傅带一名新成员进行操作，老师傅"手把手"言传身教，新员工学习态度端正、虚心求教，在实际操作中从近距离看师傅动手操作，到自己听从指挥亲自动手操作，逐一完成，达到了理论与实践相结合。

图 4　老带新一对一指导

图 5　现场交流学习

（三）夯实基础展成效，提升带电作业等级难度

曲周县作为不停电作业中心县，同时承担了鸡泽、邱县、肥乡、永年 4 个覆盖县的带电作业任务，该班组作为带电作业具体实施主体，自建设伊始从"零基础"迎难而上，积极学习带电作业各项业务知识，考取带电作业资质证书 6 人，建设配电网不停电作业工器具库房 1 座，配置带电作业车 1 辆、带电作业车库 2 个、各类带电作业工器具 130 余件，为带电作业的顺利开展打下坚实基础。在保证一、二类作业项目安全开展的前提下，积极拓展带电作业的广度和深度，于 2020 年 1 月 14 日在光明街南段 10kV 小河道 036 线路首次成功实施配电网第四类旁路作业，在疫情期间防疫线路保电中，于 2020 年 3 月 10 日在 10kV 西关 032 线路开展第二次旁路作业更换隔离开关，接下来在谋划开展

图 6　1 月 14 日在 10kV 小河道 036 线路首次开展旁路带电作业

了带电更换电杆、带负荷更换柱上开关等三、四类作业项目。自开展带电作业以来，该班组团结一致，共同努力，以扎实的工作取得了优异的成效，受到了省市公司各级领导的高度认可和肯定，并多次被河北工人报、国网河北电力微博等媒体予以正面报道。

图 7　3月10日10kV 西关 032 线路开展旁路带电作业更换隔离开关，图为作业现场及相关新闻报道

（四）创建和谐班组，提升班组创新力

图 8   班组文化建设展板

　　管理创新是建立在完善、扎实的管理基础工作上。国网曲周县供电公司运维检修部配电运检班重点利用典型引路，以点带面推动工作全面落实，注重创新工作方式方法。用创新的方式进行带电作业反事故演习，建立应对突发事故的应急响应机制。使反事故演习起到真正锻炼全体员工的快速反应和避免伤害意识的作用。配电班以"创

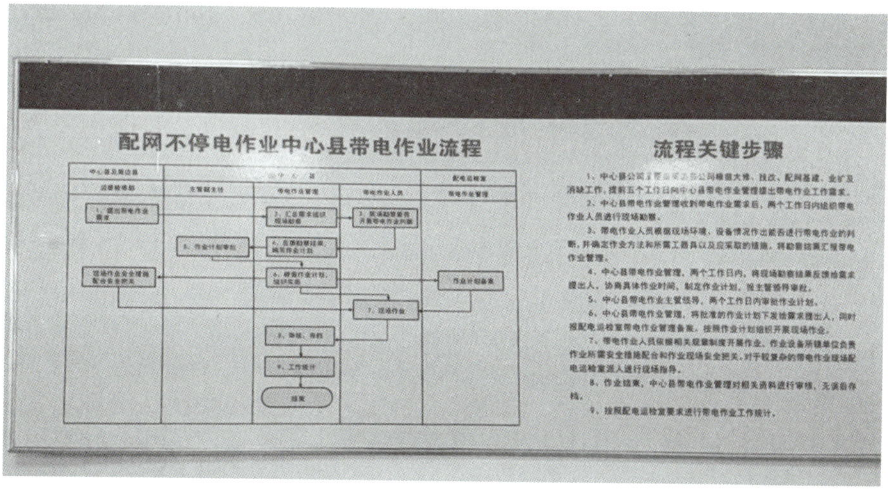

图 9   班组规章制度上墙（一）

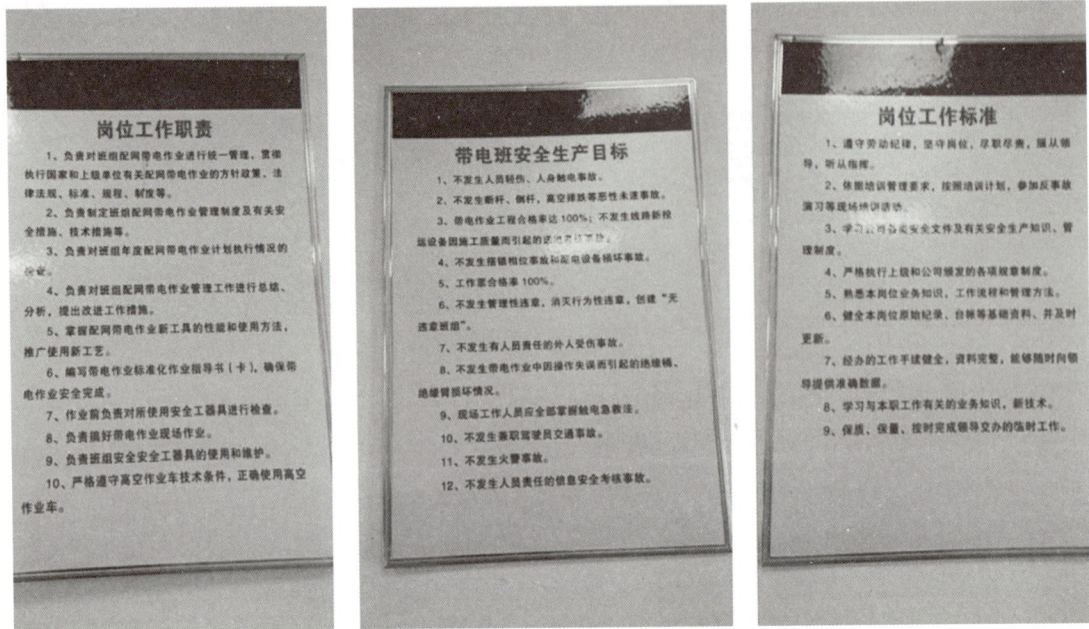

图9　班组规章制度上墙（二）

先争优"为契机，结合班组实际情况制订了岗位工作标准、工作职责、完善修整了配电网不停电作业流程、规范了各种规章制度、标准实施细则等内容，遵循安规操作流程，使各项规定的实施更具有实操性。

（五）无私奉献展风采，巾帼不让须眉

自古巾帼比须眉，从来女子半边天。在这支具有勇担责任、积极进取、充满激情的团队里，有一名特殊的班组成员，她是一名党员，她叫韩瑞平。她是全邯郸首个取得带电作业资质证书的女子，也是邯郸市唯一一名女子带电作业人员，面对一个技术难度大、危险系数最高的工作岗位，她没有退缩，克服了种种困阻，战胜了恐惧心理，苦练实操技能。在带电作业的道路上一步一个脚印继续前行。2019年以来实操带电断、接引流线10余次、更换隔离开关，处理消缺10余次。能够熟练操作斗臂车，渐渐熟练带电作业的各项技能。曾多次受到了省市公司各级领导的高度认可和肯定。她以自己的实际行动起到了党员先锋模范作用，展现了新时代国网青工的新风采。

图 10　班组成员韩瑞平是全邯郸首个取得带电作业资质证书的女子

三　实施效果

国网曲周县供电公司运维检修部配电运检班作为基层一线的班组，班组员工的作业技能和安全意识尤为重要，通过强化标准，做到流程优化，通过强化技术，达到技能提升，带电作业的大跨步，提升了客户满意度。大大降低了因重复停电造成的投诉概率。2019 年以来，该班组共计开展配电网不停电作业 359 次，其中周边覆盖县作业 85 次，本县作业 274 次。人均作业同比增长 23%，客户平均停电时间减少 6h，充分发挥带电中心县作用，使带电作业迈上了一个新台阶。2020 年国网曲周县供电公司以保障电网安全为目的，坚持"能带不停"的原则，积极拓展带电作业的技术宽度。

电子派工单在供电所内、外勤班的应用

班组：国网安国市供电公司庞各庄供电所

一 产生背景

为服务国家的乡村振兴战略，目前，国家电网有公司上下正在全力创建"营配合一、业务协同、人员一专多能、服务一次到位"的"全能型"乡镇供电所。基层供电所作为保证基层供电安全和稳定性的关键所在，更需要不断更新管理理念，提高供电管理能力，提升服务基层用电的素质。但基层供电所管理中仍存在诸多问题：

1. 人员素质低，基层老龄化严重

供电系统人员相对复杂，特别是基层供电所，存在难管理、不受管理的"放烂"现象，另外员工年龄偏高，特别是台区经理大都为农电接管人员，大部分在50岁以上，理论专业知识及计算机操作水平低下，工作作风和技能等因素引起的管理难度较大。

2. 业务指标多，派工流程烦琐

供电所的主要业务是营销、安全、运维三项工作，但其中又细分出营销指标、优质服务、安全风险体系建设等众多指标，流程多、标准严、考核重。同时，由于供电所员工分布于各乡镇，公司及各基层供电所每安排一项工作任务，都需要员工填写纸质派工单、抢修单、工作票等，并根据管理流程层层审批后才能执行，费时、费力、费资源，工作效率低。

3.社会角色变化，服务意识不足

电力改革之后，供电部门的社会角色已发生变化，变成了以满足人民日益增长的电力需要作为一切工作出发点的服务型企业，但部分员工服务意识还没完全转化，服务意识不足已成为制约企业发展的一个关键点。

二 主要做法

1.设立"分片结对"和台区经理分包责任制

国网安国市供电公司庞各庄供电所负责西城、石佛两个乡镇 23 个自然村 1.4 万户，4.5 万人的供电服务。域内有 10kV 线路 4 条，0.4kV 线路 451 条，专用变压器 22 台，公用变压器 327 台。国网安国市供电公司庞各庄供电所实施"分片结对"和台区经理分包责任制，有利于提高供电所的工作质量和效率，使内勤班和外勤班高度融合，实现营配合一。按 10kV 供电区域划分为四个片区：南城 511 片区、刘各庄 513 片区、西城 514 片区、庞各庄 515 片区。

各片区的所有工作，由该片区专人负责，落实考核责任。但特殊情况下，实行"AB角互补"的原则。共设立台区经理 21 人均隶属于外勤班，结合所内实际情况，将采集成功率、日线损合格率、电费回收率、优质服务等指标落实到每位台区经理，并对指标实行日监控、日预警、日处理。每月根据台区指标的完成情况，进行月评价、月考核、月兑现，全面提升台区经理工作积极性和工作质量。

按照属地化管理方式，将 10kV 和 0.4kV "运维 + 营销"业务分配至各片区，并确保台区经理现场网格化综合服务全覆盖，有效解决供电所缺员、混岗等问题的同时，也极大地提高了服务效率。

2.电子派工单流转制

电子派工单充分利用乡镇供电所综合业务监控平台电子派工系统，整合了多种先进技术手段，包括 4G 通信、GPS 定位、签到、照相等，通过基层供电所员工手机创建派工单、上传现场图片，管理人员按权限网上审批派工单、远程查看现场概况、查看员工工作轨迹和相关统计数据，为生产提供全天候和全方位的信息化支持，实现了现场作业全过程管控。举例说明如下。

7月20日，内勤班郑某某在用电信息采集系统中筛选抄表失败明细，发现东街村内一用户高某某计量远程采取失败，隶属于庞各庄515片区。

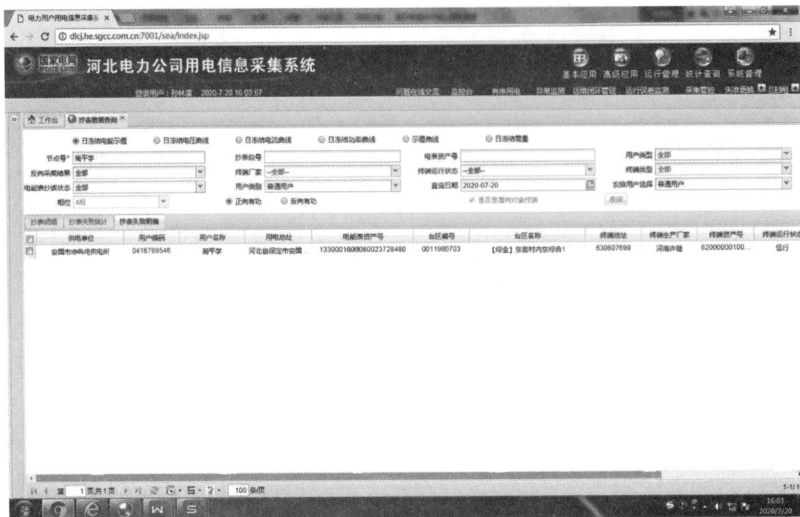

图1　内勤班郑某某筛选采集失败用户明细

内勤班庞各庄515组郑某某检查档案无误后，随即创建采集异常处理"任务单"，经供电所所长审批通过后，派发至外勤班庞各庄515组台区经理封某某核实现场。

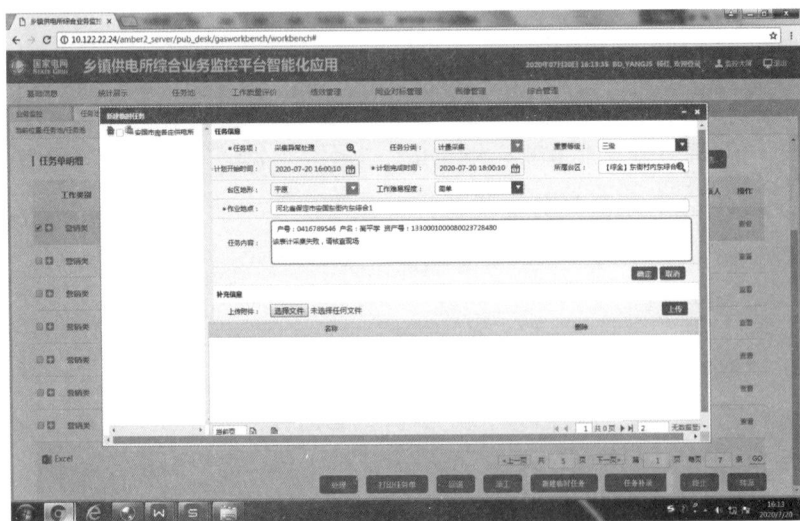

图2　内勤班郑某某发起电子派工单

外勤班封某某在手机上接收到采集异常处理的电子派工单，获悉具体工作任务，随即领取安全工器具，准备奔赴现场。

图 3　外勤班封某某接收电子派工单

外勤班封某某来到高某某表计处，经核查该用户空气开关掉闸，表计无电导致采集失败，合上空气开关后反馈电子派工单作业结果，并上传现场照片。

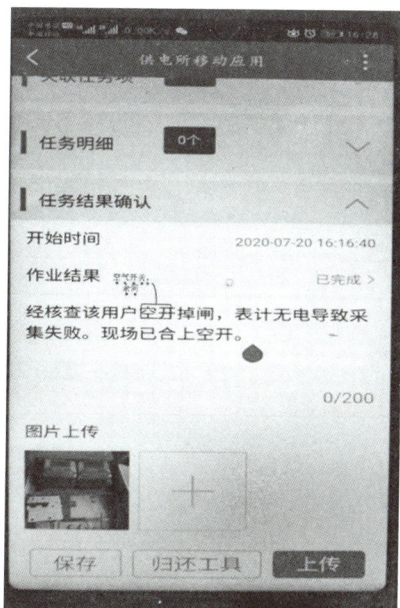

图 4　外勤班封某某处理电子派工单

电子派工单结果上传后，内勤班郑某某再用电信息采集系统对该用户进行召测，表计送上电后召测成功。内勤班郑某某对此次工作任务进行评价、工单归档，至此采集异常处理工作圆满完成。

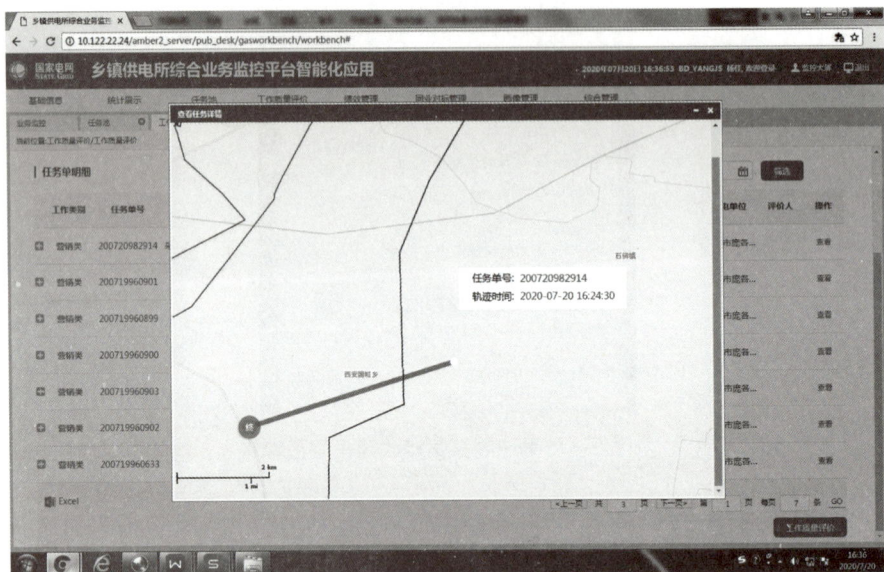

图5　外勤班封某某工作轨迹

图6　内勤班郑某某归档电子派工单

以手机等便携终端为载体，能够摆脱时间和空间的限制，随时随地处理工作，满足客户实时需要；工作更有序规范，过程更透明，管理更科学，可视性、可监控性更高；减少了中间环节，优化了业务流程，增强内、外勤协同能力。同时，供电所员工更明确自己的工作职责和任务，比以往能更及时获取信息，支持实现了无纸化办公，节省了办公费用，提高整体工作效率，管理流程更加规范。

三 实施效果

（一）供电所管理水平得到提升

电子派工单涵盖营销、生产、安全、综合4大工作类别，45项具体工作任务，每一个生产任务或工作安排都可以通过电子工单下发委派，实时监督了人员的工作状态，杜绝了只做事不派单的陋习和工作时间接私活的个别现象。还具有签到、上传现场照片、运动轨迹等功能，杜绝了工作不到位、监护不到位、现场安全措施及交底不到位、质量管理不到位等情况，严肃了劳动纪律，确保生产现场安全质量管控与责任追究。施工现场违规行为比过去下降了60%。现场安全、质量隐患大大降低，比过去降低了30%。

（二）科学管理更加规范

"管理制度化，制度流程化，流程表单化，表单信息化"是创建国际先进供电企业的必由之路。国家电网有限公司传统的信息化系统无法形成完整的数据流，缺失现场工作环节的信息化流转，而电子派工单系统填补了现场作业的信息化盲区，它采用云储存技术，对作业表单录入的数据信息进行多维度统计，使管理者及时准确掌握现场作业的详细情况。同时，通过筛选、分类、汇总、分析、对比等智能化功能，能够获取安全监管重点问题、运维管理薄弱环节、电网改造建设等可用信息，全面提高安全管理预警能力。借助平台强大的统计分析功能，便于领导及相关部门了解各供电所日常工作情况、发现工作问题、进行科学决策和工作管理。相当于为领导及相关部门提供了对科学决策和管理的参谋工具。管理人员节约了时间，工作效率增加30%。

（三）有助于推进提质增效工作

用电子派工单代替以往纸质派工单，一部手机便可成为一部现场移动作业终端。以电子化图文信息化方式反映现场需求，为审核批准人员提供了实时准确的信息，同时对比以往纸质表单作业，电子派工单出现错记、漏记甚至虚假记录的频次大大减少。有效地节省纸张、减少公车使用频次、节约填写和审批时间、提高数据准确性等方式，确保公司效益和发展能力的全面提升，提质增效工作取得实效。

调整管理策略，
实现窗口全业务通办

班组：国网保定供电公司营销部营业及电费室营业班

一　产生背景

随着电力体制改革的不断深入，电力营销工作也在不断转型升级，国网保定供电公司七一路营业厅已完成智能化升级改造，但升级后的营业厅现行服务运营模式与用户的服务需求不匹配，严重制约了智能营业厅日常工作效率的提升。营业厅在传统运

图 1　国网保定供电公司七一路营业厅全景

行模式下分为营业和收费两部分，窗口人员在传统管理模式下已经习惯了各司其职，但在智能营业厅高标准的要求下，这种管理模式就为业务与收费人员之间相互推诿、搪塞提供了理由和借口，用户的需求难以得到满足，人员之间的矛盾冲突日益显现，不利于日常工作开展。营业厅需要对现有管理制度进行调整，才能与智能营业厅的服务需求相匹配，实现营业厅硬件与软件相结合，达到全方位转型升级的效果。

二 主要做法

（一）科学制定营业厅日常管理方案

1. 进行数据统计分析制定调整策略

通过对市区各营业厅窗口工作人员的具体情况及日常业务量进行统计分析，在充分考虑员工职业发展规划及公司发展需要等因素的基础上，对辖区内营业厅进行了合理的人员调配。具体做法如下：

将国网保定供电公司南市营业厅、北市营业厅两名全民工抽调回国网保定供电公司七一路营业厅，使南市营业厅、北市营业厅及莲池营业厅3厅人员全部由民用电公司人员构成，便于统一管理，实现增效不增人的效果。国网保定供电公司七一路营业厅作为公司A级营业厅，充分发挥青年骨干力量和党团员先锋模范作用，将各营业网点的业务骨干、优秀青工和员工中的党团员抽调到国网保定供电公司七一路营业厅，集中力量打造行业示范性窗口，树立古城服务行业新形象。

2. 制定"老带新"倒班制度

国网保定供电公司营销部营业及电费室营业班根据营业厅全年无休的工作特点及日常工作量的统计分析，对倒班人员和正常班人员的数量进行了调整，减少了周末及节假日的倒班人数，增加了正常工作日的上班人数，缓解了业务量多时窗口服务的压力，使得营业厅的营业环境更加井然有序；充分考虑到老员工扎实的业务素质和新员工对智能网络服务操作的熟练性，将倒班人员安排为老带新模式，既促进彼此相互学习，又满足用户多元化的需求。

图 2　营业厅学习交流

3. 制定定期与机动相结合的轮岗制度

国网保定供电公司营销部营业及电费室营业班充分考虑到各营业网点业务量的差异，制定每月（季）度收费人员及各厅主管人员在 3 个营业厅交流互换制度，逐步实现所有人员对各营业辖区、营业环境、营业态势的熟识，熟练掌握并处理各类营业业

图 3　国网保定供电公司七一路营业厅收费窗口

务及收费业务。机动轮岗制度是为应对班组临时接受的工作或特殊工作情况而进行的人员机动岗位轮换。通过轮岗机制既满足了工作的需要，又培养了全能型员工，逐步达到提升所有业务人员整体素质的目标。

4. 明确营业厅主管制和双主管制

为便于各营业厅日常管理，国网保定供电公司营销部营业及电费室营业班制定了大厅主管制。每厅民用电公司指定主管一名，负责该营业厅日常营业业务及收费业务的综合管理及人员调配并受营销部管理。鉴于国网保定供电公司七一路营业厅业务量大、要求标准高等因素，维持营、收分离现状，设置主管一名（全民工）、副主管一名（民用电）。通过建立日常营业管控群，对窗口出现的各类业务突发状况进行及时处置，对同类业务问题及时进行预警管控，对上级政策和制度及时进行宣贯，确保服务零投诉，有效提升服务质量。

（二）"用思想引领行为"，全员参与营业技能培训

国网保定供电公司营销部营业及电费室营业班调整后，组织开展窗口全员营业技能培训活动。在疫情缓和期做好疫情防控的前提下，合理避开收费高峰期，对所有窗口人员进行培训，培训内容涵盖服务理念、业务知识、行为礼仪、接待技巧等。通过培训不仅从思想上使窗口人员充分体会到服务工作的重要性，激发员工的工作热情，

图 4　国网保定供电公司七一路营业厅全员培训

培养员工的企业主人翁精神，更从业务技能方面，确保每一个窗口人员都熟练掌握各类营业及收费业务技能。营造出人人都是一扇窗，人人争做服务明星的氛围，为营业厅实现一个窗口全业务通办及市区内服务水平整体提升奠定了坚实的基础。

（三）搭建各厅交流平台，确立全厅窗口业务通办模式

班组在做好各项准备工作后，确保全窗口人员到位，以业务交流平台作技术支撑，以多项科技设备为辅助工具，完全满足多途径、多渠道的缴费和业务办理需求。包括保定市民服务中心供电窗口在内，实现了市区内供电窗口业务通办的目标，达到了提质增效的目的，减少了用户往返，大大提高了用户满意率。

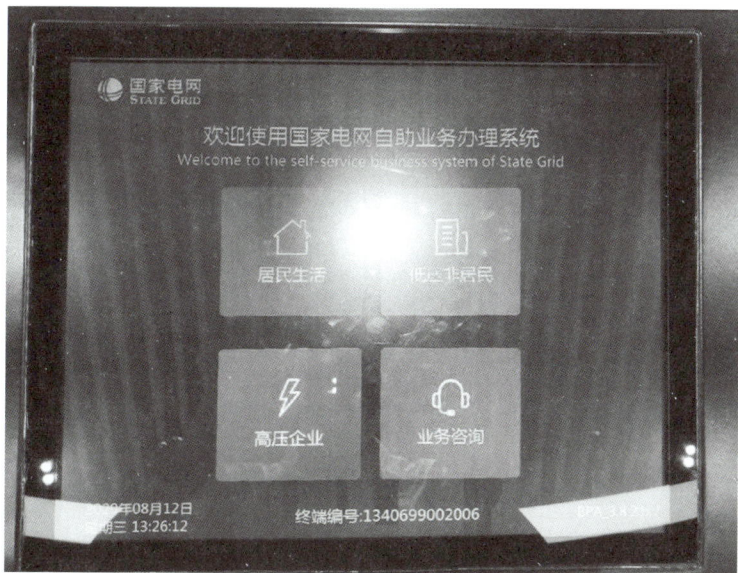

图 5 营业厅智能业务办理终端

三 实施效果

国网保定供电公司营销部营业及电费室营业班为古城电力服务一线的重要窗口，凭借智能互联的多重服务新渠道，逐步实现营销系统网络化、数字化、智能化、无纸化，使保定率先实现了全城业务异地受理，一厅全窗口通办，业务与收费互通的良性运营模式，实现服务质效双提升。新的管理策略的实施，使营业厅以往存在的人员身

份不同、业务范围不同、工作量不同导致服务推诿、工作消极、效率低下的情况得到了显著改善，营造了更加和谐的工作氛围。目前，网上、自助终端受理近乎100%，相当于调整前的近30倍；客户办理业务完成实现了免填单办理，业务办理时间平均缩短2.3min，工作效率提升80%，各类服务指标再创佳绩，用户营业厅满意度100%。

随着线上业务量的骤增，后台服务不足的问题日益显现，下一步班组将会顺势而变，协调好后台服务力量，以新颖的服务模式、多元化的管理方式，结合"互联网+"服务的模式，提升窗口服务满意度，争创一流电力营业窗口。

以"家"经营，"诚"心打造，全面提升供电所综合管理水平

班组：国网枣强县供电公司宅城供电所

一　产生背景

枣强县是道德高地，大儒之乡。秉承优秀的传统文化，国网枣强县供电公司宅城供电所总结提炼了具有地域特色的工作理念——"宅心仁厚、诚信为民"，在实际工作中传递正能量，国网枣强县供电公司宅城供电所从"宅"字入手，引入"家"文化，大力开展以"家"为主题的五星级创建工作，形成亲情管理模式，极大提高了各方凝聚力，各项指标均显著提升。

二　工作方法

（一）把握规范管理"三关"，工作氛围更加和谐

将良好工作氛围作为供电所和谐建设的关键，从安全、生产、营销出发进行规范化管理，在保障各项工作高效顺畅运行的同时，为供电所"兄弟姐妹"和谐共事创造了良好条件。

（1）严把安全关，保障安全稳定。实施智能安全工器具室建设，对安全工器具室

进行升级改造，安装应用安全工器具智能管理系统，实现对安全工器具的发放、领取使用、定期送检等环节的智能管理。推行"一本一录"隐患排查治理机制，"一本"为《员工岗位安全隐患自查记录本》，"一录"为《领导干部隐患备忘录》，每位员工通过将日常巡查发现的隐患记录在《员工岗位安全隐患自查记录本》，再由管理人员根据排查出的问题隐患和薄弱环节，分专业、分轻重、分类别统一汇总，并及时制定整改方案并记录在《领导干部隐患备忘录》，做到安全隐患管理过程可追溯，职责有落实、超期有问责。深化静态危险点防控管理，组织各线路负责人、台区经理通过运用智能巡检系统、红外检测仪等仪器对线路设备进行全面勘查，先后发现配电专业静态危险点 16 处，定期对静态危险点库进行动态更新。开展形式多样的安全教育活动，以"学案例，谈感受，拒违章"为主题组织安全日活动，从身边细处着眼，全面查找安全管理漏洞和薄弱环节，制定预控措施；深化"十不干""一讲二问三查"专项提升活动成效，真正让"十不干"要求真正入脑入心、固化于行；创新开展作业现场集中观摩点评，深入查找管理环节存在的不足，从而进一步提高现场标准化作业水平。

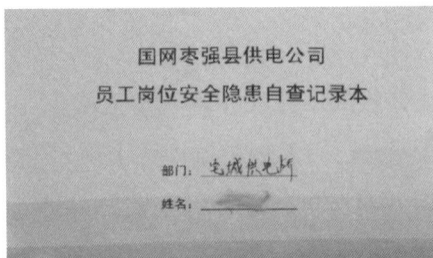

图 1 《员工岗位安全隐患自查记录本》

（2）严控生产关，保障可靠运行。完善配电网基础管理，及时完善 PMS 配电网设备信息，确保系统与现场数据一致。实施电网设备升级改造，加大高压线下树木治理力度，依据促请县政府出台的《关于建立县境内线树矛盾处理长效工作机制的意见》，线路故障率同比下降 38%。创新开展线路智能巡检，应用智能巡检系统，实现 4G 实时通信、故障定位、图像回传等功能，真正做到"巡视真到、到了真看、发现真该、改了真查"，电网健康运行水平进一步提升。开展带电作业和零点作业，线路消缺处理以及接火作业等一般采取倒计时作业法，最大限度降低停电对客户造成的影响，电压合格率指标完成 99.85%，供电可靠性指标完成 99.87%。

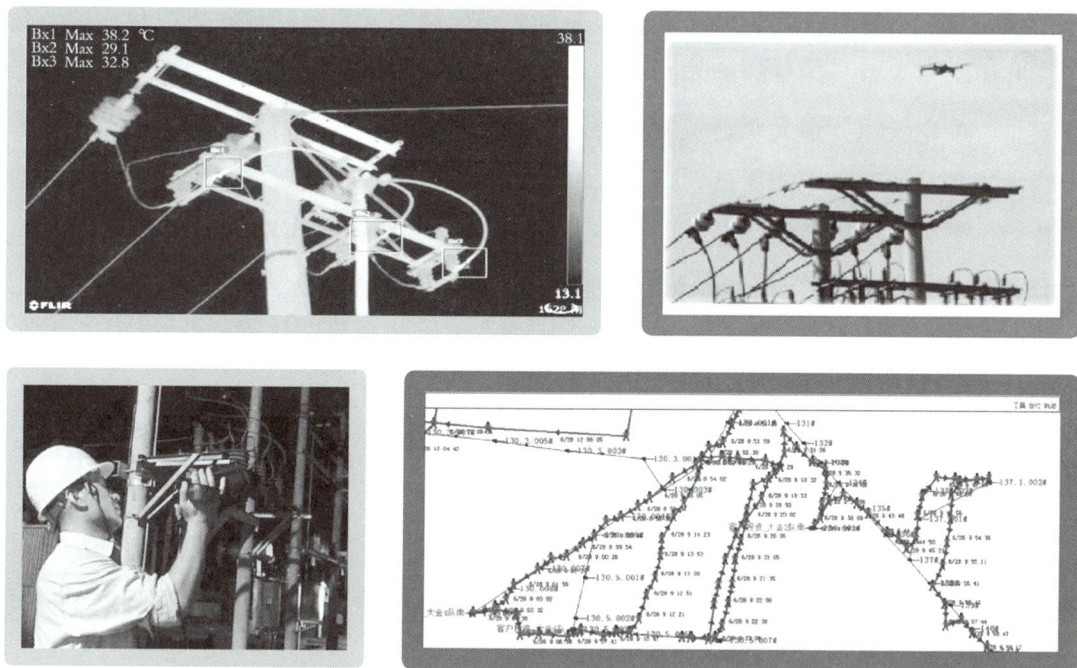

图2　开展线路智能巡检，应用智能巡检系统作业

（3）精抓营销关，保障经营效益。依托县公司供电服务指挥中心，发挥供电所综合监控作用，对计量装置失压、失流情况、线损波动情况、台区电能质量异常等进行实时监测，定期开展同比、环比分析。深化应用乡镇供电所综合业务分析平台，将供

图3　乡镇供电所综合业务监控平台智能化应用界面

电所综合计划、异常处理、二次考核、人员考勤等都纳入系统管理，规范台户关系变更，开展计量异常、采集故障实时监测处置，应用电压电流、互感器变比、配电变压器容量、配电变压器最大负荷及发生时间等多元化分析手段，精准开展数据监控，为反窃电、负荷预测、电能质量管理、报抢修等方面提供了高效化的数据支撑。实施数字化痕迹管理，应用地理信息定位系统、"互联网＋"、带电状态检测装置及数字统计，整合报抢修、智能巡检、计量异常处理、采集终端运维等任务，使工作任务数字化，处理过程痕迹化，通过内勤班和外勤班的职责分工，对信息进行规范化管控，实现信息共享业务协同运行。

（二）推行优质服务"三措"，"邻里关系"更加和睦

以客户为中心，把辖区客户为"宅"子的邻居朋友，从和睦的邻里关系出发，从客户最需要、最想要的服务出发，推行实施优质服务三项举措，在提高服务质量的同时，进一步拉近了"邻里关系"。

（1）实施"网格化＋亲情服务"，前端服务提高效率。以移动作业终端为媒介，台区经理实行辖区现场工作制，开展客户走访、业务受理、催费、现场复电、设备巡视等业务，建立"应急抢修机制"，强化95598应急抢修流程、节点的应急演练，真正做到简单业务客户一次不跑、复杂业务最多跑一次，实现供电服务零障碍、抢修零延时、业扩零超时。目前，供电所平均到达现场时间为12min，平均修复时间为15min，客户回复满意度100%。

（2）推行"电管家"，周到服务得到客户认可。积极依托网上国网、乡镇供电所营业厅和供电服务队伍等线上线下全渠道资源，推广"电管家"业务，从业扩的角度，采用"电管家"服务模式，开展用户资产代维，24h全在线掌握设备及用电信息，实时派单，快速、专业、便捷的变压器配电设备应急抢修服务；从农村用电安全及生活节能、农村大棚电气化和智能化角度开展综合能源服务，宣传推广节能用电方案，推行绿色清洁能源，实现了用电市场的开拓。目前，供电所成功促成辖区企业客户医药集团、吉美超市与省公司综合能源公司签订"电管家"服务合同，新华园区新入驻的7家企业全部采用清洁能源，辖区内电能替代容量达47827kVA，产生电量636万kWh。

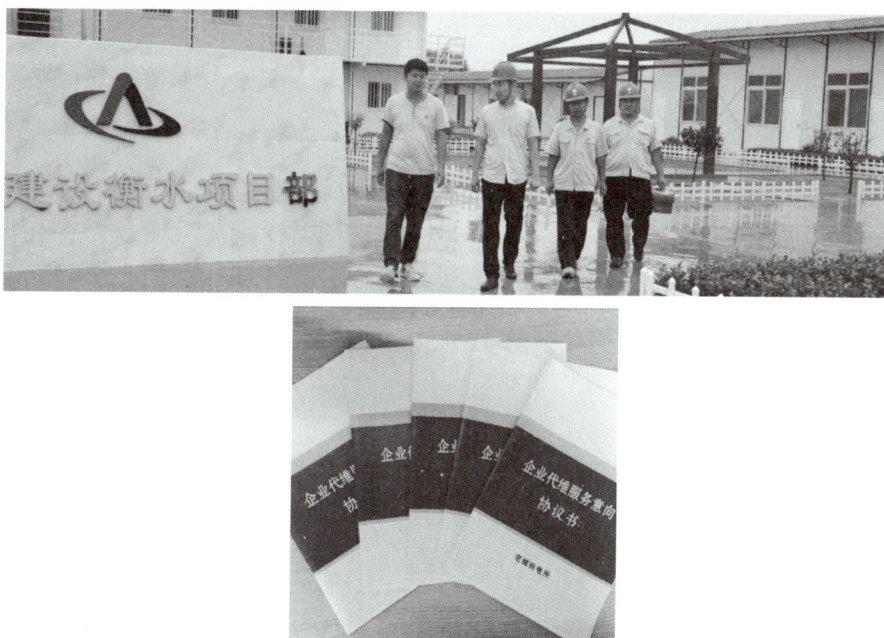

图 4 "电管家"服务团队和与企业签署的协议

（3）应用"互联网+"，智慧服务得到客户青睐。深挖电力数据价值，推动营业厅智慧升级，开通了电力智慧社区服务，通过人机数据交互和数据可视化展示，能够达到人脸识别、网格划分、电力 e 讯、服务评价、有奖互动等服务体验，为用户提供精准的差异化服务，实现了与客户的智能化双向信息互动；规划综合能源服务生态圈，围绕辖区内蔬菜大棚产业，应用风光储技术，实现绿色能源的协同应用和现代电力电子技术的精准布局，通过在营业厅开展综合能源服务、电能替代、光伏发电、智能家居体验等项目宣传，依托智能家居设施为客户进行用能分析，达到了线上采购与线下体验的完美结合，搭建了智慧农业能源互联网服务生态圈，实现了服务的智能化变革，深受客户青睐。

（三）实施人员管理"三优化"，团队建设干劲更强

充分营造"比学赶帮超"的激励氛围，从党的建设、指标考核、团队发展上实施优化管理，进一步激发了"兄弟姐妹"的工作热情，实现了管理质效的再提升。

（1）优化"党建+"活动，将党建与业务相融共促。开展"党建+安全生产"，将

安全教育纳入"三会一课"学习中，以党员为主体开展安全生产隐患排查治理，努力做到"党员身边无事故，党员身边无违章"，夯实安全基础。开展"党建＋优质服务"，常态化开展志愿服务活动，积极对接新华工业园区，开展企业能效分析运行维护等工作，为园区客户提供专业化、个性化的订制服务，提升服务水平。开展"党建＋管理提升"，设立党员责任区和示范岗，在生产经营等工作中发挥党员先锋模范作用，实现党建与专业的同频共振，发挥党支部战斗堡垒作用。开展"党建＋电网建设"，成立党员突击队，实施电网补强、光伏扶贫等工程，筑牢电网基础。

图 5　党员在生产经营等工作中发挥党员先锋模范作用

（2）优化指标考核，提升工作效率。参考公司全员绩效考核项目、省市公司年度重点工作等内容梳理专业管理项目 112 项，落实到岗到人，其中，细化梳理完善运检技术专责工作职责 9 项，工作流程 14 个，客户服务专责工作职责 10 项，工作流程 14 个，安全质量专责工作职责 7 项，工作流程 11 个，工作职责更加清晰，班组自主管理更加顺畅。完善考核正向激励作用和约束机制，推行供电所百分制二次考核机制，制定二次考核流程，编制考核办法。考核办法分为日常基础考核和业绩指标，涵盖工作量考核（台区经理）、基础管理考核、专业指标考核及临时工作考核等方面，采用"工作积分 × 指标权重"的考核模式将管辖低压线损率，采集成功率等 10 项指标纳入评价指标体系，将评价结果与绩效奖金挂钩。每月根据指标完成情况进行同业对标排序，对指标开展评分考核，进行综合评价，落实二次考核兑现奖惩。实行 AB 角制度，月度考核按照主次责任兑现 8 ∶ 2 考核，有效激发了供电所员工的工作积极性和主动性。

（3）优化发展渠道，激发员工软实力。主动开展全能型供电所员工培训，在供电所实训室开展台区经理技能实训六期，运用手机答题组织综合柜员岗位知识竞赛三期，国网枣强县供电公司宅城供电所员工王某某在省公司组织的综合柜员调考中获个人第十、团体第二。以创新促发展，组织所内员工立足岗位不断创新，内勤班长宋某某参与的第五届省公司青创赛银奖，技术员张某某获市公司职工技术创新二等奖并获评发明专利，所内员工全员参与，结合当前互联网业务和系统应用，共同完善编制"全采集"业务指导手册。"人在一起叫聚会，心在一起叫团队"通过组织文化活动，进一步增强队伍凝聚力，拍摄"我与祖国共奋进"快闪视频，并在"我与祖国共奋进"主题歌咏比赛荣获一等奖。

三　实施效果

（1）实现了对安全工器具发放、使用、定期送检的智能管理；加强了供电所人员之间借鉴学习，安全管控能力和标准化作业水平得到了有效提升。实现了工作开展数字化，处理过程痕迹化，信息共享、业务协同运行。

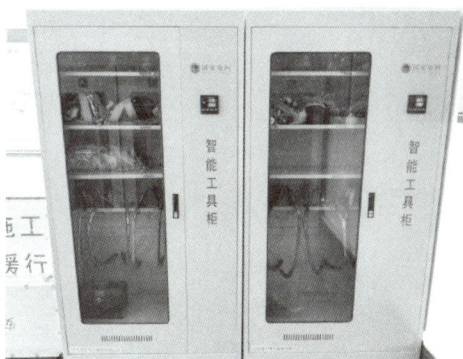

图 6　安全工器具智能管理

（2）加强人才培养，队伍素质整体提高。国网枣强县供电公司宅城供电所为员工搭建成长平台，加大员工的教育培训，为员工提供广阔的发展平台，激发了广大员工积极向上的热情，队伍整体素质得到了很大提升，队伍活力明显增强。

（3）坚持"宅心仁厚、诚信为民"，工作业绩大幅提升。在各项分类指标中，10kV同期线损合格率、获得电力、电费回收率、95598故障报修到达现场及时率、日均采集成功率、线上办电率、客户满意度七项指标均实现了100%，未发生安全生产事故、客户投诉、重复诉求、重载线路、重载台区、过载线路、过载台区，连续63个月保持无投诉。

警企联合，
打造良好用电市场秩序

班组：国网故城县供电公司营销部用电稽查班

一 产生背景

电网企业营销业务中用电稽查班组是把堵漏增收、降本增效落到实处的一个重要环节。在新形势的影响下，利用智能表计和用电采集系统这样的"千里眼""顺风耳"实现精准定位，高效打击。窃电用户多为熟悉电表内部专业人员操作，开盖操作时间较短，操作后迅速离开，没有用户窃电现场现形，用户拒绝承认，对用户定性难度较大，建立警企联合机制是非常必要的。通过公安、司法部门介入，对用户的通话、信息记录及调取窃电时段的监控录像锁定嫌疑人信息，才能严厉打击此类嚣张的窃电行为，营造和谐的供用电环境，并初步取得了一定的效果。

二 主要做法

以下是一起案例：

2019年2月22日，故城公司用电检查班、郑口供电所用电检查人员与保定宇创公司联合查处卫浴门市窃电，用户编号0604614812，属故意使供电企业用电计量装置不准窃电行为。这起案例的特点是：现场表计使用者并非实际窃电户，实际窃电用户早已不知去向，排查时间、追踪范围、定性难度较大，在公安等司法部门介入下从发现到处理完成历经 15 个月，最终将窃电户绳之以法。

1. 事件起因

故城县郑口镇马庄公用变压器为城中村台区，自 2017 年以来该台区长期高损得不到处理，郑口供电所多次到现场开展检查，现场表箱锁、封无异常，没有发现问题。2017 年 12 月 6 日公司营销部、郑口供电所、保定宇创公司使用低压台区智能诊断仪联合对该高损台区进行现场逐户检查。

图 1　台区高损数据

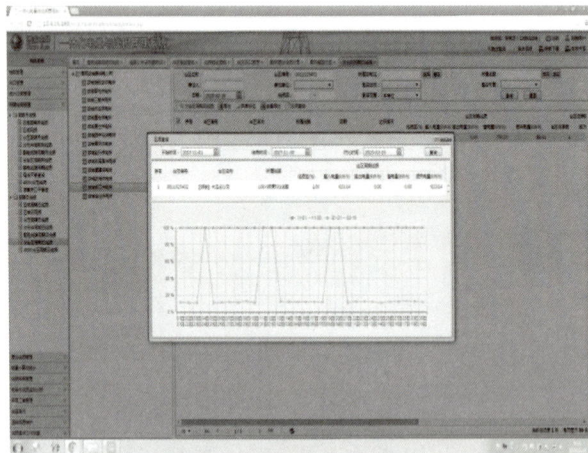

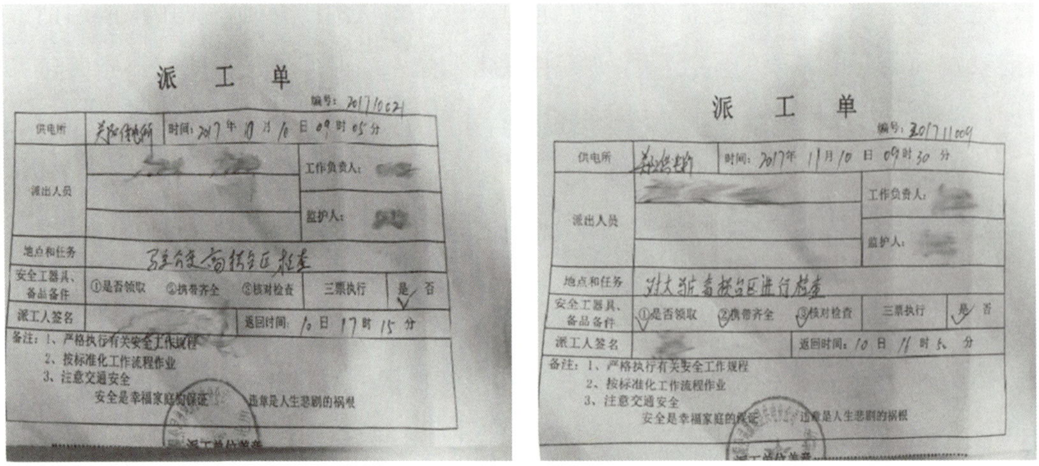

图 2　现场检查派工单

2. 检查经过

检查人员到达现场后，随即分两组对各分支及表箱、表计进行检查。

一组郑口所检查人员及台区负责人对配电变压器的计量装置、表计、分支及表箱进行常规检查，检查有无铅封、有无擅自接线及绕越计量装置等窃电用户。

二组结合保定宇创公司重点对低压台区智能诊断仪筛选分析的嫌疑用户进行逐户

图 3　现场检查照片

图 4　嫌疑用户筛查照片

图 5　现场锁定证据

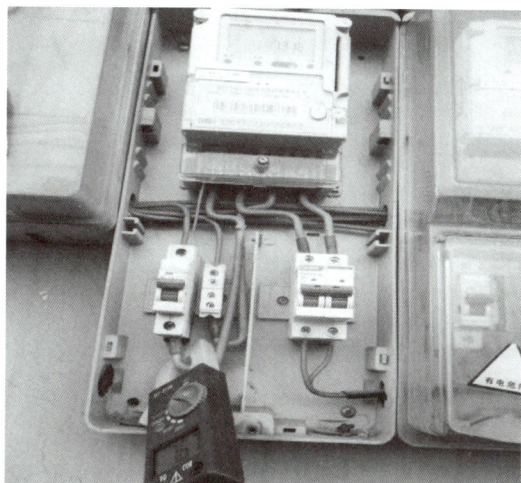

图 6　现场测量

检查，对计量表计零火不平衡、电压、电流进行现场测量与电能表进行比对。

通过钳型电流表对现场电流检测，电流值为7.67，电能表电流值为1.316，电能表计量存在较大误差，误差为81.47%，发现该户用电异常，存在窃电嫌疑。用电检查人员当即对表计进行拆除并与用户到营销部计量校表室进行检测，经检测表计内电流回路被分流，电能表误差约为83%，该表计且存在开盖记录时间。

图7　现场误差照片

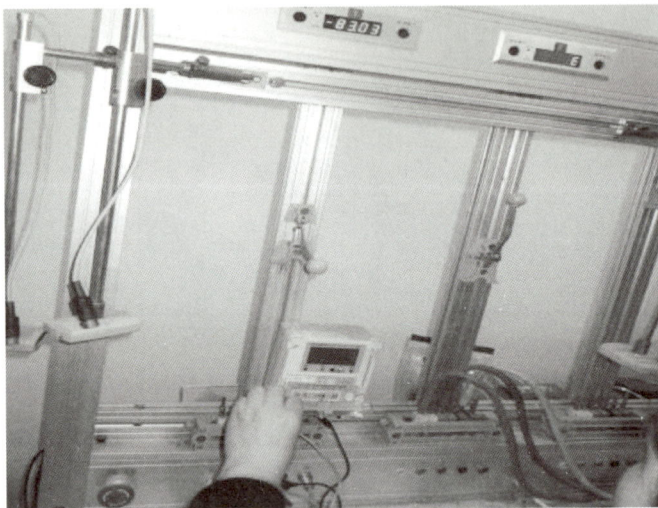

图8　校表台校验

图9　用户开盖记录

用电检查人员随即对用户现场开具违约窃电通知书但用户拒绝签字，对窃电事实不承认，经进一步调查该用户于 2016 年 9 月 20 日租赁该门市并提供租赁协议，但该表计开盖记录及电流异常发生的时间是 2015 年 9 月 3 日凌晨 2 时 38 分 39 秒，该用户无作案时间及作案动机，查处工作陷入僵局。

经过全力排查，终于有了上任租户王某的线索，询问 2014 年至 2016 年 9 月是否改动过原来租的门市表计，王某表示已过一年多了不清楚。2017 年 12 月 14 日郑口供电所进行报案，移交公安司法机关协查处理。

2019 年 2 月 22 日窃电嫌疑人王某到故城供电公司郑口供电所进行处理，承认了找人将表计改动故意造成用电计量装置不准的窃电事实。

3. 案件处理结果

供电公司处理结果：2019 年 2 月 22 日王某到故城县供电公司接受处理，承认找人将表计改动造成用电计量装置不准的窃电事实，用电检查人员对其下达违约窃电通知书，按《供用电营业规则》第一百零一条第 5 项对其进行处罚，追补电费 5043.91 元，违约使用电费 15131.73 元，合计 20175.64 元。

公安司法部门处理结果：2019 年 3 月 11 日，河北省故城县人名法院刑事判决书（2019）冀 1126 刑初 45 号判决如下：（一）被告人王某犯盗窃罪，判处拘役一个月，并处罚金 2000 元（罚金已缴纳）。（二）作案工具电表一块予以没收。

三　实施效果

通过警企联合机制的实际案例，在新形势的影响下，利用智能表计和用电采集系统这样的"千里眼""顺风耳"实现精准定位，高效打击。通过公安、司法部门介入，对用户的通话、信息记录及调取窃电时段的监控录像锁定嫌疑人信息，严厉打击此类嚣张的窃电行为，把堵漏增收、降本增效落到实处，营造和谐的供用电环境。

践行"五字箴言"，全力提升调度管理水平

班组：国网沧州供电公司电力调度控制中心地区调度班

一 产生背景

随着电网负荷持续增长，电网规模不断扩张，电力设备不断技术革新，2020 年国家电网有限公司又提出建设具有中国特色国际领先的能源互联网企业的战略目标。电网建设和智能化进程迎来前所未有的机遇，同时面对设备跟新和技术革命的大潮，电网调度指挥也面临着前所未有的挑战。面对近年来成倍增加的新能源、智能变电站，电网所辖调管设备逐年上涨，网架结构日益复杂，设备轮检工作日益频繁，在成倍增长的工作面前，如何把握电网安全、提升调度班组的基础管理水平，成为电网调度最为关注的核心问题，对此电网调度班总结过往经验，立足岗位实际，提出了"严、细、深、实、精"的五字箴言工作法。

二 主要做法

（一）"严"字当头，形成依规办事、严于律己的工作习惯

（1）严格按照规章制度开展检修工作，坚决杜绝"误操作、误调度"事件发生，确保电网安全稳定运行，是每个调度员各尽职守的准则。

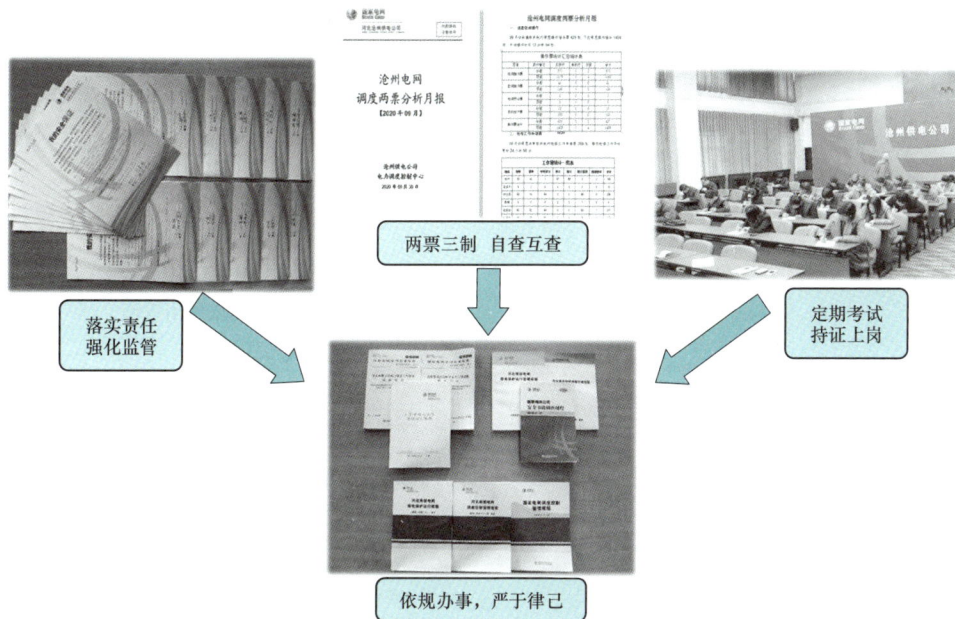

两票三制　自查互查

落实责任
强化监管

定期考试
持证上岗

依规办事，严于律己

图 1　制度学习、落实闭环管理

（2）严格执行"两票三制"，强化调度管理工作，坚持生产作业现场"十不干"的原则。强化安全无小事的安全意识，认真对待每次的安全活动和事故通报学习，对照事故暴露出的问题，全方位的查找自身工作中存在的主要安全风险，制定明确具体的防控措施，防止类似事故在该班发生。树立良好的行为规范，严格执行各种流程规范，确保安全生产。

（3）严格认真落实安全责任制，明确值长、主值、副值各岗位的安全职责，严格执行安全奖惩制度。严格执行操作的监护制度、审核制度。就各项安全工作进行监督，各个环节都做到有人负责有人监督，强化全面、全员、全过程、全方位的安全管理与监督，形成自上而下切实有效的安全制度和机制，确保责任真正落实，将安全责任落实到安全生产的各个方面。

（4）严格落实隐患排查治理工作，在班组内部定期开展自查互查，提高调度安全运行水平。排查个人及班组在日常工作中存在的安全隐患和不良习惯，发现本职岗位中的不足，结合实际工作中的需要，制定相应措施，进行改进和完善，通过组织班组全员进行安全学习、专题讲课、值间对抗赛等形式多样的宣贯培训活动，进一步增强调度员做好安全生产工作的责任感和使命感，确保隐患排查治理工作的时刻进行，保证调度工作安全。

（二）"细"字入手，形成责任明晰、严谨细致的工作规范

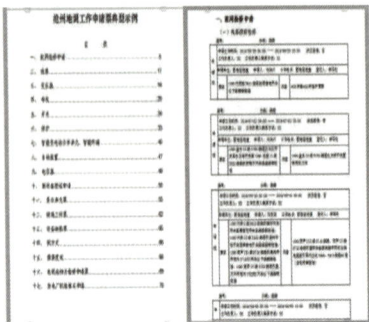

发布工作规范，组织专业研讨学习

图 2　组织各专业人员学习宣贯各项工作规范

（1）以省调下达的检修票提票标准为蓝本，结合沧州地区电网的接线特点和实际情况，融合两级调度提票规范，编制《沧州典型工作申请票示例及提票规范》。摘取近年来典型的工作实例，分析对比不同工作内容下的检修工作票提票要求的变化，对提票易错、易混淆的工作内容进行详细注解，为检修单位提票提供了可靠依据，理顺了检修申请流程，健全了调控管理制度，大幅度降低了提票单位提错票、晚提票的切实问题。提升人员对检修工作申请票的理解，保证检修工作申请票的正确性和规范性。

（2）为提高地县两级调度人员的大局意识和"少停一分钟，多送一度电"的服务意识，国网沧州供电公司电力调度控制中心地区调度班从规范操作、确保安全、提升效率出发，梳理优化大型作业场地、县两级调度停、送电调度操作流程，编制《地县

调大型现场调度操作流程及调度典型操作票》，有效地缩短大型作业现场停、送电操作时间，减少电网非正常方式及电网设备停运的时间，提高电网供电可靠性，提高优质服务水平。

（3）为了从根本上解决配电网图模建设滞后的现状，调度从现场安全把控入手，借鉴主网设备图模建设流程，结合配电网建设实际情况，重新梳理优化了配电网图模设备异动的流程，制定《配网图模异动及应用管理工作规范》。明确配电网图模异动过程各专业的职责与分工、工作内容和要求。确保 10kV 配电网图模电气连接关系、设备运行状态与现场实际设备准确一致，提升配电网图模异动的及时性与准确性，为配电网设备检修、线路改造、业扩安装等工作加装调控审核、验收把控环节。缩短调控人员与现场人员设备状态核对时长，提升设备送电效率，增加调度安全把控关，保证现场安全，为电网长期稳定运行，搭建了精准"调控监视安全眼"。

（三）"深"字努力，形成教学相长、与时俱进的学习氛围

学习是进步的源泉，面临新技术新设备的应用，增加知识储备，提升业务技能是调度指挥的标配。国网沧州供电公司电力调度控制中心地区调度班根据班组自身特点：

（1）采取用新员工量身定制学习课程，本着"干什么，学什么，缺什么，补什么"的原则，制定由浅到深、循序渐进的培训计划加快新员工成长。

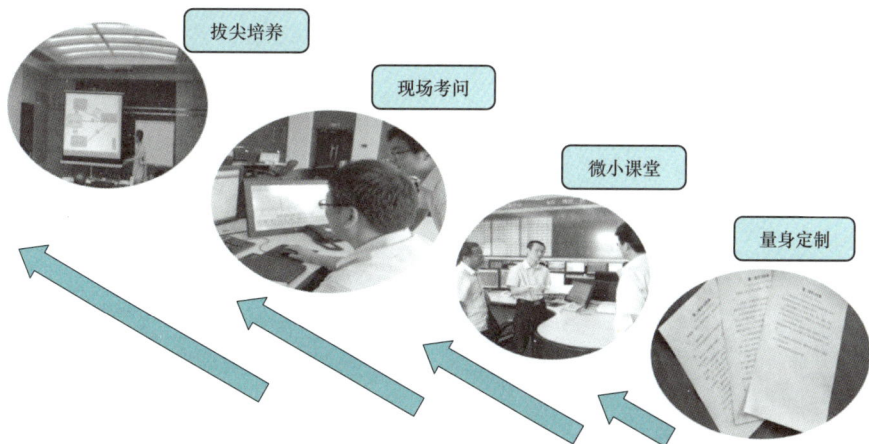

图 3　灵活培训，持续培养后备力量

（2）微小课堂轮讲，对每一次故障跳闸进行案例分析，总结撰写评估报告，师傅们温故知新，新员工答疑解惑，使大家做到互通有无，教学相长，知识共享，学习热情活起来。

（3）见缝插针，自查考问。针对检修预试期间，工作现场多、操作多，电网薄弱环节也增多的特点，利用交接班时间，班长随时对班组人员进行方式安排、安全措施、系统图、专项事故预案等内容的考问，做到电网方式熟烂于心，工作紧张有序忙而不乱。

（4）拔尖培养，做好榜样激励。在工作实践、竞赛调考和创新研究方面制定详细的评选专业明星标准，量化"众雁"与"头雁"的距离，先后选送张某、李某、张某等人积极参加省公司、公司组织的各项高技术人才培训、兼职培训师等，努力推动班内人员掌握新知识，对业务技术精益求精，激发准明星们的奋斗热情。

依靠通过多角度、多形式加快新、老人员培训，提高新人员上岗的速度，强化老师傅技术储备，提高业务精尖骨干，做好"传帮带"传承，持续做好调控后续人才力量培养。

（四）"实"字定位，形成实事求是、真抓实干的工作成效

随着沧州地区电网负荷持续增长，主变压器、线路等设备"卡脖子"问题日趋严重，严重影响电网和设备运行安全。为彻底消除设备过载，提高设备运行质效，按照"依

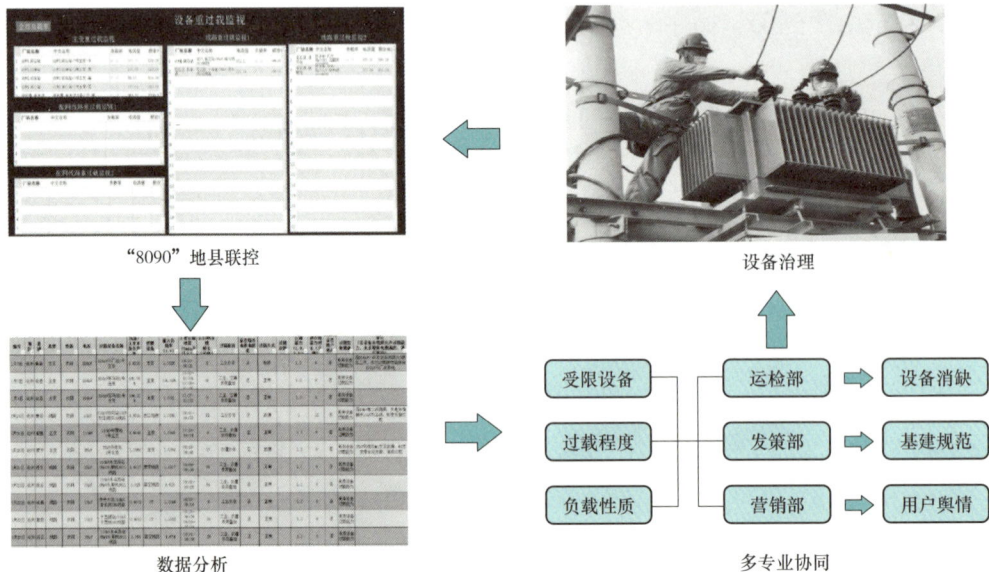

"8090"地县联控　　　　　　　设备治理

数据分析　　　　　　　　多专业协同

图4　设备过载治理纵横联动

托数据、纵向联控、横向联动"的工作理念，依托 D5000 电网实时运行数据，组织地、县两级调度预先分析电网负荷，针对重点设备逐条制定应对措施。

（1）纵向创新建立"8090"地、县调联控过载新机制。在 D5000 系统中设置过载双报警、双监控模式，制作专用的设备过载监视窗，地县调协同开展设备过载监控与治理工作。在负载率达到 80% 时，地调对县调进行提前预警，要求县调通知相关部门采取需求侧管理，对重点设备提前采取预控措施。在负载率达到 90% 时，地调再次对县调进行监督警告，做好执行特控的准备。通过地、县联动，最大限度保居民用电、保电网安全运行。

（2）横向加强专业沟通协同，积极治理受限设备。依托大数据，调度部门从受限设备、过载程度、负载性质等方面提前开展分析，搭建数据共享平台。对过载设备数据日校核、周通报、月总结，将数据提供至相关部门及各县公司，为电网基建、技改提供有力数据支撑。组织相关单位建立联合工作机制，逐条落实治理进度，逐步消除设备过载。

（五）"精"字发展，形成革故鼎新、锐意进取的创新意识

创新是企业发展的核心竞争力，国网沧州供电公司电力调度控制中心地区调度班从未放松对技术革新的探索。在打造过硬技术本领的同时，该班组认真学习十九大精神，响应加快建设创新型国家的号召，从工作实际出发，由党员骨干带头，进行了一系列技术、管理创新。

随着电网发展，电网设备越来越多，系统运行方式也更加复杂多变，设备的倒闸操作更加频繁。编写操作票是调度人员和变电站值班人员日常最重要的工作之一，也是电力系统安全生产的重要措施和保证。为了彻底解决调度员手动写票用时长，审核与防误把控依靠人力效率低等现状。该班组在现有操作票系统技术基础上，探索操作票系统与 D5000 系统图模的校验互联功能，积极联系技术厂家进行需求研讨，制定规范系统对接方案，形成方案实施可行性报告，经过数月的开发、调试和试验校核，最终实现智能操作票系统正式上线运行，在河北南网率先实现了地区调度操作票智能化。该系统改变了操作票填写的传统模式，实现了图模设备状态与实际状态同步、图形开票、调度操作票防误、操作票规范统一等多项功能。经实际测试，使用图形开票填写

操作票并进行智能校验，比以往手工填写可缩短时间 70%，大大提高了调度员的工作效率，同时提高了操作票编制正确率。

图 5　QC 活动

　　尝到技术甜头的调度班，并没有止步不前，而是在技术革新上继续探索，积极响应国家电网有限公司打造有中国特色国际领先的能源互联网企业的战略目标，针对电网发展，大胆设想，努力打破个专业"壁垒"和信息"孤岛"的局限，正在探索建立一个以业务数据共享为基础，以全业务流程一线贯通为目标的新模式，全力打造涵盖

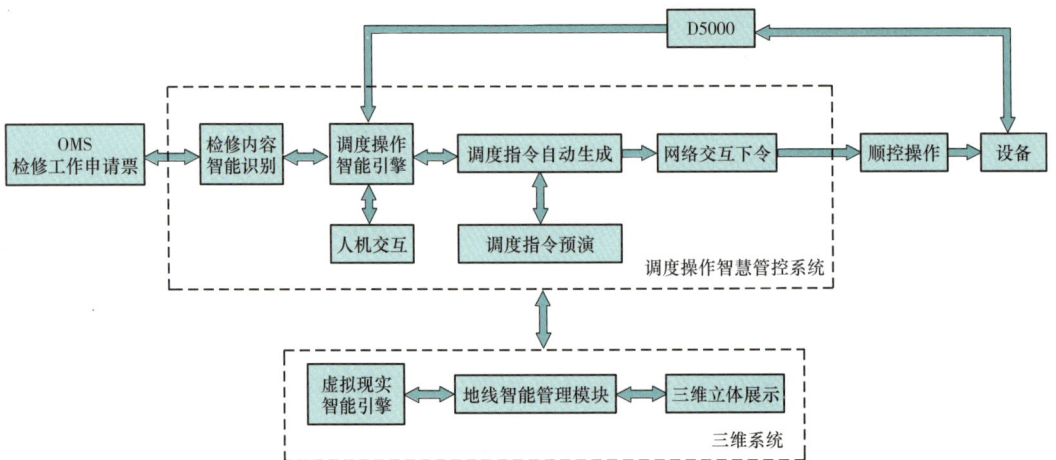

图 6　智慧调度系统框架

设备检修、电网智慧、倒闸操作、安全管控各环节的"智慧"调度体系。以实现电网运行的科学决策、高效管理和异常快速响应，实现电力生产流程"一体化"运转，从根本上提升电网运行的安全、可靠和经济水平。

三　实施效果

荣誉是工作成效的体现，国网沧州供电公司电力调度控制中心地区调度班先后荣获"全国工人先锋号""中企国质信班组""河北省工人先锋号"等多项荣誉称号。

图 7　荣誉榜

在设备治理上，据统计 2018 年设备过载主变压器 73 台，过载线路 97 条，2019 年过载主变压器 44 台，过载线路 85 条，截至 2020 年 7 月过载主变压器 32 台，过载线路 68 条。过载情况在设备过载数量、过载时长、最大过载率三方面均呈现逐年递减的变化趋势。大大降低了设备过载运行的安全隐患，提升设备运行质效。

在人才队伍建设上，2020 年又有 2 名调度员成功晋升为高级技师，另有 8 名新员工来到调度岗位，调度班做好"传帮带"传承，努力提高新人员上岗的速度，力争在2020 年底完成 8 名新员工从实习调度员到正式调度员的转变。

在技术创新上，针对智能电网调度控制系统功能扩展的创新成果"智能电网调控制系统巡检平台""新一代智能批控模块"的研制与开发极大地提升了系统的实用化水平，同时也为雄安新区新一代智能调控系统的研发做出了巨大的贡献。

截至 2020 年上半年，国网沧州供电公司电力调度控制中心地区调度班共处理 110kV 以上故障 54 起，共执行检修工作票开工 911 张、竣工 901 张，新投 110kV 变电站 4 座，主变压器扩建 2 个、增容 2 个，针对电网特殊方式编制电网安全措施 14 份；编制操作票 1626 份，执行调度指令 654 项；未发生人为误操作、误调度及大面积停电等安全事件；并圆满完成元旦、春节、春灌、端午、高考、中考等多次保电任务。国网沧州供电公司电力调度控制中心地区调度班将继续发扬"铁军"精神，追求班组精益化管理，继续提升班组基础管理工作水平，全力奉行"你用电、我有心"的服务理念。

充分挖掘运营监测管理潜能，全力打造供电所数据分析"大脑"和异常处理"指挥中心"

班组：国网黄骅市供电公司滕庄子供电所

一　产生背景

为强化全能型供电所建设，提升供电所精益化管理水平，国网黄骅市供电公司滕庄子供电所围绕运营监测中心"供电所数据分析的大脑和异常处理的指挥中心"的功能定位，充分发挥供电所运营监测功能，实现"发挥系统数据价值、全面做实数据监测、落实营配有效融合、强化系统内外协同、持续提升管理效益"，为实现公司提质增效工作目标打下坚实基础。

供电所作为供电企业各项业务的落地终端，日常工作千头万绪。为了避免工作的盲目性，促进各专业的协同配合，充分发挥数据管理价值，实现管理水平和经营效益的双增长。按照"全能型"乡镇供电所建设工作标准，国网黄骅市供电公司滕庄子供电所充分挖掘运营监测管理潜能，全面推进系统一体化集成、业务一体化监控、服务一体化协同，落实营配工作末端融合，强化内外协同共进，全面提升综合服务能力，充分挖掘系统数据价值，促进供电所管理水平和业绩指标双提升。

二　主要做法

1. 建立监控清单，明确监控重点

要做实数据监测，首先要解决应用哪些系统、监测哪些数据、监测时点的问题。

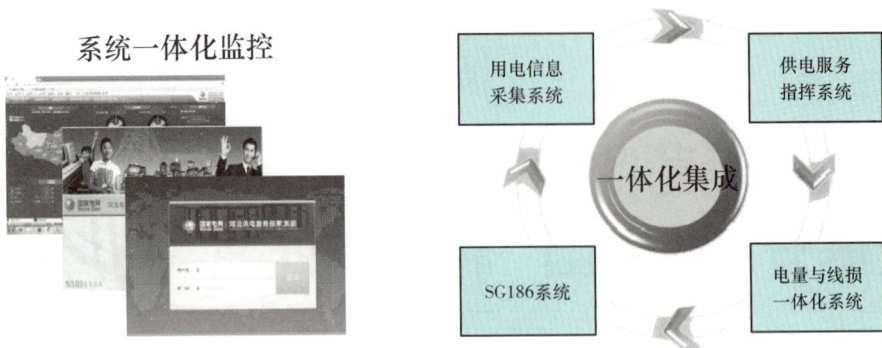

图1 系统一体化监控、一体化集成

经过实践摸索，供电所确定将营销 SG186 系统、用电信息采集系统、电量与线损一体化系统、供电服务指挥系统作为监控重点，实行多系统一体化监控，即每名监控人员均掌握各个系统的使用方法，能够熟练运用系统数据分析与不同系统数据进行比对。每天将同期线损、采集率、高压费控、低电压、重过载台区、重过载线路、三相不平衡等数据列为监测重点，制定了包含监测项目、监测周期、监测人员、派单对象等内容的监控清单。实现了数据监控常态化、人员行为习惯化、工作协同流程化。

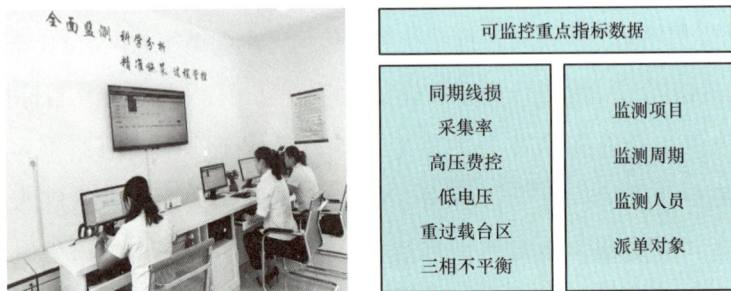

图2 重点指标数据监控常态化

2. 提高分析能力，积累处理经验

要发挥数据价值，首先要提高监控人员数据筛查、分析判断和异常处理的能力。为此供电所采取了以下措施：

一是成立以所长为组长，营销员和技术员分别为副组长，外勤班长、内勤班长和监控员为成员的营销和运检两个专业研讨小组，负责对数据进行科学分析，对日常工作提供技术保障。两个小组每天紧盯监控数据，遇到异常情况，立即进行讨论分析，并派单处理。监控员经常性地参与讨论、筛查比对数据，极大提高了监控员的多系统应用和数据分析能力。

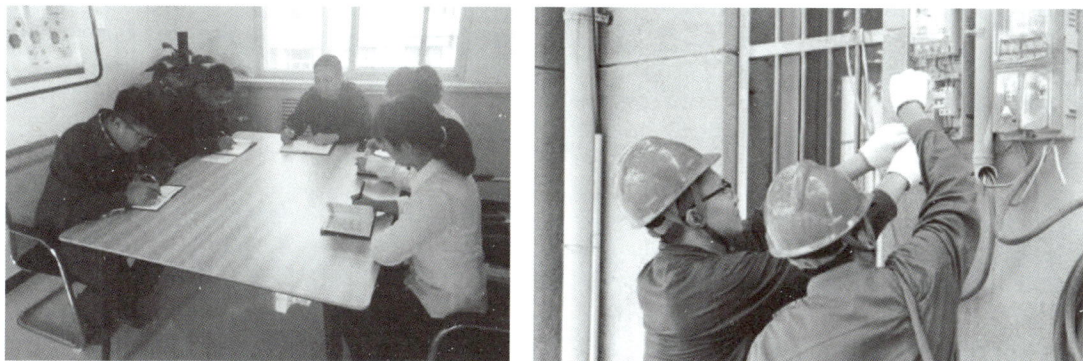

图3　小组分析、派单处理

　　二是黄骅公司营销部主持组建了全体监控员参加的微信群，各所监控员在群中讨论遇到的数据异常、分享处理经验，我所监控员积极参加并逐渐成为群里的培训员。

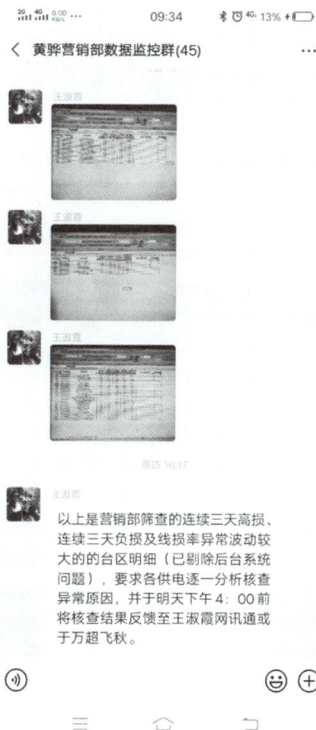

图4　通过营销部微信群共享处理经验

下面介绍一下运营监测工作的日常做法：

如在线损管理方面，对连续出现两天高损或负损台区，先由监控员首先对数据进行分析，查看是否有用电波动、是否是光伏台区、总表分表时间是否相符，以及是否存在低电压、三相不平衡、重过载等问题。属于光伏配置、电表时差、在途流程、采集失败等问题的，监控员则先行处理。如处理效果不好或判断为现场问题的，则派单由台区经理现场查看是否存在窃电、户变关系错误、有表无户、表记故障等。

图 5　线损治理工作流程

如在设备管理方面，监控中心每年对春节、夏季、冬季等大负荷过后进行一次负荷分析，结合现有设备状况为日后电网规划和电网改造提供数据支撑。同时通过对采集数据分析为低电压、三相不平衡治理工作提供数据支撑。

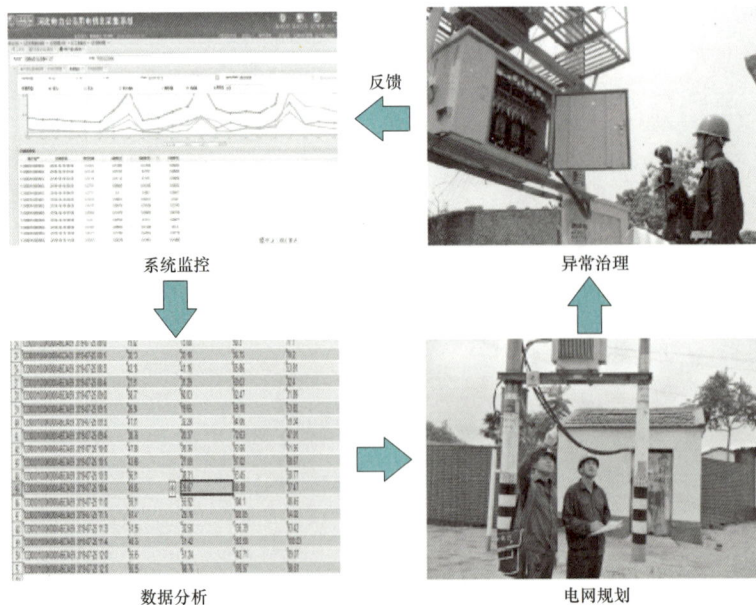

图 6　设备管理工作流程

3. 内外协同共进，促监控作用落地

解决了监控什么、怎么分析后，更为关键的是实现监控作用的落地，即如何保证数据分析的结果指导实践，发挥监控中心的指挥中心作用。具体做法如下：

首先是明确职责，赋予权利。明确监控中心的指挥中心定位，给予运营监测中心派单、监督和考核建议权；明确客户服务岗位和运检技术岗位是派单流程的监督员，对工单执行具有考核权；明确外勤班长是工单管理员，对回单质量负责；外勤班台区经理和线路负责人是工单处理人。

其次是明确流程，各司其职。供电所的工作流程是监控中心筛查出异常，经过分析后认为需现场检查的，通过供电所综合业务监控平台，直接派发到台区经理，同时将工单转发至工作群，遇到敏感问题或复杂问题电话反馈到外勤班长。外勤班长负责工单的处理进程管控和质量把关。

图 7　简化处理步骤，提高工作效率

再次是每天盯数据、时时盯工单。所长、两员每天上班先到运营监测中心查看当

图 8　数据监控、异常处理常态化管理

天监控数据和前天工单处理结果；每天时时紧盯工单中的异常问题，对连续出现的问题及时研讨，制定处理方案。

通过常态的监控、分析、派单、管控，供电所监控工作已经成为所有员工的习惯，切实起到了内外协同、相互支撑的作用。

三　实施效果

1. 提炼管理经验，树立管理标杆

2019年3月份供电所部分台区线损异常波动，通过分析确定为集中器冻结时间错误，当时考虑到这带有普遍性，为此上报到公司线损领导小组。经过营销部和供电所分析并与厂家技术人员沟通，进行了现场升级试验，最终将公司范围内存在隐患的207个模块进行集中升级。实现了发现一个问题，解决一类问题的高效治理效果。此项措施被国家电网有限公司列为"国网同期线损管理典型经验"，并在全网进行交流。

滕庄子供电所作为业务标杆，多次为沧州营销系统监控人员进行业务培训，并承担营销部数据分析课题，运营监测典型管理模式已经在沧州地区进行全面推广。2019年9月份和2020年4月份，省公司吴跃斌副总经理和邹伟平总会计师先后到滕庄子供电所调研，均对我所运营监测中心管理模式给予了高度认可和积极评价。

图9　运营监测管理模式受到了省公司领导的高度认可

2. 指标全面提升，屡创历史佳绩

正是由于供电所真正做到了"做实数据监控、发挥数据价值"，极大提高了各项数据指标。

截至今年 7 月份，滕庄子供电所配电变压器运行正常率 100%；至今未出现低电压、连续两天以上三相不平衡及连续 6 小时以上的重载台区；低压报修平均修复时长 21.05min，同比缩短了 6min；10kV 线路故障次数 3 起，同比下降 6 起；95598 故障报修次数 25 起，同比下降 29 起。

专用变压器、公用变压器、光伏采集成功率 100%；低压日均采集成功率 100%，同比增长 0.01%；10kV 同期线损合格率 100%；台区同期线损合格率 99.25%，同比增长 1.06%；10kV 线损 1.85%，同比下降了 0.73%；0.4kV 线损 2.89%，同比下降了 0.12%。

供电所运营监测中心的高效运转有效地实现了全面监测、科学分析、精准施策、过程可控，使监测数据日常化，行为习惯化，运行正常化，提高了异常问题处置效率，业务协同衔接、使协调控制能力大幅度提高，实现了"监测－分析－协调－评价"一体化运作工作目标。滕庄子供电所将立足工作实际，继续紧跟上级工作要求，继续加强各系统之间高效协同，不断提高工作效率，持续提升供电服务水平，为实现公司提质增效工作目标发挥更大的作用。

创新管理，
打造质量信得过班组

班组：国网河北省检修公司二次检修中心变电二次运检三班

一　产生背景

二次检修中心承担着电网"最后一道防线"的艰巨任务，紧紧围绕安全生产核心任务，以设备可持续优化为核心目标，推行区块化管理制度、强化二次设备精益管理、推动安全生产标准化、专业化、精益化、项目化，培养一支"有技术、会思考"的专业团队，全力打造值得信赖的二次检修团队，努力践行"维护好三道防线，坚守大电网安全"的使命。

班组作为最基本的生产单元，建设一个质量信得过班组是保障安全生产的最重要的基础。班组建设首先重要的是人员技能提升，再次是班组安全标准化建设，为打造一支专业素质高，工作业绩突出，充满朝气、勇于创新、精于细节、团结协作的队伍班组，需要在各项生产、创新工作中创新管理思路，还要应用质量管理方法夯实各项基础工作，强化班组安全标准化管理，遵循 PDCA 循环，为安全生产打牢基础。

二　主要做法

1. 以设备可持续优化发展理念，打造学习型班组

为贯彻落实二次检修中心"设备可持续优化发展"理念，班组长、各工作负责人

每个现场都要强调并坚持设备可持续优化发展观点、理念，利用现场实际工作、座谈等机会以实例形式向专业人员宣贯实施可持续优化发展的优势以及必要性。一是鼓励业务骨干参与，利用现场经验多的优势，为设备"可持续优化"出谋划策，使优化更贴合现场。二是宣传"提升员工自主工作能力"的工作理念，班组全面开展专业技能、安全知识、创新创效等多方面培训，并将培训工作提炼为"一二三四"培训法，即"一项技能、两种模式、三个环节、四点要求"，如图1所示。

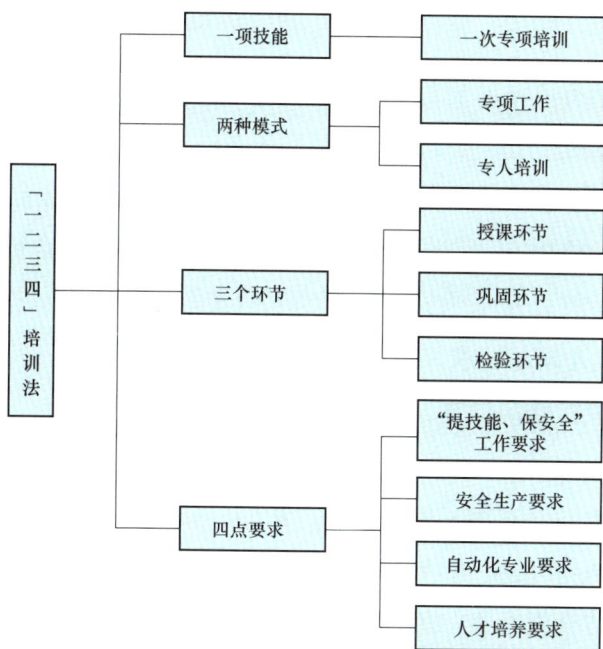

图1 "一二三四"培训法示意图

一项技能：针对近期班组重点工作，每月通过一次专项培训，掌握一项专业技能。班组定期根据不同的人员安排、不同的岗位责任、不同的安全生产工作开展专项培训，由经验丰富的老师傅负责授课，班组长进行考核，培训员进行培训总结。

两种模式：培训工作的开展有班组大讲堂授课及"两专"即"专项工作、专人培训"两种模式。自动化专业新技术层出不穷，生产任务繁重，人才需求也日益增大，我们除了要加快新员工的培养成才，也要注重老员工的知识更新。大讲堂的模式使受众更加全面，有利于不同水平员工汲取重要的专业知识。而"两专"这种方法则使培训内容更加精细，培训目标更加精确，根据参加培训员工的技术水平、工作内容进行重点教学，同时以现场工作为依托，使培训更加具有实用性。

三个环节：通过授课环节、巩固环节、检验环节三个环节形成闭环培训机制。首先通过大讲堂授课，开展的"每月一赛"活动，调整培训计划，积极开展同兄弟单位的协助和经验交流活动，弥补不足。充分利用实训基地开展实操培训，提高员工的动手能力，保证工作效率和安全。其次，督促员工进行自我巩固。依托中心的"三个一"工程，提倡全员笔记，细化笔记内容，注重笔记效果，把工作中、培训中的重点、疑难、交流、思路等记录下来，班组长定期检查并点评。最后，班组进行成果检验，确保员工学有所得，学有所成。班组长或授课师傅根据培训内容进行考核，对连续三个月成绩优异者进行奖励，连续三个月成绩最后一名进行考核。

四点要求：培训工作的开展不能盲目无序，旨在培养更符合岗位要求的合格人才——要符合二次检修中心"提技能、保安全"工作要求，符合精益求精、精雕细琢的自动化专业要求，符合安全为天、以人为本的安全生产要求，符合特高压工程、智能电网发展趋势的人才培养要求。

2. 以党建＋区块检修的形式，提升班组设备管理能力

（1）坚持以党建＋为引领，开展党员示范岗模范带头讲安全、树标杆活动。

思想政治建设始终是一切工作的灵魂，我们坚持用中国特色社会主义理论体系武装头脑，积极党的创新理论、形势任务教育，组织全体党员学习掌握现代化建设所必需的各方面知识。结合党小组"不忘初心、牢记使命"活动班组举办了一次以"岗位先锋我来当"为主题的个人宣誓活动，所有党员均参加，通过活动激发了党员的工作热情，营造了班组浓厚的党员岗位模范带头效应，如图 2 所示。

（2）开展"党支部＋区块检修"活动。

班组以"河北省电力有限公司王昭雷党员示范岗"为典型，保证每个现场一个党员，顺利完成全年的生产任务。在重大生产现场实施"设队、创岗、建区"先锋活动。迎峰度夏、迎峰度冬、抗灾抢险、重要保电等特殊时期，急难险重的工作都由党员带头坚守，冲锋在前，做勇于奉献的表率、保障安全的表率、优质服务的表率、促进和谐的表率，用实际行动诠释合格党员标准，如图 2 所示。特别是 2019 年石北 500kV 变电站忻都间隔扩建期间，班组利用站内一次设备倒间隔期间，由党员许磊作为工作负责

人，加班加点完成了自动化专业设备的改造更换，圆满完成了石北倒间隔工程工作。

图 2　党员示范岗活动展示

为规范变电站专业人员的工作行为、工作准则，提高工作责任心、工作意识、工作能力，进而加强变电站设备健康稳定运行，确保设备"可控、在控、能控"，进一步提升专业管理的精益化，有效推进变电站二次设备可持续优化发展，二次检修中心在原专责站管理制度基础上，制定区块化管理制度。制度规定：将变电站按照地区划分几大区域，每块区域有成员 5~6 名，设立区长一人，统筹管理所辖区域设备、仪器及生产工作等生产相关事务，向班长负责。制定此制度后，班组成员对区域内变电站设备更加熟悉。

班组在此基础上进行站端设备人员责任制管理创新，在不改变原有区块化负责人的情况下，将原来专责站负责变为与同类设备负责制相结合的模式，如表 1 所示。增加了班组成员认领一类设备负责制，加强了人员负责和掌握设备的范围，尤其是提高了某人对某一类设备的精准检修能力，加强了班组设备运维能力。

表 1　"区块化检修"管理分配表

区块（厂家）化管理、责任站分工				
组序	变电站名称	责任人	设备厂家	区块负责人
第一组	元氏站	王某某	科技、许继、南自	王某某
	辛集站	许某		
	卧牛城站	许某		
	廉州站	陈某		
	石北站	姜某		
	石北站	贺某某		

续表

	区块（厂家）化管理、责任站分工			
组序	变电站名称	责任人	设备厂家	区块负责人
第二组	宗州站	苑某某	四方、继保	苑某某
	冶陶站	苑某某		
	邢台特高压站	阎某		
	彭村站	阎某		
	彭村站	姜某某		
第三组	官路站	侯某某	四方、继保、南自	张某
	蔺河站	张某		
	辛安站	何某某		
	广元站	何某某		
第四组	沧西站	张某某	科技、许继、南瑞	张某某
	黄骅站	宋某某		
	瀛洲站	宋某某		
	桂山站	刘某		
	桂山站	张某某		
第五组	易水站	郭某某	四方、继保、科技	郭某某
	清苑站	郭某某		
	保北站	韩某某		
	慈云站	韩某某		
	慈云站	张某		
第六组	宣慧河站	薛某	继保、科技	薛某
	武邑站	薛某		
	保定特高压站	檀某某		

续表

<table>
<tr><th colspan="5">区块（厂家）化管理、责任站分工</th></tr>
<tr><th>组序</th><th>变电站名称</th><th>责任人</th><th>设备厂家</th><th>区块负责人</th></tr>
<tr><td rowspan="2">第六组</td><td>深州站</td><td>白某某</td><td rowspan="2">继保、科技</td><td rowspan="2">薛某</td></tr>
<tr><td>深州站</td><td>吴某某</td></tr>
<tr><td colspan="5">专责站要求</td></tr>
<tr><td colspan="5">（1）专责人对专责站内自动化设备基本情况应非常熟悉，能熟练掌握站内监控系统、远动系统调试工具及配置方法并独立（无厂家）完成检修工作，负责站内设备台账维护等日常工作．
（2）专责人应对站内设备遗留缺陷、潜在的隐患有足够的掌握，并提前核对当年的全年停电计划，针对停电间隔提前梳理缺陷是否需要更换备件，库房是否有备件，班组是否需要购买新备件。针对停电间隔为消缺的缺陷，将对专责站负责人提出严肃考核。
（3）对于站内的长期工作，或由于其他原因安排组内其他人员负责的大修技改类基建工作，专责站负责人应参与该工作安全措施及技术措施的编写。
（4）对于站内的临时性工作（消缺），如果该间隔有特殊运行方式，与其他间隔差异很大的情况，应及时联系现场工作负责人进行工作提醒</td></tr>
</table>

3. 安全管控，打造标准化班组

（1）开展"珍惜生命、安全至上"等主题安全日活动。开展安全宣传教育活动，班组内组织集中组织学习电网运行风险预警管控工作规范，宣贯生产作业安全管控标准化工作规范以及讨论分析班组安全活动管理规范，参与中心组织的"一把手"讲安全课、安全生产教育讲座，确保班组成员人人受教育，人人重安全，如图3所示。

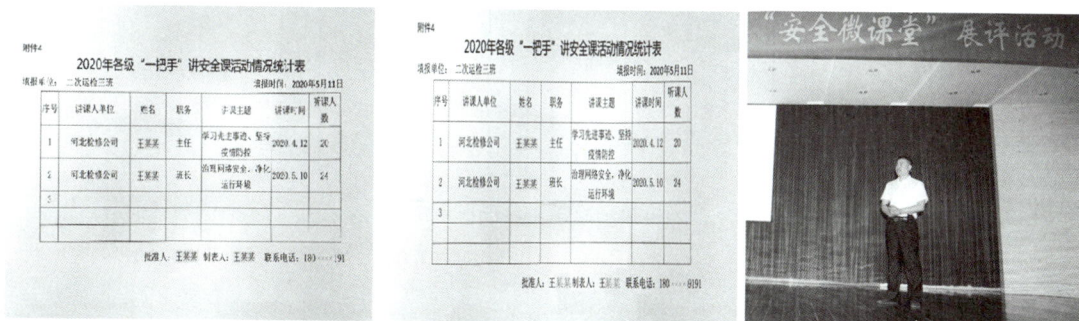

图3 "一把手"讲安全课

（2）定期开展安全生产大检查。班组全员签订安全生产责任状，做好外来作业人员管控。对工作现场的安全设施标准化、安全技术措施及交底、现场标准化作业、重大反事故措施落实、应急预案编演、"两票三制"的执行情况等进行自查。紧紧围绕安全大检查的活动要求，开展整改。严格执行反事故措施，全面排查整治事故隐患，扎实做好安全生产各项工作，有效防范各类安全事故发生。

班组以"安全生产月"和"安全生产万里行"等一系列活动为契机，进一步深化延续提升管理水平、技术水平，给我们今后工作严、细、实提出指导思想，只有"安全"与"效率"辩证统一结合，保证质量的完成，才能使我们的工作水平上升一个台阶。

（3）建立"责任到人"安全管理机制。通过建立《安全生产责任清单》，实现了责任到人、各负其责的机制，大大减轻了班长的工作压力。一系列的职责分工，增强了每一名员工的责任意识和主人翁意识，促进全员互相监督、开拓进取。让责任"班长"的权利与义务并存，并与个人利益挂钩，还赋予了全体员工新的责任，使班组上下形成了齐抓共管、人人争优的良好氛围。班组自成立以来，建立、健全并实施了38项制度、规范和办法，有力地促进了班组的管理建设、质量建设和文化建设，如图4所示。

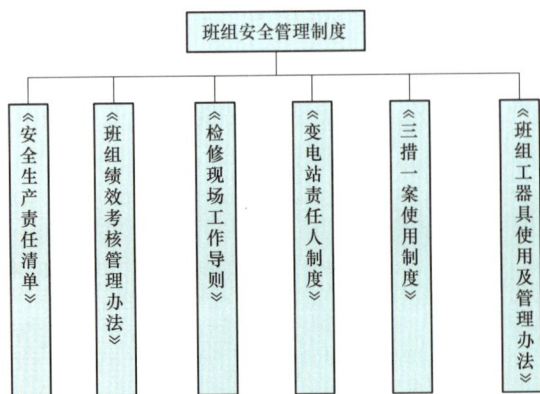

班组安全管理制度

《安全生产责任清单》　《班组绩效考核管理办法》　《检修现场工作导则》　《变电站责任人制度》　《三措一案使用制度》　《班组工器具使用及管理办法》

图 4　班组安全管理制度展示图

三　实施效果

班组获国网河北省电力有限公司 2019 年度工人先锋号称号。班组秉承"努力超越、追求卓越"的目标，以安全生产为根本，以设备"可持续优化发展"及"区块化管理"

为抓手，以"河北省电力有限公司王昭雷党员示范岗"为典型，以创"质量信得过班组"建设为契机，通过一系列安全专项活动、QC小组活动、职工创新、专利申请、科技论文发表等活动的深入开展，激活了班组这个企业"细胞"，提高了班组安全生产和管理水平，成为一支安全为先、重视质量理念、勇于创新、善打硬仗的一流班组。

班组通过专业工作后总结经验，建立"思考"工作理念，专业人员完成角色转变，梳通工作思路，专业管理日趋精细，设备维护愈发精良，人员水平日益精湛，所有的成效在缺陷发生数量上可以得到明显体现。近两年班组共完成官路、冶陶、卧牛城500kV变电站新建投运3座；完成基建、技改项目176项，特别是2019年石北500kV变电站忻都间隔扩建期间，班组利用站内一次设备倒间隔期间，加班加点完成超期服役的自动化专业设备总共11面屏柜、26台测控、10台站内主要网络设备，圆满完成了石北倒间隔工程工作，班组管理人员从全局出发，以实际工作为核心，配合相邻专业，照顾相邻间隔，利用基建落实了上级要求，展现了管理"智慧"，避免了二次停电，降低了电网运行风险。两年来共执行工作票共计951张工作票，工作票执行合格率100%，未发生任何违章。

班组通过管理创新激发班组活力，极大地调动了班组成员生产积极性，为专业日常生产积累了丰富的技术经验。班组成员对新建、扩建、改造各种工程有了重新认识，形成了从源头把控工程质量，尽力避免为多年后的设备遗留难题的工作理念，从源头综合考虑规程、反措、施工工艺标准、验收规范和运维标准等方面，有了更加清晰的管理思路。几个人积累的经验正在变成专业团队便于执行的统一标准。截至目前，班组共申请实用新型专利23项，发明专利18项；4项职工技术创新获得省公司职工创新奖项；发表技术论文142篇。2019年班组1项管理创新《电网企业外委施工违章考核积分评价方法的建设与实施》获第二十六届河北省省级企业管理现代化创新成果二等奖；《超大规模变电站二次设备新旧迭代管理策略的应用与实践》获国网河北省电力有限公司检修分公司2019年度优秀管理创新成果优秀奖。班组2019、2020年完成职工技术创新成果申报3项，QC课题立项2项；班组员工获得发明专利授权2项，新申请发明专利17项，在中文期刊发表论文7篇，获中电联组织的2019年度电力职工技术创新二等奖1项，获河北省电力有限公司优秀QC成果二等奖1项。

基于服务雄安电网建设的综合型施工项目部建设探索与实践

班组：河北省送变电有限公司输电施工四分公司雄安项目部

一　产生背景

　　雄安新区建设的理念、定位、标准开创了未来新型城市建设之先河，其目标之高、任务之重，对电网建设方面提出了全新的挑战。作为河北公司电力基建的主力军，建设好雄安电网、服务好雄安用户是公司义不容辞的责任。作为河北基建服务支撑雄安

图 1　创精品、树形象、攻坚争先新基建，为建设具有中国特色国际领先的能源互联网企业而奋斗

电网建设的"前沿阵地"和"重要依托"，项目部始终深刻认识雄安新区"国家大事""千年大计"的高点定位，紧紧围绕国家电网有限公司服务雄安决策部署，解放思想、勇于创新、锐意进取，以综合型施工项目部建设探索与实践为抓手，从讲政治的高度全力以赴投身雄安规划建设，奋力以优质工程打造国网雄安样板、展现河北良好形象，为推动"建设具有中国特色国际领先的能源互联网企业"贡献力量。

二 主要做法

依托雄安新区作为工程项目管理创新的先行先试区，其成果将为送变电行业优化业务布局、加速转型升级提供一种可借鉴、可复制、可推广的经验，引领"雄安电力建设"发展路径，推动公司向世界一流能源互联网企业迈进，具有重要的示范意义。同时引入项目部组建新模式、新理念，将传统土建施工、电气安装、线路施工相结合，将传统施工与泛在物联相结合，与新区电网建设新理念管理相结合，加速"具有中国特色国际领先的能源互联网企业"建设；探索新路径，将综合型施工项目部作为送变电企业"建设具有中国特色国际领先的能源互联网企业"发展的关键路径，筑牢人力资源基础；引领新模式，突出雄安引领，充分发挥新区"试验田效应"，将输电施工四分公司雄安项目部打造成区域内递进发展、各专业深度融合的"崭新"项目部。

1. 加强项目安全管理，确保现场施工安全

面对安全压力持续增大的严峻形势，项目部充分认识安全工作的重要性、复杂性，始终坚持"安全第一"的原则。一是切实压实安全责任，强化履职尽责。项目部以全员安全责任清单为抓手，坚持"管业务必须管安全"，把安全理念、制度、措施落实到每项工作中，推动安规、交底等刚性执行，落实安全主体责任。二是切实贯彻"铁腕治安"要求，严格考核问责。项目部坚持"严管就是厚爱"，动真碰硬、不留情面，对违章违规分包单位、人员严肃惩戒、严格考核。对屡禁不止的问题，触犯交底或强调过的注意事项，顶格考核、从严追责，真正做到问责一个、警醒一片。三是切实筑牢技术基础，开展科技兴"安"。以泛在电力物联网为契机，推进设备侧物联网建设，所有主网施工现场均接入公司视频监控指挥中心及雄安EIM双平台，形成多级交叉、多层覆盖的安全监控机制。全面应用雄安电网数字化工程管理平台等先进信息化手段，

引用高科技装备，开展全过程机械化作业，通过逐步探索，形成雄安线路工程典型方案。

图2 切实压实安全责任，强化履职尽责

2. 强化基建现场管理，打造优质精品工程

作为公司服务支撑雄安电网建设的"前沿阵地"和"重要依托"，项目部始终深刻认识雄安新区"国家大事""千年大计"的高点定位，奋力以优质工程打造国网雄安样板，展现公司良好形象。一是深化基建改革，抓实作业层建设。项目部尤其是加强了基础专业分包作业层班组建设，实施了早班会交底视频录制、信息化留存等一系列安全责任"强落实"的机制举措。派驻专业分包作业层监督员，在京雄高铁雄安牵引站220kV配套线路工程中实现了项目部管理人员与基础专业分包作业层班组人员融合，基础专业分包作业层人员履责意识明显提升，现场作业行为更加规范。二是加强进度管控，确保节点计划。项目部扎实筑牢与各参建方的桥梁纽带作用，切实加强工程协调管理，确保工程有序开展。雄东、雄龙110kV双回线路迁改（京雄铁路）工程如期完工，

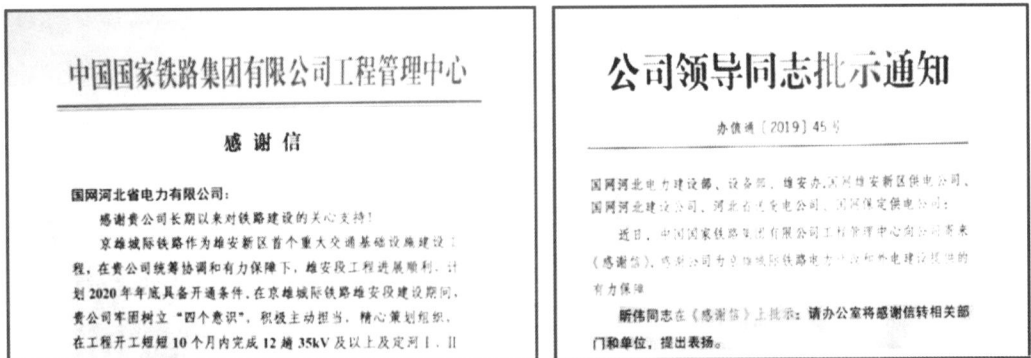

图3 收到中国国家铁路集团有限公司感谢信

收到中国国家铁路集团工程管理中心的感谢信，省公司给予表扬。雄安首个主网基建工程京雄高铁雄安牵引站 220kV 配套线路工程年前实现基础全部进点，满足省公司下发的二级网络计划。三是严格技术管理，加强质量管控。项目部严格履行技术方案编审批流程，及时跟进雄安标准体系，抓实"一措施、一方案、一张票"等制度，切实强化停电方案审查。雄东、雄龙 110kV 双回线路迁改（京雄铁路）工程集全公司之力完善修改停电切改施工方案，压降 110kV 变电站全停 4 座 / 次，赢得雄安公司认可；其电缆工程施工质量，获得保定公司高度评价，选树为保定电缆标杆工程。

3. 求真务实承压奋进，全面服务雄电建设

置身新区复杂环境，唯有做强实力、做优业绩，方能长治久安、立于不败。项目部始终坚持求真务实、承压奋进，全面服务新区电力建设。一是对接雄安标准，提升品牌价值。项目部积极融入服务雄安新区建设等重大战略实施，依托容东、容西、京雄迁改、容易路迁改等工程，创建了雄安电网建设的"先行试点"和 EPC 总承包项目的样板典范。项目部积极承担试点任务，展现了冀送形象。容东 35kV 施工电源工程试点获得省委书记王东峰、省长许勤高度认可；雄安牵引站 220kV 线路工程试点获得省公司高度赞扬。二是对接雄电需求，增强开拓意识。项目部大力开发新兴业务、尝试拓展其他领域，主动对接雄电需求，有效开拓了雄安市场。项目部寻求并承揽雄安地

图 4　容东 35kV 施工电源工程建设获得省委书记王东峰、省长许勤高度认可

区配电网基建工程 5 项、配电网 EPC 总承包工程 2 项、用户工程 3 项、充电桩工程 2 项、小型基建（四通一平）工程 1 项，全面增强了市场竞争力，培育了新的利润增长点，满足了雄电建设需求，赢得了雄安公司的高度认可。

4. 扎实进行主题教育，凝聚青年攻坚力量

公司打破专业壁垒，调集由线路、变电、调试等 18 名专业青年骨干组建雄安项目部，项目部成立一年来，充分发挥年轻职工敢打敢拼的"闯劲"和不畏艰难的"拼劲"。一是坚持善作善成，做实主题教育。项目部在开展主题教育的过程中，坚持结合实际，注重实效。结合在工程中的责任使命，着眼解决实际遇到的问题，把开展主题教育同推进项目管理工作紧密结合。二是扣实际重实效，焕发青年热情。项目部借助雄安工程"点多面广"特点，加大青年人才培育力度，微小型工程实行"青工独担，项目经理把关"制度，切实激发了青年职工的干事创业激情。三是坚持"施工育人"，大力培养人才。在全力完成施工任务的同时，项目部也将"施工育人"作为宗旨，努力营造"比学赶超"氛围，设立"一年入职、三年成熟、五年拔高"培养目标，采取"五步走"发展战略，以固、建、搭、推、树，加强青年人才队伍建设。2019 年项目部 2 名青年职工通过技能鉴定，2 名青年职工考取注册资格。

图 5　扎实进行主题教育，凝聚青年攻坚力量

三　实施效果

河北省送变电有限公司输电施工四分公司雄安项目部将国家电网有限公司"建设

具有中国特色国际领先的能源互联网企业"战略落地作为核心任务，打造综合型电力基建服务团队，把以客户为中心、创新、开放、迭代、共享的理念贯穿始终，切实解决甲方业主"痛点"、消除建设服务"盲点"，积极为甲方业主创造价值，实现了雄安市场由"满足需求"到"创造需求""引领需求"的转变。同时项目部以雄安新区综合性能源互联网建设为引领，充分发挥新区"试验田效应"，提升服务雄安电网建设人力资源质量，带动坚强智能电网和泛在电力物联网在基建行业内深度融合的新模式，将为传统送变电企业机制优化调整、业务拓展提供探索、参考和借鉴。

服务雄安新区高质量发展，是公司义不容辞的政治责任。当前，新区建设已由"画图布局"转入"挂图作战"阶段，作为公司服务雄安新区的最前线，输电施工四分公司雄安项目部将承担起开路先锋的使命，在服务雄安中彰显"冀送"的价值、体现"冀送"的担当。未来，我们将着眼争当公司服务雄安的排头兵、争做公司高质量发展的领跑者。

图 6　项目部承接的首个服务雄安新区建设电网基建工程顺利投运

基于物资"检储配"一体化，协同打造"四优"班组

班组：雄安"检储配"一体化物资中心仓储配送班组

一 产生背景

2020 年初，党中央国务院正式批复《河北雄安新区起步区控制性规划》《河北雄安新区启动区控制性详细规划》，顶层设计逐渐精准落位，新区建设进入具体实施阶段，电网工程随即大规模开工建设，高定位、高质量、高标准给电网物资保障提出严峻挑战。同时，国家电网有限公司新的战略目标明确了公司发展方向和思路，为雄安新区电网物资管理工作指明了方向。

1. 雄安电网高密度集中建设给物资保障带来挑战

根据新区电网建设规划，2020—2022 年是第一个电网集中建设高峰期，20 多项 110kV 及以上主网输变电工程和大量城市配电网工程集中建设，投资规模巨大，物资采购量将呈现突进式增长，在计划申报、采购时序、物资供应环节需要紧跟工程建设步伐，需要更加灵活、便捷、高效的物资保障方式。同时，新区特有的地上地下并行施工、"窗口期"等施工模式给物资供应带来新的挑战，电网建设和多种专业交叉施工，现场可能面临无材料站的情况，设备需要随到随装，日清日结，现场"零库存"，对物资配送的时效性和精准性提出更高要求。

2. 雄安电网高质量建设标准对设备质量提出更高要求

新区建设以"雄安质量"为引领，雄安电网高质量、高标准发展是落实"雄安质

量"的必然要求，是践行建设中国特色国际领先的能源互联网企业战略目标的必然途径。高质量发展要求需要高质量设备支撑，需要从物资全链条加强管控，在采购阶段制定特殊采购技术标准，在履约阶段采用更加严格的质量监督和检测手段，在供应商管理阶段制定"红线淘汰"和"黑名单"等惩罚措施，并闭环至采购环节，为新区电网建设提供最先进、最优质设备，为"雄安质量"提供物力保障。

3. 现代信息技术应用对物资管理模式提出更新要求

雄安电网建设依托电网数字化工程管控平台（EIM）对新区电网工程实行全过程数字化管理，物资管理作为工程管理的一部分，需要研究新的物资管理模式应对新形势。国家电网有限公司统一部署现代智慧供应链体系，强化公司内部各专业间的协同和供应链上下游各方的协同，旨在打造供应链生态系统，更好地促进能源行业产业升级。现代智慧供应链体系需要结合雄安电网建设特殊需求，融合 EIM 管理方式，在雄安电网建设中落地应用，持续提升采购设备质量，提高物资服务保障能力，促进业务高效规范运营，进一步提升供应链管理水平，为公司在雄安新区建设具有中国特色国际领先的能源互联网企业样板提供优质高效供应链服务支撑。

二　主要做法

1. 机构设置和人员配置

由于河北公司尚无中心库及大型电力物资智能立体仓库建设运营经验，根据调研情况，为保障仓库建设运营有序衔接，高效运转，借鉴先进网省经验，拟采取"核心管理团队 + 专业运维团队 + 服务保障团队"的运营模式，优化设置雄安中心库组织机构，合理配置人力资源。雄安中心库按照管理层和业务操作层进行设置。人员及组织机构图如下：

业务管理层拟由主业人员组成，设雄安中心库主任，仓储、配送、抽检和安全及系统运维管理人员，负责中心库的日常运作管理协调统筹，仓储、配送、抽检、仓库服务保障以及安全管理工作；负责组织修订仓库管理规章制度；负责仓储配送人员、业务日常管理考核，对外协调等各项管理工作；负责服务大厅管理与参观接待组织工作。

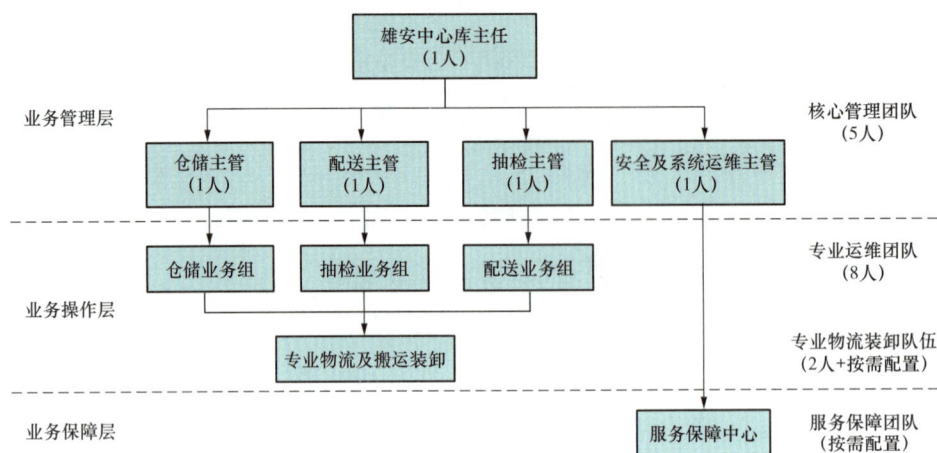

图 1　雄安中心库人员及组织结构图

业务操作层拟由外委专业运维团队、专业物流团队组成。设置仓储业务组、抽检业务组、配送业务组，具体实施仓库作业及仓库作业服务保障工作，组织开展主动配送。仓储业务组承担雄安中心库仓储作业，主要包括仓储作业计划执行、物资上下架、在库物资盘点协助、服务大厅仓储业务受理、仓储系统操作等工作；抽检业务组承担抽检及样品相关作业，主要包括抽检计划执行、抽样、制样、送样、返样接收、抽检进度跟踪等工作；配送业务组组织在库物资的主动配送，根据配送计划协调专业物流队伍实施配送，主要包括服务大厅配送业务受理、组织落实配送计划、配送系统操作、组织实施配送、运输安全监控以及物流队伍管理等工作。专业物流团队负责库内物资装卸、搬到等作业，具体实施常态化主动配送和应急配送。

业务保障层拟由集体企业服务保障团队组成。设置服务保障中心承担雄安中心库作业和作业人员服务保障工作，主要包括安保、绿化、保洁、食宿、水电、设备维护等后勤保障服务工作。

2. 岗位及人员配置

业务管理层的"核心管理团队"在物资公司增加核心岗位编制并进行人员配置，由省公司统一进行核定和配置；业务操作层的"专业运维团队""专业物流团队"和业务保障层的"服务保障团队"采用业务外委的方式进行人员配置，可根据业务量动态调控人员规模，不占用主业人员编制。

（1）"核心管理团队"为中心库管理和核心作业实施人员，由物资公司派员组成，隶属于物资公司雄安物资保障项目部。

图 2　管理人员召开会议

依据《国家电网有限公司供电企业内控劳动定员标准　第 7 部分：物资》《国家电网有限公司物资仓储配送管理办法》[国网（物资 /2）125—2013]，设置雄安中心库主任岗 1 人，仓储主管岗、配送主管岗、抽检主管岗、综合及系统运维主管岗各 1 人，雄安中心库主任建议在物资公司雄安物资保障项目部设置 1 名副主任兼任；4 名主管建议在物资公司雄安物资保障项目部增设相应岗位，具体负责"三组一中心"管理工作。后期视业务量增长情况，可对核心管理团队岗位编制及人员配置进行动态调整。目前，5 名管理人员职责如下：

1）中心库主任：负责中心库的日常运作管理协调统筹，仓储中心、配送中心、仓库后勤业务以及安全管理工作；负责组织修订两个中心管理规章制度；负责仓储中心和配送中心人员、业务日常管理考核，对外协调等各项管理工作；负责服务大厅管理与参观接待。

2）仓储主管：负责制定仓储作业计划，仓储业务内外协调工作；负责组织仓库定期、不定期盘点；负责组织出入库物资复核；负责仓库 7S 考核管理；负责入出库单、交接验收单等相关单据的审核签字；负责 ERP 系统操作，确保仓储业务顺利进行；负责工作人员月度考核管理；组织仓库工作人员开展工作例会；负责对业务运营情况进行监控等。

图 3　工作现场

3）抽检主管：负责到货物资抽检内外协调工作；负责根据物资到货情况，制定抽检需求计划；负责协调进行抽检物资账、物冻结；负责待抽检物资库区移动、摆放过程监控；负责随机抽取仓库作业人员并组织完成物资抽样、制样、送样；负责物资检测进度跟踪，并向物资公司质监部提出考核意见；负责送样样品检测后返样验收等。

4）配送主管：负责配送业务统筹、分配、监督和考核任务；负责根据供应计划，生成配送计划；负责第三方物流的调度、协调；负责第三方物流费用结算；负责有关配送单据的审核签字；负责现场车辆车位分配、安全管理；负责物资运输、装卸、安全质量的全过程管控等工作。

5）综合及系统运维主管：负责统筹组织库区卫生保洁、安保安全及人员食宿生活等后勤服务业务；负责组织参观接待，有关会务等工作；负责物流自动化设备运维；负责物流信息化系统及硬件运维；负责仓库现场安全管理；负责组织智能化中心仓库设备、系统的使用培训；负责制定仓储、配送和抽检业务培训计划及培训内容。

（2）"专业运维团队"为中心库非核心业务作业实施人员。根据《国家电网有限公司供电企业业务外包管理办法》（国网人资 /4）和公司有关规定，自动化立体货架、自动行吊等操作、物资保管保养、仓库盘点协助等非核心工作可以外委专业运维团队。雄安中心库"专业运维团队"承担非核心业务工作，主要包括雄安中心库服务大厅业务接待办理，中控室 WMS、TMS 系统操作，库区实物附码贴签及收发、盘点协助以及配送车辆调度等工作。

经测算在雄安中心库运营初期，8 人组成的专业运维团队可满足运营需求，拟采取公开招标方式确定，人员上岗均在 35 周岁以下，大专以上文化程度，熟悉自动化设备及系统的操作，有仓储物流经验，具有熟练地语言表达和一定写作能力。后期可根据业务量变化对人员进行调整。

（3）"专业物流团队"物流运输（包括库内物资装卸、搬倒等）整体外包给专业物流公司组成"专业物流团队"，在"专业运维团队"组织下，具体实施装卸搬运、物资配送等服务。

"专业物流团队"应具有相应的资质、专业人员和物流配送系统及配送能力。库区物资装卸搬运服务（提供库区 24 小时服务）、物资配送服务（提供库区到雄安物资需求地点配送服务以及应急 24 小时配送服务，配送目的地车板交货）。雄安中心库运营初期，库内物资装卸、搬倒等需"专业物流团队"具有特种作业资质的搬运工 2 人常驻仓库。

（4）"服务保障团队"为管理和作业人员提供后勤等服务保障。为保障中心库管理及作业人员工作顺利开展，须提供库区安保、绿化、保洁、水电维修、食宿、设备维护。

3. 班组工作管理

（1）落实运营制度标准。运维团队采用 7S 现场管理制度，7S 管理即"整理、整顿、清扫、清洁、素养、安全、节约"管理。7S 管理采用精细化管理方式，规范管理标准，明确"7S"管理责任区，实施办公区域、库容库貌管理、储存保管管理、安全生产作业管理等内容，提高工作效率、保障安全生产、降低企业运营成本、改善员工精神面貌、提高组织活力，从而提高中心运营的整体品牌形象。编制《雄安中心库业务运营手册》涵盖"检储配"21 项业务流程、现场安全、档案管理、单据管理等制度。

（2）执行现场例会制度和周月报制度。建立"月报告、周协调、日调度"业务运作机制，包括库存、抽检和配送台账管理、月度运作计划、周协调会议、日调度工作机制建设，月报制度和监控预警机制等，仓库管理人员组织做好仓库作业相关信息的统计、收集和整理工作，每月组织对仓储、抽检、配送业务进行总结、分析，制定下月度工作计划，形成雄安中心库运作月报，报物资部。每周组织召开仓储、抽检业务协调周例会，落实月度工作计划，及时协调解决仓储物资抽检问题，保障雄安物资供应。每日召开库内专业碰头会议，总结前日工作并部署当日工作。

（3）执行业务操作票制度。组织运维团队梳理每一项作业流程，找出安全风险点，制定制式操作票，明确签发人、负责人和监护人，确保现场作业安全。

（4）加强特种设备安全作业。特种设备作业必须持证上岗，制定特种设备检查记录表和工作指导书，作业前检查设备是否正常并记录，作业人员做好必要防护措施后方可执行作业任务。

三　实施效果

（1）构建"储检配"一体化运营模式，显著提高作业效率。传统的物资仓储、检测、配送三个专业相互独立，由不同单位负责，且仓储和检测业务的分离使送检周期过长。雄安物资中心仓储配送班组依托园区智能化设备，创新管理方式首次实现送检样品的自动化无缝接驳，依托"储检配"一体化平台，实现三个业务之间实物流、业务流和数据流贯通，显著提升作业效率，以配电变压器为例由原来的 1 个月送检周期缩短至 5 天，实现物资随到随检、入库即合格、出库即可用、需要即可送的快速响应机制。

（2）创新雄安专网配送机制，提升物资供应实效。为应对雄安城市建设"窗口期"施工模式以及工程现场"零库存"的要求，创新建立"平台＋外部支撑体系"的配送机制，制定配送平台接入规范，不同物流公司配送系统均可接入"储检配"一体化平台，凭借专业物流公司庞大的车辆资源，实现雄安电网物资点对面的主动配送全覆盖，做到雄安配送"三个限时达"。

第二篇
班组技能建设

▽

电网企业班组建设典型实例

（第三辑）

构建"1+2+N"工作法，打造一流信息运检班组

班组：国网石家庄供电公司信通分公司信息运检一班

一　产生背景

国家电网有限公司将建设具有中国特色国际领先的能源互联网企业确立为长远的战略目标，在推进国家电网有限公司战略目标落地的过程中，对基层班组的技能建设提出了更高的要求。国网石家庄供电公司信通分公司信息运检一班担负着公司终端设备运维管理、信息机房巡视检修、网络联通及安全保障、系统开发及应用维护等多项工作任务，工作内容涉及面广、繁杂多样。班组现有10名员工，其中7名为85后员工，班组青年员工占比大。处在大数据、人工智能、5G、区块链等先进的信息技术不断取得突破的发展机遇中，信息运检一班积极研究管理办法，构建"1+2+N"工作法，充分调动班组成员的工作积极性，发挥他们的创造力和能动性，使青年员工快速成长为技术尖兵，提升班组整体的技能水平，为公司信息化建设助力。

二　主要做法

1. 编制一本信息系统运维操作手册

信息系统运维操作手册内容涵盖多个信息系统和终端设备的安装、操作说明——

包括 I6000 系统、X3 系统、北信源系统、网管系统、移动存储介质注册、交换机软件升级以及信息运维工作中常见的故障分析及消缺方法等。

知识共享，全面学习。信息系统运维操作手册电子版在班组内共享，一是让青年员工可在上手实际工作前熟悉前人经验、总结的理论内容，为实际操作工作打下良好的理论基础，从工作初始就能对信息业务有一个全面的了解；二是便于班组成员阅读自学，及时巩固不足的知识点，全方位打造"复合型"技术人才。

发现问题，及时定位。通过使用信息系统运维操作手册，网络管理员维护网络设备的同时能够简单识别终端问题类型，缩短终端技术人员的设备维护时间；终端人员解决终端故障的同时能够检查出网络中存在的安全隐患，以便于网络安全技术人员能够快速定位响应，防止信息安全隐患的扩大。每个人在精于自身专业工作的同时，多看多想多分析，将团队整体工作情况系于心间，提高班组工作效率，提升公司的信息化业务水平。

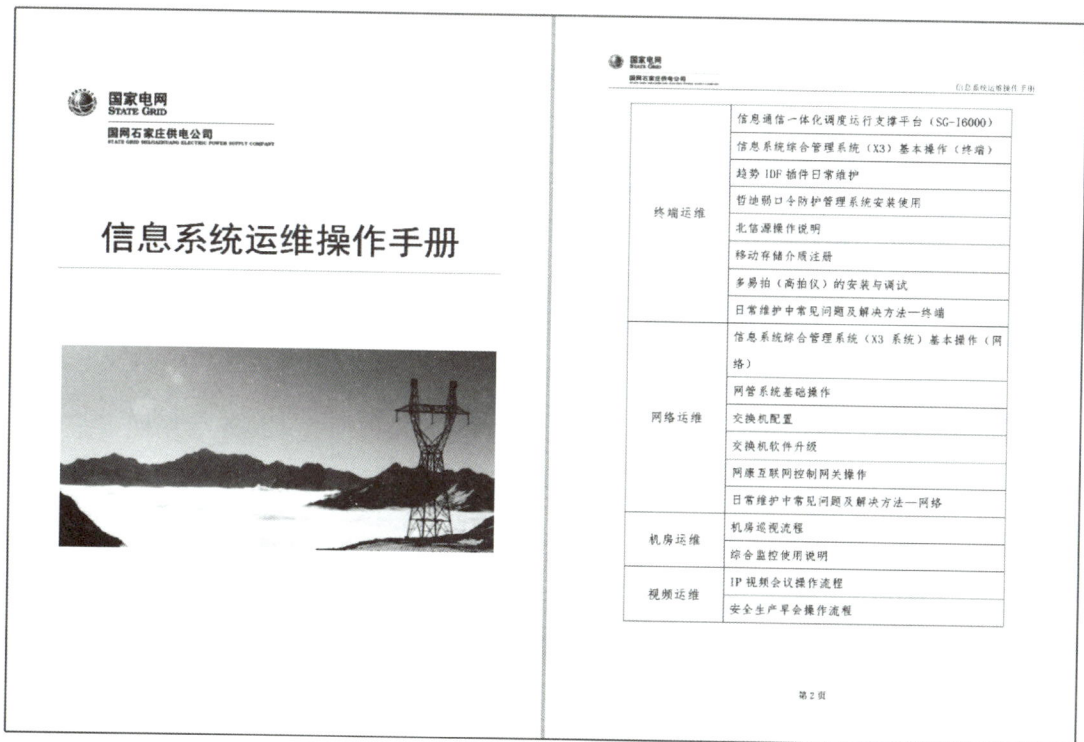

图 1　信息系统运维操作手册封面及概要

国家电网 STATE GRID
国网石家庄供电公司
信息系统运维操作手册

目录

第3页

国家电网 STATE GRID
国网石家庄供电公司
信息系统运维操作手册

第4页

图2　信息系统运维操作手册目录

专人专职，不断更新。每位班员负责其中一类版块的资料管理。在班组日常工作中，产生的数据资料会越来越多，当有新资料产生时，第一时间将其更新到手册中，加强对资料的管理，增强班组的管理软实力。

2. 建立周周开展技能培训、天天报送工作动态两个工作机制

（1）周周开展技能培训——提升讲演能力，拓展知识面积。班组每周四下午组织班组成员进行交流培训，以分享经验为契机，交流心得体会，提升班组成员的基本素质和综合技能。培训以点及面，一人稳扎一点，让每位班组成员都能把最擅长领域的工作经验、工作技巧总结到位，通过交流分享共同进步，形成“老师傅传经验、岗位能手传技术、新员工传知识”的良好学习氛围。

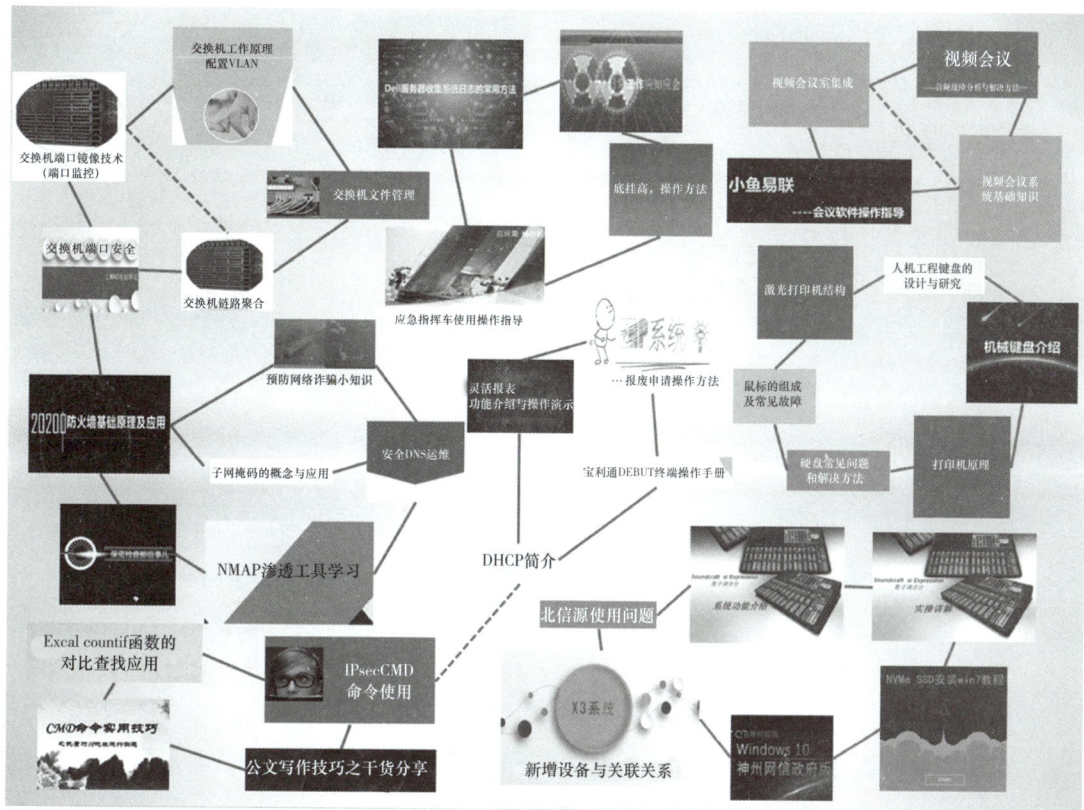

图 3　班组培训知识地图

　　在组织培训的同时，绘制班组培训知识地图，每次进行培训后，授课者将核心内容绘制于地图上，并且列出逻辑连接，方便班组成员进行回顾学习、巩固提高。

图 4　班组培训现场

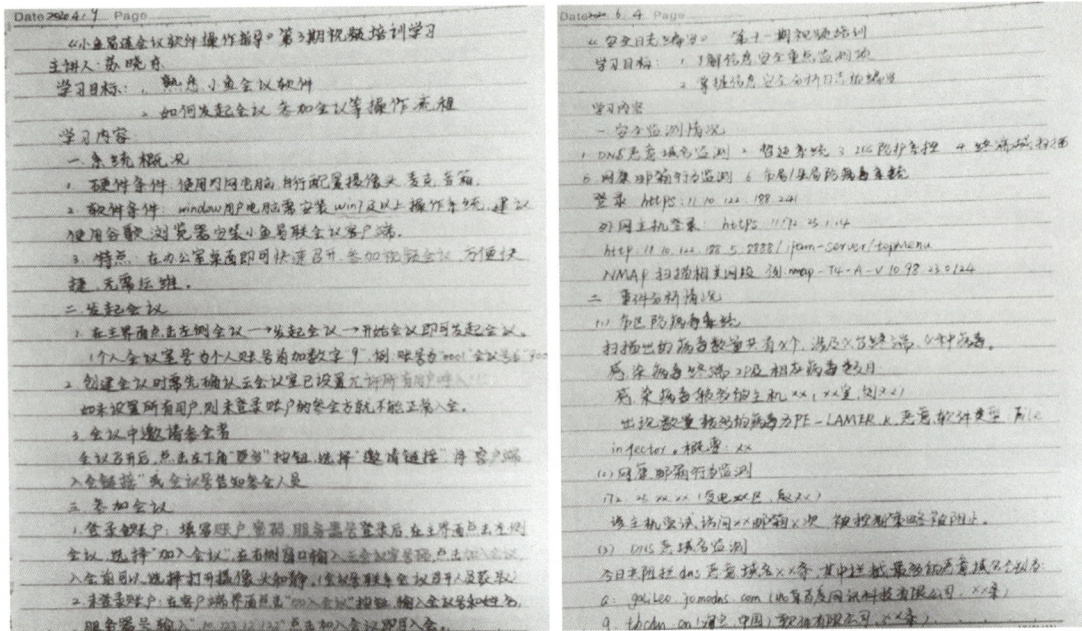

图 5　班组培训笔记

（2）天天报送工作动态——今日小碎步，明日大跨越。每日下班前，由班长统筹班组成员的工作计划、工作量，按照网络、终端、互联、软件四类不同工作性质进行划分管理，做好工作内容梳理，保证每项工作当日都能形成明确的环节顿点。其中，网络组重点关注缺陷处理数量、公司网络稳定情况、各院落网络设备连通和机房信息设备维护、网络安全保障等方面；终端组重点汇报终端缺陷处理、终端调配、设备台账梳理等内容；互联侧重每日会议保障情况、视频连接等工作；软件组重点报告系统运行维护、账号权限管理、网站内容管理等方面。按照组别将重点工作内容进行每日记录总结有益于班组成员梳理清晰的工作思路，养成良好的工作习惯，缩短信息运维的工作时效，也能更有条不紊地计划后续工作并顺利开展实施。

班长在每日汇报中能够及时发现员工工作中产生的问题，给予指导反馈，班组成员再将每日的工作内容和问题汇总成最终的年终总结，由量变产生质变。

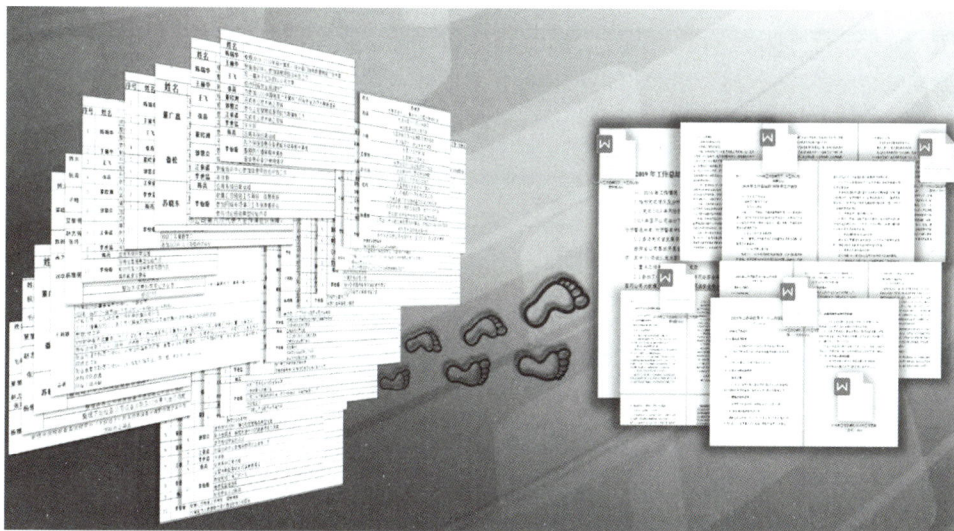

图6　工作动态进阶——每日工作汇总成年终总结

3. 绘制"班组工作 N 张图"

班组成员在完成各项重点工作后，绘制"班组工作 N 张图"，形式包括思维导图、流程图、拓扑图。终端分发思维导图明确列出了安装操作系统、修改台账信息、粘贴不同种类标签等环节的关键步骤及具体做法；终端调配－联网思维导图对抄录资产信息、调整 IP、绑定 MAC 地址、验证网口是否可用、配置交换机端口、北信源注册等环节进行了详细的说明；UPS 充放电检测工作流程图从准备开工、了解规章制度到检查 UPS、检测数据、开始充电再到报告完工、完成检修计划流转的每个工作细节都阐述到位；动环巡检工作流程图对机房分布、服务器巡视、交换机巡视、防火墙巡视等流程环节都进行了细致的说明；院落部室及 IP 分布拓扑图终列出了每一院落部室划归的网络地址。

每一项重点工作都凝聚着班组成员的责任与心血，而在工作完成之后，绘制的这一张一张班组工作图，则是对工作技术最好的总结，是班组智慧的结晶。"班组工作 N 张图"确保了工作实施过程的规范性、标准化，提升了员工工作效率，助力基层班组提质增效。班组成员可以根据"班组工作 N 张图"快速掌握工作要领，明确工作流程，在工作中多反思、多总结，不断追求技术的精益求精。

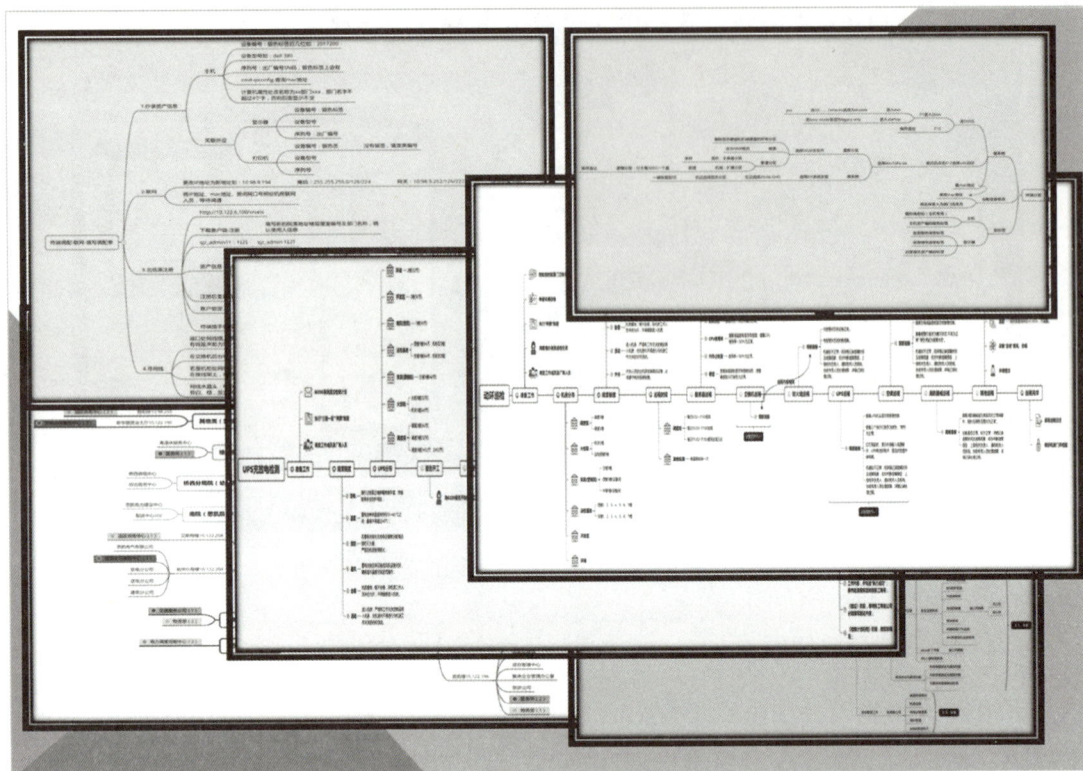

图 7 "班组工作 N 张图"一览

三 实施效果

信息运检一班自实施"1+2+N"工作法以来，呈现出管理制度健全、工作重点突出、技能水平提升、创新氛围浓厚的崭新风貌。班组齐心戮力，已连续 5 年获得国网石家庄供电公司"先进班组"称号，培养了省公司优秀技能人才一名、省公司网络安全红队队员两名、省公司 python 精通人员一名、市公司青年智库骨干成员三名，为公司的网络安全、大数据工作贡献青年之力。班组成员踊跃参加竞赛，凭借精湛的技术在各项赛事中名列前茅，斩获"冀信 2018"河北省网络安全技能竞赛一等奖、国网电网公司 2019 年大数据应用暨信息运行和网络安全技能竞赛团体二等奖。此外，班组开发的《信息机房智能运维的设计与实现》获 2019 年电力行业大数据应用创新成果三等奖，《机房智能巡视技术的研究与实现》获公司 2018 年度职工技术创新优秀成果三等奖。

　　2020 年，站在基本建成具有中国特色国际领先的能源互联网企业的开局之年，信息运检一班作为信息专业基层一线班组，在新基建以及能源互联网建设的持续推进中，在各类信息技术蓬勃发展的浪潮中，如何与各专业更好地融合，仍是需要重点关注的问题。

凝练"四大体系"，
打造一流配电运检班组

班组：国网正定县供电公司配电运检班

一 产生背景

　　国网正定县供电公司配电运检班组，作为运维检修部的支撑班组，主要负责四项业务，分别是带电作业、高压电缆、环网柜、配电网抢修。班组成员 19 人，平均年龄 30 岁，是正定县供电公司的核心班组之一。

　　带电业务主要负责国网正定县供电公司所辖 10kV 架空线路及设备的带电检修、消缺、抢修等工作，工作积极，踏实肯干，同时是个积极创新、勇于探索的团队。为迎接省公司对中心县的验收，配电运检班认真准备，对检查资料反复整理，多次到现场模拟演练，并邀请市公司专家前来指导，最终以优异成绩第一个通过省公司配电网不停电作业验收。班长安邦在 2016 年省公司配电网不停电作业竞赛中取得县公司组个人第一名的成绩，并加入省公司配电网不停电作业协作组。2017 年 5 月，班组在国网运维检修部组织的县公司配电网不停电作业质量评估中成绩优异，在河北省 3 个被受评单位中排名第一。

　　电缆业务负责正定城区及新区 10kV 电缆及电缆附属设备的巡视、运维、检修等工作，班组成员桑国宁、梁官清在市公司电缆运检室跟班实习 3 个月，对电缆运维要求、技术要点、电缆头工艺质量等扎实学习，并深入现场稳步推进新区电缆的各项工作开展。

环网柜业务负责正定城区及新区的环网柜设备的巡视、运维、检修等工作，排查治理环网柜缺陷，逐步落实对所有环网柜加装 DTU 自动化设备，对环网柜的运维更上一层楼。

配电网抢修业务负责正定城区及新区 10kV 线路设备故障巡视及故障抢修工作，在接到故障信息后，第一时间赶赴现场，针对故障类型及线路图，制定故障巡视安排，以最快的速度查找故障点。

班组分别获得国家电网有限公司 2017 年度先进班组和省公司 2018 年度一流班组称号，并在 2018 年底被石家庄市总工会评为"工人先锋号"。

二 主要做法

一个充满生机与活力的企业，一个在市场经济下不断提高生产效能的企业，靠的是什么，靠的就是管理。众所周知电力企业是技术密集型企业，企业内部各专业关联性强，电力流程环环相扣，而一线生产班组是电力企业生产中最小的职能单位，担负着电力企业生产的基本活动过程，是企业各项工作的落脚点。因此班组的建设管理工作关系着企业经营战略的顺利实施，战略目标的顺利实现，在电力企业生产中起着基础性的作用，其管理水平、工作优劣直接影响着电力企业的整体状况。只有不断加强班组建设工作，才能建设一支思想好、作风正、能力强、业务精、敢打硬仗、无私奉献的高素质员工队伍，从而达到安全、高效生产。搞好班组建设我认为需要做好以下四个方面的工作。

1. 加强思想教育，端正班组建设的态度

在班组思想工作管理中，班组长要努力做到以心换心，经常换位思考，处处为班员着想，并将集体利益至上的理念贯彻到全员当中。要尊重每一个班员的人格和见解，理解每一个班员的心情和存在的实际问题，努力融入班员的日常工作、生活中。在班组管理中，既要做好班组成员工作期间的思想工作，又要做好工作以外的思想工作，时刻关注每一个班员的思想动态。

一是统一思想和行为，充分认识班组建设的重要意义。随着电力改革的不断深入，

班组建设的重要性也逐渐被越来越多的人所认识和重视。首先，班组是企业实现自我发展壮大的有效载体。要常常给班员灌输：班组建设搞好了，企业的基础才能够稳固，基础稳固了企业才能够发展，企业发展了职工的收入和"幸福指数"就会水涨船高的思想。要经常开导班员提高对班组建设意义的认识水平，从而自觉地投身到班组建设中去，把企业的利益和自身的利益紧紧联系起来，要有抓好班组建设的决心和信心，不能遇到困难就退缩。全班上下要统一思想和认识，齐心协力，积极协商和解决班组建设可能出现的新困难和新问题，为企业发展壮大献计献策。

更重要的是要使职工树立起不等、不靠、不推、不拖的作风和主人翁思想，从一点一滴做起，把班组建设创建活动贯穿于日常生产、工作和生活之中，使班组建设成为顺利开展安全生产的有效保障和动力。

二是克服认识上的误区，端正班组建设的态度。班组建设前期由于有的员工对班组建设产生认识上的误区，而表现出的种种不理解、不积极、不支持等现象。如：有的职工认为班组建设工作是企业领导、管理部门或班组长的事，与己无关或至少是关系不大，主观上只注重工作任务的完成，而忽视了制度、规范的建设管理；还有的班组对于班组建设创建工作仅限于做蜻蜓点水式的表面文章，或三天打鱼两天晒网式的敷衍了事，缺乏深入、持久、全面的创建计划、安排和目标，更有甚者，纯粹是为了应付检查，其后果可想而知。因此我们很有必要从克服种种认识上的误区和端正态度入手，积极而认真分析、思考、教育和引导职工，在提高认识的基础上，转变班组建设的态度，变消极为积极，充分调动和发挥每个职工的积极性和创造性。

三是进一步提高班组成员的心理和健康问题，要让班组成员树立"谁适应了社会就不会被社会淘汰"的理念，要经常开展思想政治工作（利用安全活动会后进行谈心活动），帮助班员建立起良好稳定的心态，不断提高对企业改革和发展的适应能力及心理承受能力，从容接受一些新的管理方法和理念。此外还要积极倡导科学文明健康的生活方式，班组在工作之余，开展一些群众性的活动，丰富职工精神文化生活，陶冶员工情操，增强员工体魄，促进员工身心健康。

2. 完善制度体系，提高班组建设的规范水平

俗话说，没有规矩，不成方圆，制度的健全在班组建设中具有举足轻重的作用。建立健全各项规章制度只是第一步，做到"有法必依""一视同仁"，"坚决公正"才是关键。在执行管理制度的同时要努力克服"人治"的随意性，专制性、人情关和治标不治本的现象。

一是不断健全和完善班组建设各项机制。班组只有不断地修订、补充和完善各种班组建设考评标准、工作条例，以制度来约束、规范、细化、量化班组工作，才能使班组建设工作做到有章可依，有据可查，以制度、规范来保障和促进班组建设工作健康、持续发展，使班组建设迈上新台阶。班组还要建立起人人参与的考评机制，这样班组建设工作可分解、落实到班组的每个成员身上，即可实行责任考核制，使班组建设事事有人管、人人有事做，能有效调动职工参与的积极性，提高班组建设的整体水平。

二是在班组内部建立起激励、竞争的机制后，要积极开展各种自查与互查活动，相互监督，寻找差距，发现问题，弥补不足，杜绝以点带面和各种搞形式，搞突击的弄虚作假行为，真正使班组建设深入每个员工的心里，并使人人都成为身体力行的标兵。

3. 提升综合素质，增强班组建设的发展活力

加强班组建设管理，是提高企业整体素质的有效途径。企业中任何先进技术和设备必须通过班组操作来发挥作用，只有班员素质不断提高，才能促使企业技术进步、不断发展，整个企业的素质才能跟上社会前进的步伐。

一是要重视班员素质教育。班员的素质好坏决定班组有没有活力和竞争力。可见班员的素质是一个班组完成各项指标的关键。要经常鼓励和引导班员学习先进的科学文化知识，提高自己的文化修养。要引导班员努力适应知识经济和科学发展的要求，增强科技创新和市场竞争的意识，要有活到老，学到老的传统理念，养成勤于学习和思考的习惯，进一步更新观念，丰富知识，提高能力。下大力气搞好学习型班组建设工作，努力提高班员的技能水平和理论知识。积极帮助班员规划并建立个人学习"愿景"，个人学习"愿景"明确了，班员学习主动性就增强了，职业素养自然就提高了。同时，还要提高班员创新能力，不要停留在老思想，老观念上，要有创新精神打破常规，开拓未来。再次进一步增强班员民主意识，激发班员的主人翁责任感，要使班员明白班组民主管理不是少数人的事，而是需要班组全体成员的参与，为班组的建设献计献策，为班组的建设贡献自己的力量。

二是班组长自身素质要过硬。在班组的生产经营活动中，班组长要进行科学的管

理、合理的分工，是名副其实的"兵头将尾"。班组长这个岗位的特殊性在班组管理中起着举足轻重的作用。俗话说：打铁还需自身硬。因此，一个合格的班组长要具备自身素质要高，技术水平要高，管理能力要高，班组管理要做到公开、公平、公正，班组长应当能实干又会管理，要有较强的管理意识，同时在生产实践中要不断提高自己的各项素质，不断提高，不断改进。在班组管理工作中班组长一定要遵从"先做人，后做事"的原则，要"以情感人"，"以德树威"，这样才能依靠大家的力量治理好班组，才能充分调动和发挥班组成员的积极性、创造性，从而带领班员出色完成各项任务。

4.目标要明确，思路需清晰

目标是行动的指南。要有效地把员工的目标和班组的目标结合起来，把班组的目标和企业的目标结合起来，引导每个员工积极参与，激励每个员工为完成班组任务作出贡献。精心制定目标，分长远目标，和短期目标，相互依托，互相促进。以高标准完成短期目标来促进长远目标的顺利实现。如：搞班组建设初期，应该给本班组定一个什么标准（几级），目标过高不切合实际，过低则达不到制定目标的初衷。所以制定一个切实可行的目标显得尤为重要。

思路是组织开展工作的前提，没有清晰的工作思路，班组就处于混乱状态，就会成为没有竞争力和活力的班组。制定一个清晰，科学，明了的工作思路是班组做好每项工作的保证。首先要认清当前企业形势，明确企业生产的方针目标和班组管理的内容和任务。在传达给班组的每一名成员，让班员们明确当前的形势和目标，在此，要找到本班组的差距，要看清本班组在和厂部、公司优秀班组中的差距，只有找到了差距，才能理清班组管理的工作重心和前进的方向。思路明确了，则可制定一系列合理可行的奋斗目标和工作措施，确保全年目标的顺利实现。

总之，应该坚信，只要做到思想重视、态度端正、体制健全、奖罚分明、目标明确、思路清醒、行动积极、措施得力，全员综合素质过硬就能真正搞活、搞实班组建设工作，使班组的基础得到巩固和提高，最终实现企业的健康、快速、有序、长足的发展。

三　实施效果

班组建设是一个动态的过程，其内容和标准会随着管理手段的创新和水平的提高而不断完善、更新。这就需要我们用发展的观点来思考、总结现阶段班组建设的成绩与不足。下一阶段我们将按照公司的同一部署，学习兄弟单位的先进经验，找准不足，把工作抓得更紧、更实，努力推进班组建设工作再上新台阶。下一阶段需做好以下几个方面的工作：

（1）大胆尝试和探索有关班组建设的新途径和新方法。

（2）巩固上一阶段的成果，坚持严格执行各项规章制度，以此推进班组建设工作的规范化、制度化并形成长效机制。

（3）继续以推进职工素质为重点，狠抓学习型班组创建工作。

（4）深入开展班组对标工作，向同行业优秀班组看齐，缩小差距。

优化电力设备运行维护，
助力提质增效改革

班组：国网邢台县供电公司路罗供电所

一 产生背景

（1）基层电力设备运行维护优化是消除电网安全隐患，提升电网供电可靠性，减少故障停电时间，快速响应客户诉求，主动提升优质服务水平的重要举措。

优化基层电力设备运行维护，实现设备运行的"多层次，网格化"管理，纵向管控与横向协同兼顾，有利于强化专业协同，压缩管理链条，提高服务管控能力、响应速度和处理效率，实现一口对外、集中指挥、分工协作、内转外不转。

（2）基层电力设备运行维护优化是推进信息数据共享，高效支撑配电运营管理和优质服务工作的重要载体。

优化电力设备运行维护，有利于推进专业系统信息共享、流程贯通，细化工作内容，实现专人对接、专人处理，提升配电运营管理和供电服务质量，不断提高供电可靠性和电能质量，持续提升优质服务水平。

（3）基层电力设备运行维护优化是适应电力体制改革的需要。基层电力设备运行维护优化，有利于以客户需求为导向，精准确定项目需求，精确制订改造计划，精益管控过程实施，全面整合营配调服务各专业的信息资源和人力资源，降低运营服务成本，有效提升运营效率效益、优质服务水平和企业核心竞争力。

二　主要做法

国网邢台县供电公司路罗供电所以提升配电网运行可靠性和优质服务水平为重点，进一步梳理优化运检专业、供服专业、调控专业三个班组具有客户界面的业务流程和制度规范，具体做法如下。

（一）配电网调度控制

（1）开展配电网抢修统一指挥。配电网调度控制与供电服务运行班 7 × 24h 全天候接收内外部多种渠道派发的抢修类工单，对抢修类工单进行分析研判、派单指挥、到场时限监控、修复时长督办、回复审核等全过程闭环管控。

（2）开展高压故障主动抢修。依托供电服务指挥系统对所辖区域的配电网 10kV 线路全线、分支、台区故障进行研判，确定停电范围，派发主动抢修工单，将高压设备故障由后知后觉的"被动抢修"向提前研判"主动抢修"转变。

（3）实现停送电信息统一报送。供电服务运行班人员研判停电影响范围，及时通过短信或微信向台区经理、设备主人、供电服务微信群告知客户停电范围、停电原因、预计恢复供电时间等信息。

（二）配电运营管控

（1）开展配电网设备统一监测。配合县公司运维部实时监测设备重过载、电压异常、三相不平衡等数据，对配电网一、二次设备运行情况和配电网停运状态进行监控。

（2）开展配电运维和制订检修执行计划。对各类设备运维开展常态化巡视，定期制定运检分析会，汇报近期隐患、消缺、评价情况，对运维检修班提出建议并监督执行。

（3）开展配电网运营管理分析。针对配电网运维检修工作的进展、重要节点、关键环节进行多人员监控，跟踪分析业务全过程，辅助提升配电网运维管理效益。

（4）开展配电网运维指标管控。重点跟踪配电网设备、工程项目等关键运行指标，发现预警指标进行分析，提前整改，实现设备运行、工程实施关键指标的全过程管控。

（5）开展运行环境风险评估和预警。联络专业部门，根据配电网历史运行数据，结合季节、气象情况，尽早制定风险管控措施，开展差异化运维工作，降低风险发生概率。

（6）开展运行设备风险评估和预警。根据配电网设备负荷，电能质量等运行情况，协助配电运维检修班开展差异化运维。

（7）采用网格化线路抢修机制。网格化线路抢修机制是指在发生线路故障停电时，立刻联系停电线路上的各台区经理，采用网格分布式方式缩短故障排查时间，减少用户故障停电时间。

（三）客户服务指挥

（1）开展非抢修工单统一指挥。统一接收国网客服中心、12398 监管热线等全渠道客户非抢修类诉求信息，处理业务咨询、信息查询、服务投诉等客户服务事件。在业务管理考核规定时限内处理相关责任部门和责任人派发的工单。

（2）开展"互联网+"线上业务办理，对接营销业务应用系统，帮助客户熟悉在"网上国网"App、95598 智能互动网站等电子渠道提交各类办电申请，实现线上实时流转，减少客户临柜次数，实现业务办理"最多跑一次"。

（3）开展用户诉求现场服务预约。与客户预约现场服务时间，根据客户申请要求及班组工作承载力，分配工单到相应现场服务人员。

（4）开展业扩全流程实时管控。依托业扩全流程实时管控平台进行电网资源信息公开、供电方案备案会签、接入电网受限整改、电网配套工程建设、停（送）电计划安排等线上协同流转环节的时间监控、协调办理。

（5）开展客户用电履约监控。接收营销业务信息系统推送的用电客户欠费停电流程信息、欠费复电流程信息，按照相关标准实施审核催费、复电措施。

（6）积极参与 95598 知识库维护及重要服务事项报备。积极参与 95598 知识库知识点补充或更新，对工作中的重点、难点归纳整理。

（7）营业厅实现服务信息统一发布。对外主要实现停送电信息、服务进度节点、量价费关键信息发布，对内实现重要服务事件报备、重要工单时间节点报备等信息发布。

（四）服务质量监督

（1）由国网邢台县供电公司路罗供电所所长开展服务事件稽查监督，全面监控供电营业厅核心业务、关键指标、重要数据。对供电服务"事前"分析预警、精准定位，"事中"协同监督、过程控制，"事后"总结提升。

（2）每月开展供电服务关键指标分析，重点关注客户投诉率、客户满意度等供电服务关键指标，跟踪指标的走势，对指标异常情况进行预警分析，实现各类指标全过程管控。

（五）营配调技术支持

（1）协助配电自动化主站系统运维。国网邢台县供电公司路罗供电所负责配电网自动化运行日常维护工作，配合开展设备新投异动和配电网专题图管控，开展配电自动化系统运行指标统计、分析和处理。

（2）做好营配调数据核实及报送。针对营配调基础数据，与县配电网调度控制中心核实相关情况，接受国网邢台县供电公司客服中心派发营配基础数据校核工单，对稽查工单进行闭环处理与整改纠错。

（3）开展服务数据公开。供电服务指挥相关系统的数据贯通和信息共享，通过走访、张贴通知、QQ群、微信群、短信等手段公开发布分析报告，接受群众建议与批评。

（六）基层供电服务系统建设

（1）深化营配调信息共享。基于大数据平台和配电网统一信息模型，深度融合运检、营销、调控等系统数据，突破专业系统、信息数据界限，实现主动抢修、故障研判、实时监控、现场移动作业等信息数据的有效对接和集中管控。

（2）新建系统全面推广应用。组织国网邢台县供电公司路罗供电所各类人员通过供电服务指挥系统"微课堂"接受系统培训，提高人员操作技能，该供电所将在夯实营配调贯通数据质量的同时，做好供电服务工作，有效控制投诉和报修。

（3）结合业务需求。依靠人员结构调整实现系统功能末端融合，采用抢修指挥图形功能，持续开展营配调贯通工作，抓好客户和设备异动管理，深化可视化抢修报修、停电信息报送、业扩交互等营配调贯通应用；强化营销系统功能的远程调用，实现缴费客户的主动算费和远程复电。

三 实施效果

国网邢台县供电公司路罗供电所通过组建集"配电网调度控制运行值班、配电运营管控、客户服务指挥、服务质量监督、营配调技术支持"于一体的基层配电网运行维护机制，初步解决业务协调不够、信息共享不充分、响应速度慢、客户体验差、市场竞争力低的工作局面，对客户诉求实施"一站式"管理，实现"一口对外、分工协作、内转外不转"配电网运行维护新体系。具体效果如下：

（1）供电所整体业务水平、管理水平的提升，在 2019 年星级供电所评选中，由二星级供电所晋升为三星供电所。

（2）投诉回访方面，国网邢台县供电公司路罗供电所 2019 年全年未发生投诉事件。

（3）效率指标方面：获得电力指数，2019 年完成值达到 99.97%，省公司排名第 83位；配电网不停电作业率达到 33.55%，省公司排名第 45 位；10kV 公用变压器运行正常率完成值达到 99.98%，省公司排名第 56 位。

（4）效益指标方面：2019 年 1 季度台区同期线损合格率为 98.99%，同比增长 23个百分点。省公司排名由第 307 位上升至第 133 位。2019 年全年 10kV 线损率达到 2.05%，省公司排名第 50 位；2019 年电费回收率达 100%，省公司排名第 1 位。

"培、资、比、树"
创建技能型班组

班组：国网邯郸供电公司配电运检室带电作业班

一 产生背景

国网邯郸供电公司配电运检室带电作业班作为电力企业最基础的管理单元，是实现安全生产、效益提升、宣传文化等工作的基础和保障。配电网不停电作业能最大限度地减少配电网停电时间，有效提高配电网供电可靠率。如今，配电网不停电作业正在飞速发展并继续壮大，带电作业班面对日趋繁重和复杂的工作，员工的压力也越来越大，同时对班组建设也提出了新的要求。如何在新形势下搞好班组建设和员工个人发展成了当前的课题。

为了提高班组成员带电作业的技能水平，通过实施一系列的措施和不断完善标准，编制出一套完善的技能培训及作业体系，从而加强班组技能建设，扎实开展班组建设活动。

二 主要做法

"培、资、比、树"，即"人才培训、资质提升、技能比武、树立榜样"。

（一）"培"即人才培训

班组通过开展学习公司文件和开展政治学习，从思想上端正工作态度，做好自己分内工作，只有这样才能有高度的责任心和事业心，工作才能做好。"安全重于泰山"，持续开展安全学习，使大家熟悉各项规章制度，夯实安全基础，每周学习安全文件，培养牢固的安全意识，确保现场作业安全。

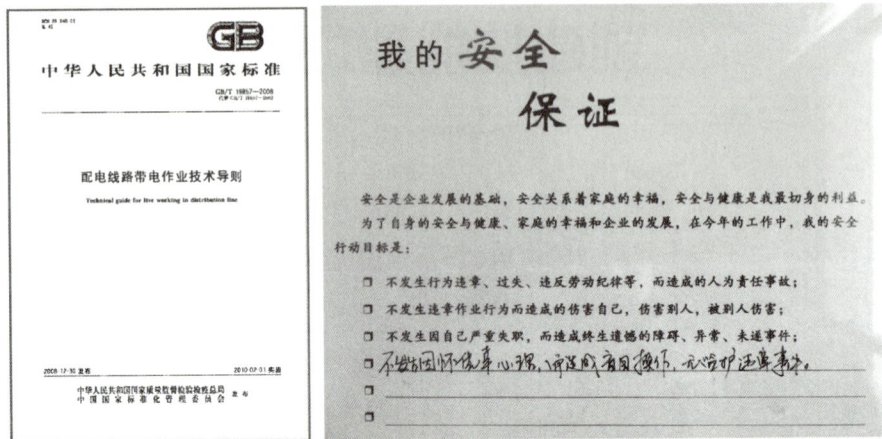

图 1　严格规范安全管理，强化主人翁意识

"授人以鱼，不如授人以渔"，班组积极开展青年员工培训工作。创造机会和平台，供青年员工参加各种业务技术和实操训练，与兄弟单位建立合作关系，进行交流切磋。每月由带电专业管理担任课程培训主讲进行相关作业知识指导和讲解，定期对班组成员进行考试，加强理论知识学习。

为配合公司配电网不停电作业管控中心的成立，班组特开展对县公司带电作业人员的帮扶工作。以"跟班学习"的形式，对其进行理论培训与实操培训，"老师"亲手

图 2　理论与实践有机结合

教学，"学生"亲身实践，效果显著，广受县公司人员欢迎。

（二）"资"即资质提升

2019年，国网邯郸供电公司配电运检室带电作业班顺利完成1名青年员工第一、二类简单作业项目的取证工作，实现了班组全员有资质，下半年顺利完成7名员工的复证工作。

自建班以来，结合不停电作业中心县建设，对新取证人员和后备人员进行培训累计90余人次，其中55名作业人员具备了独立作业能力，后备人员均顺利通过了资质取证考核。为武安县、魏县、曲周县作业中心建设顺利通过省公司验收奠定了基础。

计划将进一步提高作业项目资质难度，扩大受训人员范围，提高配电网运检人员带电作业资质持证率，实现大部分县公司单独开展第一、二类简单作业项目和全市第三、四类复杂作业项目资质的目标。

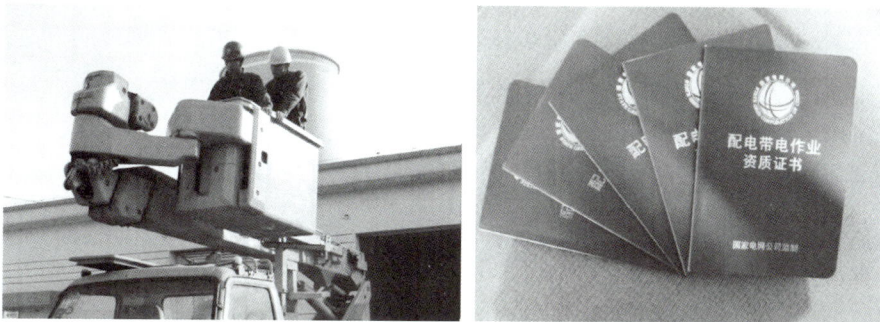

图3　获取带电作业资质

（三）"比"即技能比武

坚持"以赛促学，赛中完善"的理念，积极参加、开展技能比武竞赛，鼓励班组成员广泛参与，有效开展技能知识共享活动。组织班组成员对在工作实践中累积的经验、问题等进行总结，通过相互交流学习，共同提高，将一个人的经验、方法进行理论概括总结，继而转化为全班人员的执行力和生产力。

班组进行现场作业和日常管理竞赛，与年度评先直接挂钩，培养不停电作业岗位人员荣誉感和积极性，形成争赶先进的良性环境，促进不停电作业工作全面高效开展。

其中，2019年省公司开展10kV配电网不停电作业技能大赛，初赛阶段要求各地市带电班全员参加，以该班成员为主的邯郸代表队制订详细训练计划，积极应对，队员刻苦训练，最终取得优异成绩。

图4　积极开展技能比武

（四）"树"即树立榜样

国网邯郸供电公司配电运检室带电作业班始终坚持选拔人才树立榜样的方法，以人为本，注重对高技能人才的感情投入，为他们创造良好的沟通平台，以扩大高技能人才队伍。

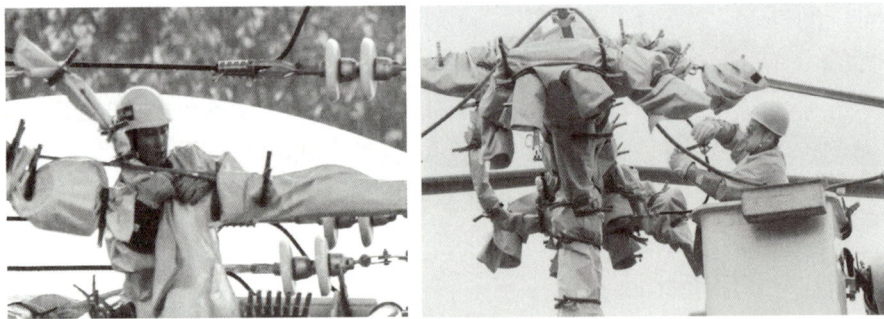

图5　树立班组榜样

三　实施效果

（一）知识引领班级创新

带电作业班立足现场实际，以问题为导向，不断发现工作中存在的问题，并集思广益将其解决，使工作效率和安全性大幅提高。

（1）10kV隔离开关绝缘护套带电安装组合工具。根据绝缘护套的结构形式和安装方式，采用绝缘管材和绝缘板材，加工制作安装组合工具，大大减少绝缘遮蔽量，减小相应人员的劳动强度，提高了工作效率。

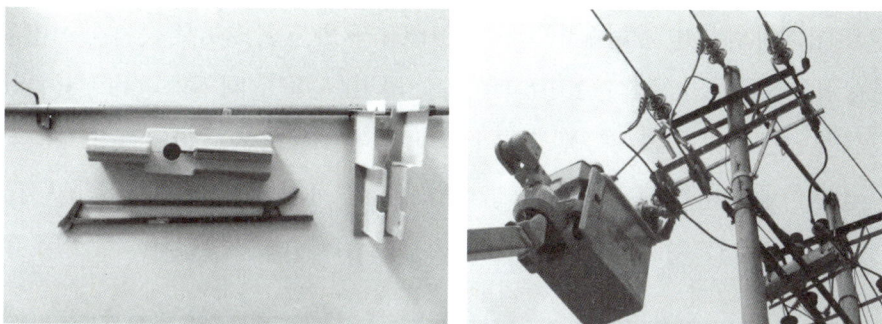

图6　10kV隔离开关绝缘护套带电安装组合工具

（2）高压跌落式熔断器绝缘隔板。将所制的跌落式熔断器绝缘隔板应用到实际操作中，装置材料轻，操作简便，操作人员不易疲劳，节省时间，工作效率大大提升。

图7　自制高压跌落式熔断器绝缘隔板

（二）技能型人员推进带电作业技术发展

通过配电网不停电作业项目拓展，进一步提升了带电作业人员的技术水平，规范了现场作业流程和行为，实现了专业发展质的提升，为下一步全面开展带负荷更换柱上开关、旁路作业法等三、四类带电作业项目和电缆不停电作业项目打下良好的基础。

（三）人员素质提升，打造荣誉集体

班级多次荣获"先进集体""优秀班组"称号。2016年7月，在省公司10kV配电网不停电作业技能大赛中荣获团体第二名，魏某、白某某分别获得个人第一名、第二名；2016年国网邯郸供电公司配电运检室带电作业班三名成员代表省公司参赛，荣获国家电网有限公司团体二等奖；2019年在省公司10kV配电网不停电作业技能大赛中荣获团体三等奖，白某某、魏某分别获得个人第二名、第三名；2019年宋某某代表省公司在全国电力行业配电线路工（10kV带电作业）职业技能竞赛中获得个人第十九名，并被授予"电力行业技术能手"称号。

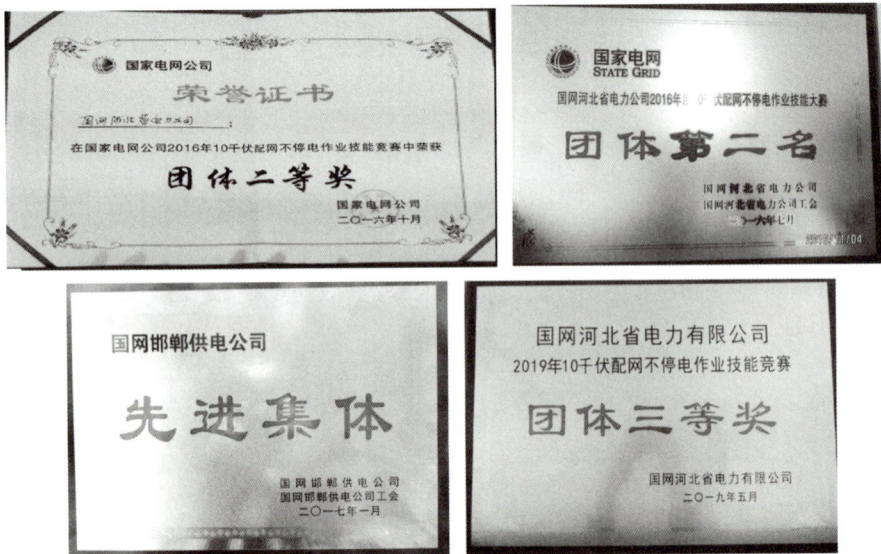

图8 荣誉

疫情期间不"打烊"，
直播微课培训忙

班组：国网保定供电公司物资部仓储班

一 产生背景

国网保定供电公司物资部仓储班管辖市县公司范围内的四座仓库，担负着辐射区域内基建、大修、技改、农配电网等项目的存储任务，除物资实物存储以外，还需应用 ERP 系统辅助管理库存资源。仓库年平均出入库物资金额达 1.2 亿元以上，库存周转率达 5.8 次 / 年。

物资部仓储班共有员工 13 人，其中研究生 2 人，本科生 10 人，本科以下 1 人，平均年龄 29 周岁，是一个年轻、富有朝气的队伍。

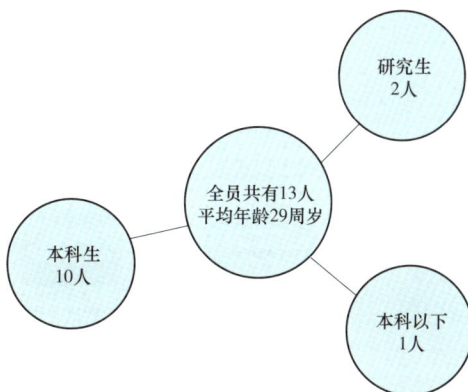

图 1　班组成员概况

班组成员对于新鲜事物的学习接受能力较强，但受疫情影响，对于省公司今年开发推广的现代智慧供应链系统应用仍不熟悉，个别成员受居家隔离限制，无法接触新系统，导致部分场景应用推广受限，亟待通过培训提升专业知识和业务操作。

二　主要做法

现阶段，现代智慧供应链应用场景的推广任务迫在眉睫，而面对疫情管理不能松懈，班组结合实际工作情况创新三种培训模式，打破传统灌输式授课培训模式呆板、枯燥的同时，避免人员的接触，实现知识的传递，具体内容如下：

（一）仓储"网络主播"线上培训

国网保定供电公司物资部仓储班内部的培训范围主要是针对物资专业的通用制度宣贯、仓储作业规范以及现代智慧供应链的场景操作。以前的培训模式为简单地宣贯制度、讲解仓储作业规范，2020年受新型冠状病毒疫情影响，班组开展培训的参与人数受到限制，于是班组成员拓展思路，类比中小院校的直播课程，将班组的线下培训转到线上进行，在钉钉、优因云等直播 App 中定期开展直播课堂对大家进行教学培训。

线下培训

线上培训

钉钉　　　　　优因云　　　　腾讯会议

图 2　线上培训种类

班组利用每周二、周四晚上八点到九点开设直播课堂，同时讲师也打破原有的固定模式，既可以由班组中工作经验丰富、技术过硬的老师傅担任，也可以由班组中的青年成员开讲，人人都是讲师，人人都是学生。具体围绕日常工作中出现的问题或存在的隐患，有针对性地展开培训，也为大家讲解日常工作中遇到的难点及经验总结分享。

借助网络直播的形式，不仅激发了年轻员工的学习兴趣、提高了班组成员参加培训的积极性，还使班组成员们的专业技能得到提升。

（二）1 对 1 市县公司"反转课堂"

针对县公司仓储人员专业技能水平不高的问题，同时避免人员聚集，物资部仓储班建立一种跨区域、跨地域的培训模式，对县公司进行帮扶式培训。除班组成员的帮扶以外，该班组还将国网保定供电公司辐射涵盖到的县公司划分成四个区域，从这四个区域所辐射到的县公司中抽调出一名年富力强的技术骨干来参加班组内部直播课堂的学习。

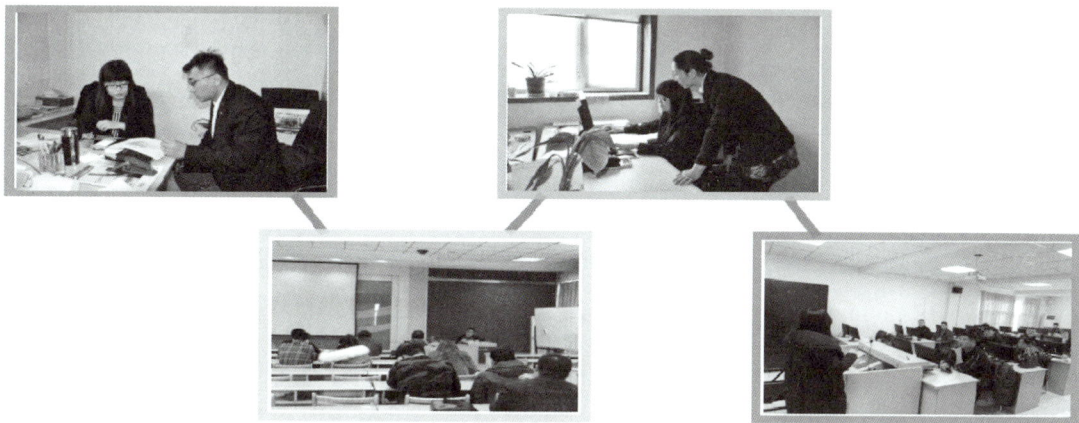

图 3　反转课堂

通过探索应用"反转课堂"，在全员及县公司技术骨干参加完直播课堂培训并掌握工作的相关知识后，定期辐射到每个县公司组织开展"1 对 1"帮扶式经验交流分享。

通过帮扶式经验分享，既加强了市县公司班组人员之间的交流，使各项技能、经验得到互通；又巩固了成员们的自身业务能力、带动县公司提高业务水平；还起到了相互启发、相互促进的作用。

（三）动画微课培训"快餐服务"

在日常的工作中，班组成员发现仓储专业存在个别业务不经常使用，但却因人员变更导致反复学习的情况发生，比如：具有实物 ID 的设备收发以及废旧物资退运的实物管理。之前为制作标准化手册进行宣贯学习，但是学习效果并不理想。2020 年班组转变思路，借助网络中的自媒体形式，组织青年员工学习制作 MG 动画微课。国网保定供电公司物资部仓储班结合班组及县公司辐射区域收集上来的相关问题，有的放矢地开发相应课程，目前已经开发出来的课程有："采购物资入库业务办理""采购物资出库业务办理""仓储知识小讲堂之彩虹线缆固定器"和"仓储知识小讲堂之"4321"码方法"。

图 4　MG 动画微课成品

以"采购物资入库业务办理"课程为例，班组成员应用万彩动画大师软件，模拟工作现场，搭建出：①供应商与保管员在办公室检查到货物资单据；②保管员到入库待检区实地检查到货物资；③保管员与装卸人员在库区进行收货作业的场景，生动形象的将业务中的工作流程、工作要点及注意事项逐一讲解出来，同时还加入了现代智慧供应链建设中有关入库业务办理的系统操作录屏。

图 5　MG 动画微课成品

国网保定供电公司物资部仓储班制作的课件中既有业务操作的具体流程，又有制度的相关内容，更重要的是还能根据新形势的变化，对培训内容适时调整，再通过自媒体的方式直观的传递到县公司达到全员普及。真正的变传统教学模式下"枯燥的学"为创新教学模式下"快乐的学"，同时也让班组成员更多的由"应付学"变为"主动学"。

三　实施效果

培训结束以后，国网保定供电公司物资部仓储班对班组成员的学习情况进行抽查发现：成员们对培训内容的掌握程度均在99%以上；仓库物资的收发货完成率、及时率也达到100%；入库物资的月度周转率均在6次以上。与此同时，现代智慧供应链创建的33个应用场景在市县公司范围内得到了全面推广，应用覆盖率达100%，率先完成了河北南网有关现代智慧供应链的推广应用任务。

接下来班组还会对成员们的培训内容及形式再进行完善和创新，旨在将班组打造成业务精、能力强、技术硬的精英班组！

"四维一体"培训法，
助力特高压员工提升运检水平

班组：国网河北检修公司特高压邢台站运维一班

一　产生背景

1000kV 特高压变电站是国内电压等级最高的变电站，其电网位置的重要性和故障影响的广泛性，决定了特高压变电站运维技术水平高、应急处置准确高效的要求。为此国网河北检修公司特高压邢台站运维一班以电网安全稳定运行为目标，以多措并举，提升运维人员运检技能为抓手，保障特高压电网安全稳定运行。

特高压设备电压等级高，对于设备的绝缘水平以及生产工艺提出更高的要求。但是限于现阶段国内电气设备的实际技术水平，特高压设备相对并不成熟，甚至会出现设备损坏事故危急人身安全的情况，这无疑对班组人员的运维技能提出了更高的要求。既要做好日常运行维护工作，更要掌握设备运维工况，掌握带电测试技术及分析判断能力，给决策者提供有效信息。

"四位一体"技能提升的策略，在特高压站推广后，营造了学技能、保安全的浓厚氛围，提升了全站的安全生产管理水平，保持了安全稳定运行的目标。

二　主要做法

（一）立足于核心业务，储备运维专业技能知识

针对人员技术水平及工作经验不足的客观因素，班组结合现场一、二次设备，通过分析图纸、历次异常报告、相关实际事故报告，编制了《1000kV 特高压设备变电运维岗位技能培训教材》。这种创新培训的模式，具有针对性、实战性，把自身经历和其他单位的经验教训进行梳理、归纳，编制成册，为运维人员正确迅速处置事故、异常提供了理论及实践基础。

坚持开展《1000kV 特高压设备变电运维岗位技能培训教材》的培训工作。教材依据站内实际工作的情况，结合历年来发生的设备异常，集合了人员专业经验优势，主要针对一次设备、二次设备、交直流系统、辅助系统等 4 个方面，对全站设备的典型异常进行归类分析，并规范了检查处理流程，从而提高设备异常处置能力，确保能够正确、迅速、安全地检查及处理设备异常，有效缩短设备恢复正常运行时间。

（二）全方位监控设备运行信息，促实践补短板

国网河北检修公司特高压邢台站拥有世界最长的 GIS 母线，目前共有 8 条 1000kV 线路，途径陕西、山西、河北、山东四省，故对设备运行信息实时监测，在设备发生异常或事故时正确迅速分析、处置故障尤为重要。运维一班着力组建攻关团队，将站内所有设备监控信息的含义、告警来源、处置建议编制成册，并经校验后推广，形成特色实践经验，弥补了在异常分析方面的短板。

《1000kV 特高压邢台站监控信息索引手册》涵盖全站 24 类典型间隔，869 个典型监控信息，明确了典型监控信息信号源，阐释了典型监控信息含义，提供了典型监控信息异常处理建议，从而加强运维人员对监控信号的理解，掌握各类信号的含义，降低信号误判可能性，提升设备异常处理能力。

（三）创新实战演练，提升应急处置能力

1000kV 主变压器、高抗设备故障着火应急处置是检验运维人员综合技能提升的重要手段，运维人员通过对故障设备着火的现象判断、信息报送、保护动作、协同作战等一系列处置流程，全面提升应急技能及组织能力。

国网河北检修公司特高压邢台站"主动防御式"应急处置体系，以实战演练为基础，以一键响应为保障，以角色预置为框架，以程序处置为标准，以专项措施为预控，有效提升应急处置能力，提高应急响应效率，保障应急处置精准化、程序化、标准化进行。

图 1　班组应急角色

图 2　故障分析处置

（四）凡事"可视化"管理，技能水平再提升

运维专业涉及业务广，如设备运行工况、应急报表、运维日志、安全技能培训、异常处置等业务。培训学习或必要时通过投影的形式将内容全部放映到幕布，所有信息全体人员一目了然，熟记于心。由原先一人读、多人听的单一形式，向一人宣讲，内容可视化转变，对存在的疑问可以立即提出，即时解释。如发现复杂的缺陷，全员能全面了解缺陷的具体原因、处置过程、设备参数，全部可视化，便于后期异常处置。

在召开安全活动过程中，特别是涉及事故案例学习时，能更加使学习人员"代入式"学习，更能警示人员规范作业，学习安全技能知识。

利于培训教学，班组"三个一"建设中，通过大屏幕，大家能各抒己见，交流技能，

员工技能水平得到较大提升，同时也促使了培训者精心准备教案。

三　实施效果

国网河北检修公司特高压邢台站运维一班在创新举措和经验的融合过程中，员工的技能得到了有效提升，先后获得公司"优秀青年岗位技术能手"等荣誉称号、河北省电力公司第三届青年创新创意大赛银奖好成绩，一项 QC 课题列入了省公司百项重点课题。

技能的提升也避免了特高压设备损坏事故及经济损失。通过日常严密监控信息、带电测试数据精心分析、制定应急方案，为决策提供了有效、精确的分析数据，最终将存在缺陷的设备进行了更换，避免了设备故障，保障了电网的安全稳定运行。

下一步，国网河北检修公司特高压邢台站运维一班将继续做好特高压设备的运维工作，结合实际，提升专项技能，固化并推广安全生产经验，不断探索新的经验。有效提升员工各项技能水平，确保特高压运维工作更加扎实、安全、高效、创新开展。

"四"打造，
打通班组技能提升"快车道"

班组：国网河北信通公司运检中心营销系统班

一 产生背景

面对新形势和新任务的要求，国网河北信通公司运检中心营销系统班也面临新的挑战，队伍能力亟待提升，专业人员的技术储备已滞后于泛在互联网技术的发展，员工整体年轻，专业结构相对单一，普遍对新技术应对能力偏弱，在人员数量、知识结构、专业技能等方面还需要进一步优化和提升；业务融合亟待加强，信通专业人员在提供技术支撑的同时，也要深入业务，深入到用户之中，做到"管技术还要懂业务"，但目前既懂信息技术又掌握电力主营业务的复合人才相对缺乏。在开展班组技能提升过程中，营销系统班积极探索新方法、新途径，基于"四"方面打造，将班组技能提升与实际工作无缝对接。

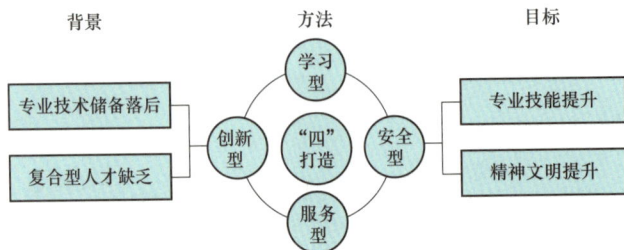

图 1　班组技能提升目标定位

二 主要做法

（一）用心打造学习型团队

针对当前形势，迫切需要提升班组队伍素质，培育员工技术软实力。一是从机制入手，促进管理的改变，细化培训管理，将培训计划由年度计划细化到月进行管控，按照"月计划、周安排、日落实"的工作机制，线上与线下培训相结合，随工与教室培训相结合，充分利用碎片时间"见缝插针"搞培训；二是从组织入手，促进团队的改变，积极鼓励跨班组、跨专业成立联合"技术攻关小组"或者"技术创新小组"，设立攻关目标，明确激励机制，强化团队学习，以团队带动个人，最终实现共同提升；三是从技术入手，促进能力的转变，强化脚本编程、大云物移等技术培训，促进员工技能由简单运维向系统研发能力转变，由简单工具使用向新技术应用能力转变，逐步构建开发团队，促进传统运维团队向开发运维团队转变。

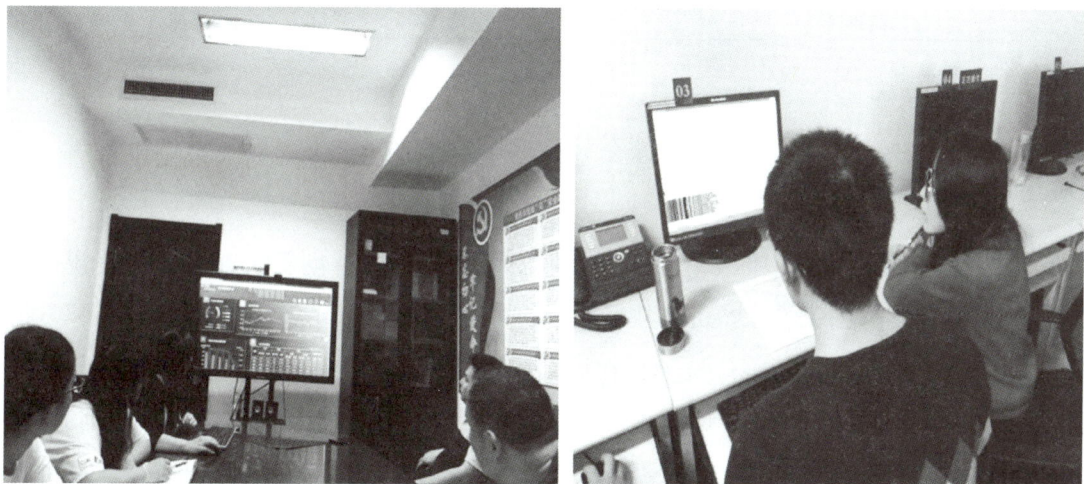

图 2　班组培训（左）及实操练习（右）

营销系统班年度培训计划

序号	课程名称	学时	培训内容	培训对象	培训人数	培训时间	需要国网公司支持的内容
1	全国统一电力市场技术支撑平台—大用户双边交易培训	2	大用户双边交易规则学习；系统功能培训，内容涵盖大用户双边交易的前期配置、公告发布、交易出清、结果发布等一系列流程	营销系统班	8	4	无
2	全国统一电力市场技术支撑平台—大用户集中撮合交易培训	2	大用户集中撮合交易规则学习；系统功能培训，内容涵盖交易前期准备、交易公告发布、交易数据申报、集中交易计算出清、结果发布等相关流程操作	营销系统班	8	4	无
3	营销业务应用—财务模块培训	6	培训营销业务应用系统账务模块，熟悉系统中是如何对用电客户电费进行回收	营销系统班	8	5	无
4	电力营销分析与辅助决策功能培训	2	培训分析与辅助决策系统电费、线损报表如何查询与上报等操作	营销系统班	8	6	无
5	电力营销分析与辅助决策功能培训	2	培训分析与辅助决策新增分布式电源报表相关数据统计方式等	营销系统班	8	6	无
6	国网远程实时费控应用功能培训	2	培训费控测算、策略生成、指令下发、测算结果和明细查询模块，熟悉系统如何测算用户电量电费，生成策略的条件，以及指令下发的流程	营销系统班	8	7	无
7	营销移动业务—现场业扩模块培训	2	培训高/低压用户新装增容、减容恢复、过户、改压、改类、销户等业务流程	营销系统班	8	7	无
8	营销移动业务—电费模块培训	2	培训现场抄表、现场催费、停电通知、现场停电、现场复电、应急复电等业务流程	营销系统班	8	8	无

图3 班组年度培训计划表

（二）专心打造创新型平台

习近平总书记指出，唯改革者进，唯创新者强，唯改革创新者胜。如何使新入职青年员工早日成为创新能手？班组从早抓起，一是成立"知行合一青年创客空间"，把青年员工吸收到其中进行锻炼培养，在周会中由员工依次介绍自己最新学习的前沿技术；二是通过开展创新论坛、网络提问、专题研讨、现场互动和成果发布等多种方式，进行"创新思想碰撞会"；三是以"请进来""走出去"相结合的方式对班组成员进行先进技术交流培训，拓宽知识广度，提升创新高度；四是通过面对面交流、电话调研、营业厅走访等方式直面用电客户和业务部门需求，激发青年员工的创新创效活力，使员工积极参与到职工创新、QC、青创赛等创新创意项目中来。

图 4　班组员工利用自主研发软件平台
查看漏洞修复情况

图 5　青创赛方案讨论

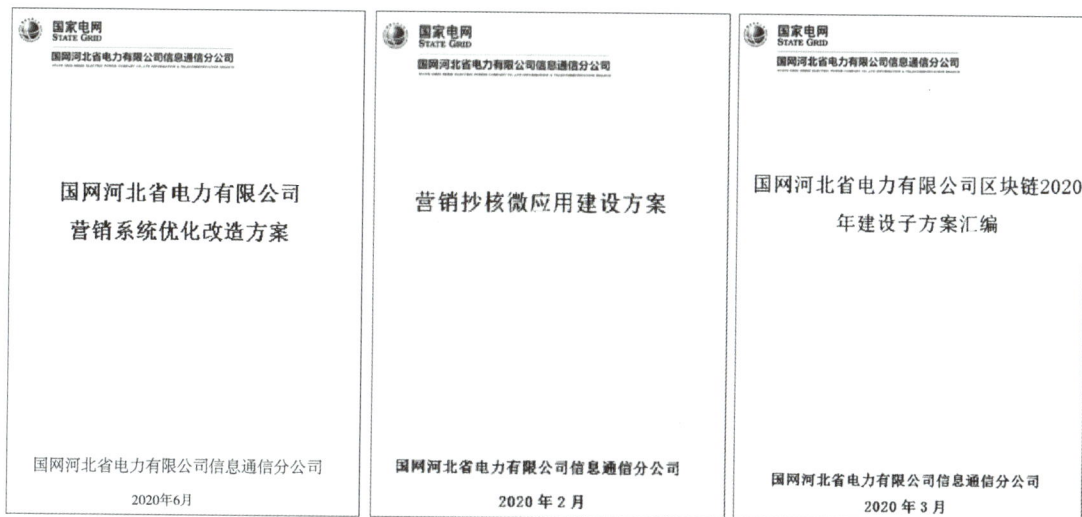

图 6　班组提出的各项创新工作建设方案

（三）精心打造安全型高地

为全面推进本质安全建设，扎实做好安全生产各项工作，班组始终超前策划、严抓落实，突出一个"早"字，危险点"早发现、早策划、早预防"，狠抓一个"实"字，落实"隐患排查、风险辨识、应急处置"三个关键点，严守"在岗 1 分钟，安全 60 秒"，建立健全层层负责、人人有责、各负其责的安全工作体系。一是加强员工安全知识的考察及学安全用安全情况的督查，把结果作为年度荣誉评选的重要内容；二是设置安

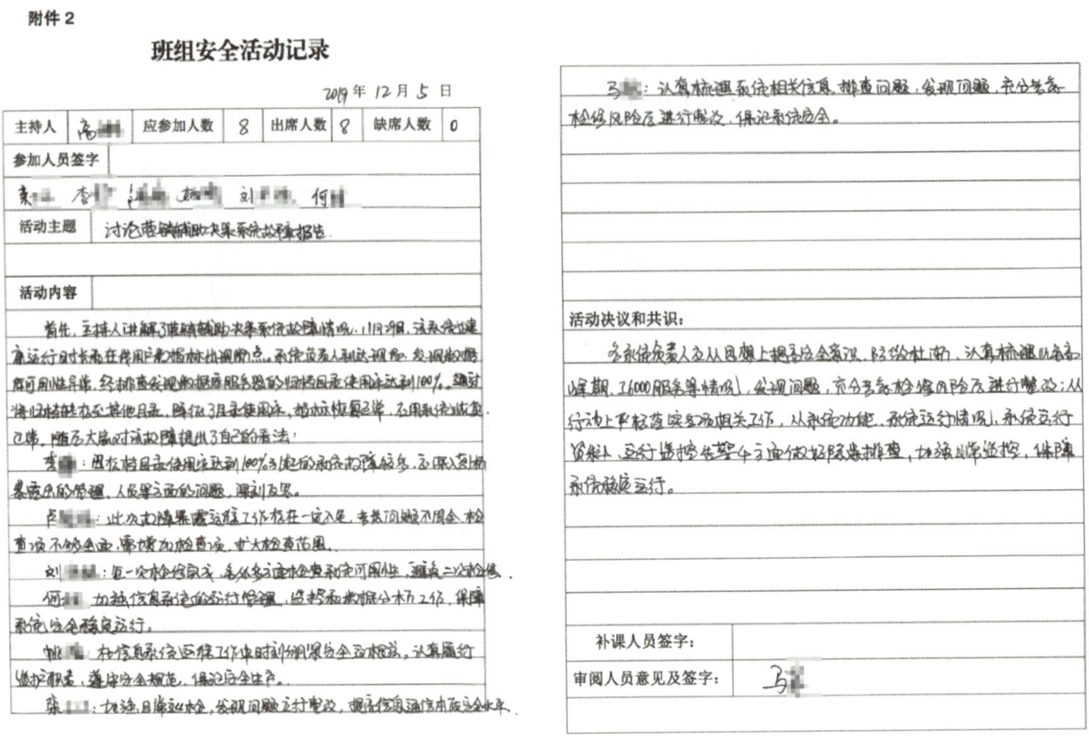

附件 2

班组安全活动记录

2019 年 12 月 5 日

主持人	高[redacted]	应参加人数	8	出席人数	8	缺席人数	0
参加人员签字							
袁[redacted] 李[redacted] [redacted] [redacted] 刘[redacted] 何[redacted]							
活动主题	讨论蓝鲸辅助决策系统故障报告						

活动内容

首先，主持人讲解了蓝鲸辅助决策系统故障情况。11月29日，该系统健康运行时长和在线用户数据指标出现断点。系统负责人到达现场，发现数据库可用性异常，经排查发现数据库服务器的归档目录使用率达到100%。通过将归档转移至其他目录，降低了目录使用率，指标恢复正常，应用系统恢复正常。随后大家对该故障提出了自己的看法：

李[redacted]：因归档目录使用率达到100%引起的系统故障较多，应深入到数据库层面的管理、人员等方面的问题，深刻反思。

卢[redacted]：此次故障暴露运维工作存在一定不足，专责巡视不周全，检查项不够全面，需增加检查项，扩大检查范围。

刘[redacted]：每一次检修完成，要从多方面检查系统可用性，避免二次检修。

何[redacted]：加强信息系统的运行管理，监控和数据分析工作，保障系统安全稳定运行。

姚[redacted]：在信息系统运维工作中时刻绷紧安全这根弦，认真履行运维职责，遵守安全规范，保证安全生产。

张[redacted]：加强日常巡检，发现问题及时整改，提高信息通信本质安全水平。

马[redacted]：认真梳理系统相关信息，排查问题，发现问题，充分考虑检修风险并进行整改，保证系统安全。

活动决议和共识：

各系统负责人应从思想上提高安全意识，防微杜渐，认真梳理以往高峰期、12000服务等情况，发现问题，充分考虑检修风险并进行整改；从行动上积极落实各项相关工作，从系统功能、系统运行情况、系统运行资料、运行监控等多个方面做好隐患排查，加强日常监控，保障系统稳定运行。

补课人员签字：	
审阅人员意见及签字：	马[redacted]

图 7　安全活动日及安全活动记录

全文化宣传窗口，充分运用微信、短视频等媒体平台互动式传播，采用员工喜闻乐见的语言、鲜活生动的事例，提升传播吸引力；三是选树班组安全模范标杆，选取一名本班成员作为班组年度内安全学习典范，榜样带动，形成辐射效应，促进班组安全生产由严格监督向自主管理转变；四是建立班组安全互保名单，针对每一摊工作、每一项重要检修，在工作负责人之外，明确一名互保人员，以积极的"安全互保"心态，互相监督责任落实。

（四）悉心打造服务型小组

随着信息通信技术的推广应用，为更大发挥"互联网+"的优势，使用电客户体会到互联网带来的便利，班组一是从文化入手，促进氛围的改变，以中心文化、班组文化、团队文化为载体，鼓励员工积极参与"安全用电进校园""爱心助学"等活动，以文化抓手，提升班组凝聚力；二是积极探索新模式、新技术在电力营销、生产方面的应用，先后完成"一网通办"、业扩压减、扫码支付等工作，用实际行动践行"人民电业为人民"的服务宗旨；三是强化班组作风建设，应用"钉钉""新动力"等信息化手段，加强对班组成员作风监督和廉洁教育，强化人员廉洁风险防控意识，压紧压实党风廉政建设责任，促进工作作风转变，确保班组人员始终保持干事创业的良好作风。

三　实施效果

班组技能"快车道"正式开通后，班组整体技能水平大大提升，成员的工作热情和团队活力有效激发，班组各项工作有序开展，工作业绩蒸蒸日上。在班组成员的积极努力下，营销系统班获得国家电网有限公司2018年度"先进班组"荣誉称号、省公司2019年"工人先锋号"荣誉称号；班组主创的"全'新'全'E'-基于客户感知的智能营业厅新业态"项目获得2019年省公司第五届青创赛金奖、"基于大数据的优质客户识别和精准服务推送"项目获得2018年省公司大数据深化应用劳动竞赛一等奖、第四届青年创新创意大赛银奖和优秀职工技术创新成果二等奖；获得精神文明建设创新奖（2015—2017年）二等奖；班组获得2018年迎峰度夏党员责任区，多名员工获得优秀党务工作者、迎峰度夏工作先进个人、优秀共产党员等多个荣誉称号。

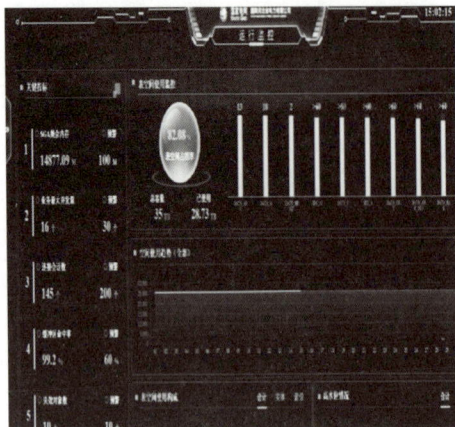

图 8 构建班组基础资料管理模型

图 9 自主研发营销历史数据转储系统

此外，班组 2 名员工在公司内部举办的青年职工岗位技能竞赛中获得一等奖和二等奖。构建了数据管理模型，在提高班组成员数据库操作水平的同时也实现了设备台账等基础运维资料的动态更新、实时查询与便捷统计；开展营销远程实时费控系统分布式架构改造工作，提高系统电量电费测算效率；研发营销历史数据自动转储系统，提升了生产数据库运行稳定性；开展业扩流程压减、供服短信费用压降、"一网通办"网络打通等专项工作，助力省公司"阳光业扩"举措落地。

长风过隘口，奋斗正当时。作为一支年轻且富有活力的队伍，营销系统班在今后的工作中，将"稳"为基础，稳安全、稳队伍，强基固本、行稳致远；"进"为导向，锐意改革、勇于创新，以进促稳、进中谋胜；"育"为手段，育新机、育动能，增强价值创造和抗风险能力；"开"为结果，开辟新空间、开拓新领域，为公司更高质量、更可持续的发展做好坚实的信息通信支撑。

第三篇

班组创新建设

▽

电网企业班组建设典型实例

（第三辑）

基于"边缘云"的台区智能管家

班组：国网石家庄市栾城区供电公司营销部用电检查班

一 产生背景

（一）新基建、新部署、新动能，政策驱动台区管理实现智能化

"新基建"作为对冲疫情影响和推动实现全面建成小康社会目标的重要抓手备受青睐，以人工智能、云计算等为内容的数字基建是"新基建"的支柱；4月24日，国家电网有限公司提出全力推进新型数字基础设施建设工作部署，要求用好、用活公司海量数据资源，国家电网有限公司现有450万个台区，日采集数据超过60TB，台区大数据潜力无限。依托边缘云等人工智能技术盘活电力大数据赋能台区管理，激发公司高质量发展新动能、助力公司新战略目标成为必然选择。

（二）设备新、人员老、数据多，现状倒逼台区管理进行转型升级

传统台区管理存在新设备优势难以发挥、数据价值利用不足、人工依赖性强、人员老化现状严峻四大痛点。栾城区已完成244个台区、3.4万户新设备（HPLC宽带采集模块）改造，客户用电数据由"日采集"提升为"96点（每15min采集一次，日采集96次）全量采集"，采集系统主站数据处理压力陡增，数据分析能力不足的现状日益突显。台区管理主要依赖专业人员技术分析和现场运维人员（电工）现场治理等人

为模式，受经验、责任心等因素制约。栾城公司现有一线职工334人，平均年龄48周岁，未来三年72人退休、未来5年109人退休，职工减员达32.64%；公司面临人员老化、素质较低等现实问题。

基于以上现状，国网石家庄市栾城区供电公司营销部用电检查班采用新型技术手段盘活海量电力数据，以现有采集终端为基础，综合利用人工智能AI、边缘计算等技术，实现台区数据价值就地挖掘、台区运行指标综合感知、台区治理任务智能派工三大功能，推动台区管理向智能化、数字化升级，以减少人力需求，做到效率效益双提升。

二　主要做法

（一）研发台区边缘管理业务平台，实现数据价值就地挖掘

拓展现有采集终端的高级应用，依托电力物联网、人工智能等先进技术，研发台区智能管理业务平台，将原来需要在省级主站分析处理的工作分散到县级台区侧，对台区运行指标进行智能诊断，实现"一台区一管家"式管理，建立从测量感知、数据获取、边缘分析，到智能用电管理、客户需求侧管理、增值服务等的检测与控制体系，就地发挥数据价值。

图1　台区智能管家平台截图

（二）采用 AI 机器学习技术，实现台区指标综合感知

利用智能 AI 机器程序建模、决策树模型等，开发智能 AI 诊断模块，实现台区 15 项运行指标的智能分析、超前预警，通过可视化展示功能，直观展示每个台区的健康水平，并根据需求生成"台区体检报告"，为专业管理和现场治理提供决策支撑。

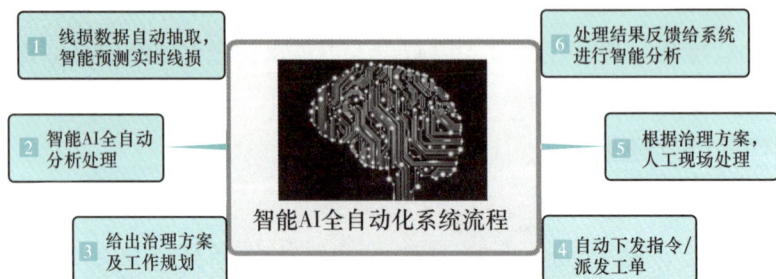

1　线损数据自动抽取，智能预测实时线损
2　智能AI全自动分析处理
3　给出治理方案及工作规划

智能AI全自动化系统流程

6　处理结果反馈给系统进行智能分析
5　根据治理方案，人工现场处理
4　自动下发指令/派发工单

图 2　台区智能管家指标诊断分析流程截图

（三）现场运维人员现场接单作业，实现台区任务智能派工

开发了手机端的协同作业 App，将台区信息以工单 + 处理方案的形式及时发至现场运维人员手机，省去了专业管理人员分析再派工的环节，提高了工作效率。

待处理　　已完成

最近常用

主动抢修　主动运维　低压采录　营配核查

我的应用

主动抢修　主动运维　低压采录　高压采录

智能锁　营配核查　服务资源采录　一键式换箱

更多

辅助应用

图 3　协同作业 App

三　实施效果

一是减少人员依赖。通过智能应用程序，实现台区问题治理由人为模式向智慧化、智能化转变，有效解决台区管理中存在的各类异常漏判多、误判高、人员依赖性强等问题，实现台区运行指标超前管控。

二是推动双效提升。定期生成台区体检报告，实现台区运行情况全感知，能够清晰地了解到辖区内，各个台区的运行状况、异常发生情况和处理情况，更全面、及时地掌握辖区内各台区整体运行状况，变"被动分析"为"主动处理"，实现效率效益双提升。在栾城区的 1 个试点台区（76 户），日分析数据 2 万余条，日均异常预警 9 项，现场核查异常判定准确率为 100%。推广后，预计全区挽回经济损失 550 万元／年，实现效率效益双提升。

三是提升客户感知。通过台区智能管家，实现台区指标的综合诊断分析，将台区问题第一时间定位清晰，现场运维人员线上接单，直接赶往故障点，提高故障处理效率，缩短停电时长，提升客户电力获得感。

四是实现基层减负。通过移动作业终端全方位支撑现场作业，实现现场运维人员现场接单作业，快速、精准定位问题原因及处理方案，处理结果反馈后用于优化指标分析程序，实现台区异常问题的闭环管理和优化运行的良性循环，减轻基层工作负担。

打造 CIEMS 核心平台，
聚合产业生态

班组：国网雄安新区供电公司供电管理中心 CIEMS 小组

一 产生背景

雄安新区规划纲要指出：落实安全、绿色、高效、智慧能源发展战略，打造绿色低碳、安全高效、智慧友好、引领未来的现代能源系统，推进能源管理智慧化、服务精细化、利用高效化，进一步提高能源安全保障水平。公司建设中国特色国际领先的能源互联网战略与雄安新区规划建设理念高度契合，CIEMS 小组紧抓，雄安新区建设重大战略机遇，做实国网战略转型最佳实践场景。

根据新区能源规划，未来新区的能源是绿色的，多种形态的，开发模式是多样的，消费方式也是多样的，需要实现智慧能源管控。新区规划纲要提出建设数字孪生城市要求，能源作为城市血液需要实现智慧化。在这个大背景下需要开发一个智慧能源管控系统，实现对电、气、冷、热、水等多能源的智慧管理。

二 主要做法

面向综合能源业务，依托"大云物移智"技术，国网雄安新区供电公司供电管理中心 CIEMS 小组构建城市智慧能源管控系统（catalog of information exchange and message standards，CIEMS）。CIEMS 作为城市智慧能源大脑，实现对电、水、气、热、冷综合能源的综合监测、智慧调控、分析决策、智能运维等功能，同时广泛承载智能化服务。CIEMS 打造雄安城市 CIM 唯一智慧能源模块，助力建设数字孪生城市建设。并且按照政府要求，在未来将以 CIEMS 为核心平台，在雄安新区建设能源互联网综合应用示范城市。

（一）高起点定位—高标准打造核心业务平台

与中国雄安集团数字城市科技有限公司联合，以开放的技术架构与合作生态实现多能接入，打造城市的能源大脑、政府的能源顾问、企业的能源助手和家庭的能源管家。通过贯穿能源生产及消费环节，实现城市综合能源的全过程管控，打造城市的能源大脑。利用能源数据实现对用户 360° 的精确定位，辅助城市管理，成为政府的能源顾问。为用户提供"安全可靠、经济节约、透明高效"的综合用能服务，成为企业的能源助手。为居民提供经济、合理、智慧、透明的用能体验，成为家庭的能源管家。

CIEMS 整体功能设计贯穿能源供给及消费环节，重点打造数字同步能源规划、优化调控、智能化运维、能源块数据等亮点功能，充分利用能源数据高覆盖性、高渗透性、高镜像性的特点及其与用户行为紧密相关的天然属性，实现对用户 360° 的精确定位，辅助城市管理，面向行业内外提供大量高附加值的服务，反哺城市建设，创新城市业态。

（二）融合新业态—多渠道引入生态优势力量

以 CIEMS 为平台，打造综合能源服务、低压直流、多功能信息杆柱、智能充电设施建设、多表集抄等多业务融合的 CIEMS 生态场景，通过生态能力延伸，支撑多场景接入与智能化，提升平台生命力。

在低压直流、多功能信息杆柱、智能充电设施建设等生态领域，与深圳市腾讯计算机系统有限公司、蚂蚁科技集团股份有限公司等 8 家单位成立雄安城市生成与发展研究院，与北京百度网讯科技有限公司、中国交通建设集团有限公司等 4 家单位成立 APOLLO 雄安智能交通研究院，与雄安盈家公寓管理有限公司、中国建筑科学研究院有限公司等 6 家单位成立雄安放心公寓联盟，与中国雄安集团有限公司共同发起、47 家企业共同成立雄安新区能源互联网创新联合会，与清华大学、香港应用科技研究院、珠海格力电器股份有限公司等 18 家单位成立雄安直流创新工场，与西安交通大学合作创建博士后创新实践基地，搭建小微企业孵化平台深化与重庆大学、微鹅科技合作，与信产集团、中国雄安集团有限公司数字城市公司等多家企业推进成立雄安新区泛在城市物联网实验室，初步形成"两院两联盟一工场一实验室"工作格局。

雄安城市 生成与发展研究院	APOLLO雄安 智能交通研究院	雄安放心公寓联盟	雄安能源互联网应用 产业技术创新联盟	雄安直流创新工场	雄安泛在城市 物联网联合实验室
合作单位（8家）： 中国建研院 雄安集团数字城市公司 蚂蚁金服 腾讯公司 深圳梦工厂 恒华伟业 地球家园 中电科华	合作单位（3家）： 百度公司 交通部公路研究院 中交集团	合作单位（5家）： 中国建科院 雄安集团数字城市公司 上海盈家 蚂蚁金服 万科集团	合作单位（46家）： 中国雄安集团　华为公司 中国石油　华润集团 中国石化　百度公司 清华四川院　腾讯公司 格力电器　中交集团 西安交大　宁德时代 重庆大学　北京燃气 ……	合作单位（13家）： 清华大学　平高集团 格力电器　许继集团 香港应研院　南瑞集团 深圳计量院　信产集团 湖南计量院　山东大学 上电院　上海电力大学 北京交通大学	合作单位（5家）： 信产集团 雄安集团数字城市公司 中国普天 中国联通 北京时代凌宇
主要任务： 聚焦数字城市、智能城市、低碳城市等开展研究，为新区城市发展提供智囊支撑	主要任务： 围绕无人驾驶、智能路网和车路协同等开展政策法规研究及实践应用，打造全国示范工程，加快产业化推广应用	主要任务： 开展数字化、区块链、能源互联网等先进技术实践研究，探索建立安全、绿色、生态、智慧的租住公寓雄安模式	主要任务： 开展前沿技术联合攻关，创制联盟标准，推动联盟标准向国家标准及行业标准转化	主要任务： 研究低压直流系统与关键技术，支撑低压直流标准建设，建成直流配用电示范工程，打造雄安新区低压直流生态	主要任务： 研究泛在城市物联网的三级算力规划部署、通信技术、城市数据应用服务，以及物联网的知识产权、协议和标准

图 1　两院两联盟一工场一实验室

打造四个资源环的资源优势合作生态，丰富合作渠道，扩大合作范围，目前已和华为技术有限公司、北京百度网讯科技有限公司、中国建筑集团有限公司、万科企业

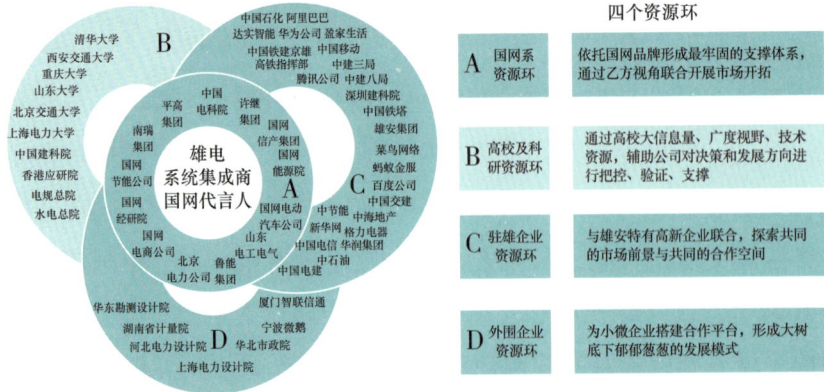

四个资源环

A	国网系资源环	依托国网品牌形成最牢固的支撑体系，通过乙方视角联合开展市场开拓
B	高校及科研院资源环	通过高校大信息量、广度视野、技术资源，辅助公司对决策和发展方向进行把控、验证、支撑
C	驻雄企业资源环	与雄安特有高新企业联合，探索共同的市场前景与共同的合作空间
D	外围企业资源环	为小微企业搭建合作平台，形成大树底下郁郁葱葱的发展模式

图 2　四个资源环

股份有限公司、中国建筑科学研究院有限公司等单开展深度合作。

（三）努力拼市场——每个人都是一个战斗单元

CIEMS 小组全部成员直接面对市场，对接市场需求，迭代平台功能，深度沟通政府机关，与驻雄央企建立常态合作。依托高级客户经理、执行客户经理双负责制与三一服务机制，每个成员面对市场，都是一个单独的战斗单元。

在高光项目加强示范建设，主要参与雄安第一标"市民服务中心"、雄安第一座永久建筑雄县三中、高质实验区等项目建设，分别实现了家居级、社区级、园区级智慧能源示范性工程建设。点亮习近平总书记视察雄安必经之路，打造"我来雄安了"雄安新区新地标，不断铸造国网引领品牌形象。

抢占综合能源市场重点项目高地。一是在雄安新区重点项目进行全过程跟踪，开展供电＋综合能源双方案服务，在合作单位进行全面推广，全力推动系统落地应用；二是推动数字城市公司成立合资公司，共同推动 CIEMS 新区全面应用；三是组织在河北南网其他地市进行推广应用，并与华为技术有限公司继续进行沟通，纳入华为园区整体方案并在全国推广。

创新业务发展路径，加快数字基础设施建设。紧扣新型基础设施建设，加快传统基础设施建设与升级，推进综合能源系统"云边端"一体化技术解决方案升级，完善泛在互联、标识统一、动态控制、实时协同的智能感知体系，积极部署低时延、高可靠、广覆盖、强感知的物联网与工业互联网基础设施，辅助数字城市、智慧城市建设。

图 3　CIEMS 线上推广

（四）稳步标准化——多行业科技创新标准引领

积极参与编写《长租公寓等级评价标准》。牵头负责智慧系统部分内容，深度融合 CIEMS 系统架构与理念，将智慧能源与相关智能化业务写入评价标准。在建筑领域跨行业融入国网智慧，从能源与智能化方面引导未来长租行业绿色健康发展。

参与雄安新区智能城市基础建设标准编制。雄安新区管委会自 2019 年 1 月启动智能城市基础设施建设标准编制工作。该标准是以城市智能感知体系——智能基础设施为主体，以政府管控需求为导向，以城市发展全周期为范围，以有效服务于规划编制、空间落位、建设实施、运维管理为目标的管理标准。组织信产、许继、平高、南瑞等产业单位参加了工作营，并作为牵头单位负责电源部分的标准编制工作。

二　实施效果

CIEMS 小组成立一年多以来，内修业务能力，外铸品牌形象，因建设成效显著，荣获国家电网有限公司 2019 年工人先锋号荣誉称号，荣获省政府给予的战略性新兴产业发展专项资金 800 万元，是新区唯一获得扶持的项目。获得国家电网有限公司第五届国网青创赛金奖，并在国网青创成果交易展、世界物联网大会、世界互联网大会、国网双创日进行项目展演推介，入选中华人民共和国工业和信息化部 2019 —2020 年工业互联网示范平台，并作为重要建设内容，中标中华人民共和国工业和信息化部 2020 年工业互联网创新发展工程——工业互联网平台应用创新推广中心项目。

提升管理，创一流班组

班组：国网雄县供电公司雄州镇北所内勤班

一　产生背景

为全面完成工作任务，加强完善班组管理机制，以落实岗位责任为核心，不断提升班组管理水平和员工队伍素质建设，以完善班组各项规章制度为保证，以班组争先创优活动为载体，把班组建设成"安全、文明、高效，敬业、和谐的团队"，努力创建一流的员工素质、一流的业务技能、一流的工作作风，一流的基层班组。

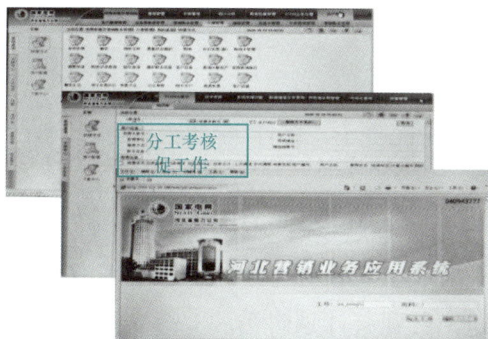

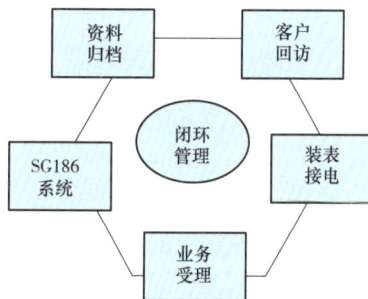

图 1　SG186 系统闭环管理

二　主要做法

为了更好地服务于广大客户，城北内勤班在日常工作中进行了几方面的改进：

（一）班组人员管理方面

（1）内勤班组人员首先应具备的基本品质是"热爱电力、忠于职守"。要求班组人员具有强烈的责任心和事业心，坚持"人民电业为人民"的服务宗旨，对工作兢兢业业，对客户耐心细致，发扬团队精神，团结协作；具有诚信观念，尊重客户，讲求优质服务和经济效益，有力地维护客户与电力企业的共同利益。

（2）严格要求班组人员遵章守纪、廉洁自律。严格执行、遵守公司各项规章制度，自觉执行劳动纪律。严格遵守作息时间，不迟到、不早退、工作时间不接听私人电话，不擅自离岗、串岗，不聊天，不做与工作无关的事，廉洁自律，秉公办事，不以电谋私，不损害企业和客户利益。

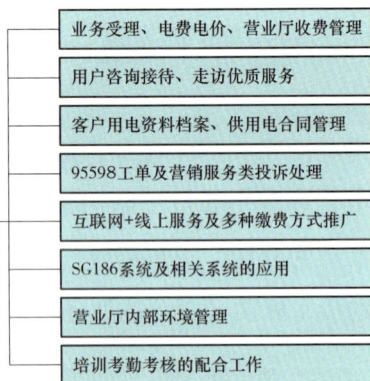

业务受理、电费电价、营业厅收费管理

用户咨询接待、走访优质服务

客户用电资料档案、供用电合同管理

95598工单及营销服务类投诉处理

互联网+线上服务及多种缴费方式推广

SG186系统及相关系统的应用

营业厅内部环境管理

培训考勤考核的配合工作

图2　内勤班主要职能

（二）进一步改进日常工作管理方法

（1）按时召开班前班后会，主要针对前一天的工作进行总结及时了解工作中存在为的问题难点想办法、找途径解决难题有效提升服务管理工作，为提质增效打好基础。

（2）制订班组周计划、月计划、年计划，做到有计划有措施有落实。

（3）规范业扩报装流程，严格按照上级下发的报装流程和知识库要求开展工作，保证流程合格规范。

（4）各类资料分类归档，并设专人、专柜进行管理便于快捷查找。

（5）定期开展学习培训，创建学习型班组，人员"赶、比、超"充分掌握理论知识，结合实际，有头脑、讲干劲促进内勤班各项工作的顺利完成。

（6）开展人员评比和绩效考核，实行打分排名公开公平公正，促进人员全力工作的拼搏精神。

（7）班组团结小家化，团结友爱作风民主，凝聚力量班容班貌达到"五净""五整齐"努力营造温馨的工作环境，努力创造一流班组。

图3　班前班后会、培训考核及日常工作

（三）优质服务方面

（1）为客户提供快捷、周到、满意的服务。仪容要求自然、大方、端庄。

（2）举止文雅、礼貌、精神。接待客户时应微笑、热情、和真情。与客户会话要亲切、诚恳、谦虚。

（3）使用规范用语、与客户沟通需要做到耐心、细心、贴心。

（4）为加强优质服务工作便于残疾人、老年体弱人员办理业务，我班组专门设立残疾人服务通道，实行组长引领服务，优先办理各类业务。

（5）对特殊用户和报装用户定期开展用户回访活动，及时了解群众意见和建议促进了服务工作的不断提升，为零投诉奠定基础。

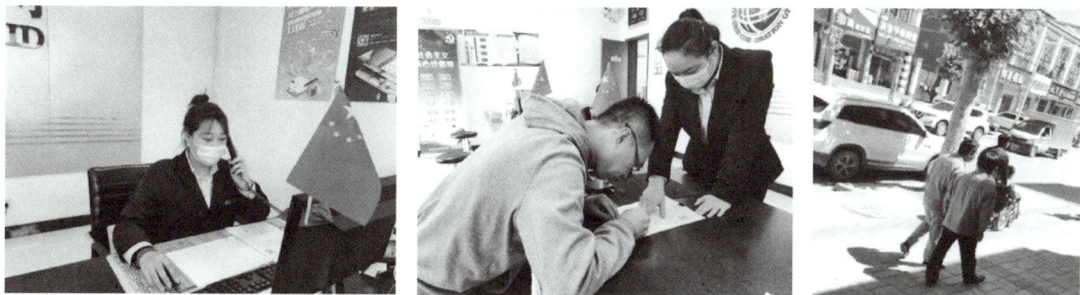

图4　用户回访、业务受理及特殊客户服务

三 实施效果

通过开展一流班组创建工作，使国网雄县供电公司雄州镇北所内勤班人员整体素质、服务水平、专业水平、环境管理、文明服务工作得到了很大的提升，人员思想有了急速的进步，规范了业务流程、降低了投诉、提升了服务效率、保证了国网雄县供电公司雄州镇北所内勤班各项工作的顺利开展，显现了一流的工作标准、工作水平，做好了一流班组建设工作，提质增效，全面完成了国网雄县供电公司和国网雄县供电公司雄州镇北所下达的各项任务。更好地服务于广大客户，优质的服务大大提高了客户满意度。

小积分，大成效——以百分制考核促进供电所管理提升

班组：国网临西县供电公司老官寨供电所

一　产生背景

日益冗杂的工作，如何避轻就重找准中心？一专多能的现状，如何厘清思路找准方向？越来越高的需求，如何优化提升找准基点？国网临西县供电公司老官寨供电所面临这样的形势，追根溯源，为真正做到同业对标一条主线不偏离，内外勤一个岗位多能力，所有人一种服务跟到底，将删繁就简规范运作、破除壁垒无缝对接、消除间隙优化服务作为研究解决工作目标，促进综合管控水平提升。

二　主要做法

（一）电费回收

不能按时结清电费，在时间上拖延，是国网临西县供电公司老官寨供电所往年的工作常态。为了有效解决问题，该所把电费回收纳入月度考核。根据公司系统明确的结算日期，制定出相应的每月结清日期。结合实际情况进行适时调整，确保在公司要求时限内提前 2~3 天结清电费。对于不按时结清者，第一天扣 10 分，第二天扣 20 分，每拖欠一天顺延递加扣分。

（二）线损指标

为做好国网临西县供电公司老官寨供电所的高低压线损工作，加强营销管理，每天由营销员在早会上通报异常线路、台区，督促相关责任人进行整改。对于连续3天异常的线路、台区扣责任人5分，第四天仍不正常，翻倍扣罚积分，直至线损正常为止。

（三）日常值班

值班人员每发生一次脱岗（无派工单）、长时间离岗（超过1h）扣5分；每发生一次抢修恢复送电不及时（高压2h、低压1h）扣10分；每发生一次漏接值班电话扣5分；每发生一次员工在岗饮酒，每人扣30分。

（四）考勤纪律

国网临西县供电公司老官寨供电所员工每发生一次考勤表不签到、手机平台不打卡、外出不写派工单，各扣5分；每发生一次迟到扣5分，旷工扣10分；一个月内请假2次视为迟到一次，请假3次视为旷工一天。

（五）学习情况

为做好软实力建设，提升员工队伍理论知识水平，做到思想上与时俱进、业务上样样精通、行动上保持一致，国网临西县供电公司老官寨供电所组织开展各类学习。对于敷衍了事、支应公事者，纳入积分考核。未按时参加学习，每发生一次笔记漏写扣5分。

（六）资料报送

各个岗位，各司其职。国网临西县供电公司老官寨供电所对于不同专业安排部署的工作，要求保质保量地完成。每发生一次漏报扣10分，瞒报或质量不过关、不及时，扣5分（包括微信群通知报送）。

（七）派工施工

根据工作需要，国网临西县供电公司老官寨供电所指派人员施工。本村台区经理辖区内工作的，不予加分奖励；不服从安排不完成分内之事的，当次扣减 20 分。协助完成其他村台区经理工作，给予协助施工人员一次奖励 10 分。

（八）卫生管理

为保持好所容所貌，结合工作实际，国网临西县供电公司老官寨供电所划分制定卫生责任区，每天进行清扫检查。对于打扫不彻底的，一次扣 5 分。值班人员全天负责维护全部卫生区，每发现一处维护不到位扣 5 分。厕所、餐厅卫生脏乱差，每发现一次扣 10 分，无交接手续扣 5 分。

（九）采集工作

为全面做好辖区内智能表计补采工作，成立供电所采集小组，每天由代班长及时发布需要补抄表计的数据，下发到各小组掌机。接收补采任务的台区经理，按照规定时间和需补采的表计明细认真完成补抄工作，不得发生超时或漏抄。每发生一起扣 5 分。补抄 1 块表计奖励抄表人员 1 分。

（十）车辆使用

为进一步规范公用车辆管理，保持车容车貌，国网临西县供电公司老官寨供电所严格执行派车制度。抢修汽车、电动三轮、电动二轮，外出前必须严格履行用车手续。每发生一起不写派车单的，扣责任人 10 分；每发生一起与派车单用车路线不符的，一次扣出车人 10 分。

三　实施效果

（一）工作积极性得到激发

以前，国网临西县供电公司老官寨供电所员工存有等靠拖的思想，工作主动意识差，责任心差，工作热情低，自以为完成手头的事就大功告成了，至于工作的对与错、质量的好与坏，不关心、不重视。百分制考核实施以来，此类问题得到了解决。通过二次考核，从之前的收入等同，到现在每月工资的档距拉大，真正让大家感受到了工作干与不干不一样、干多干少不一样、干好干坏不一样。

（二）队伍协作性逐步体现

以往，国网临西县供电公司老官寨供电所兴诚员工过多地看着自己的"一亩三分地"，处理问题上也是"只扫门前雪"，单枪匹马、单兵作战是常态。百分制执行以来，主动协助他人工作可以在工作中挣到积分，可以增加自己的积分，月终年尾自然而然地兑现成真金白银的奖励，大大刺激了互帮互助的氛围。主动找事做、主动帮他人，在国网临西县供电公司老官寨供电所内部形成良好的氛围。

（三）整体工作成效性明显提升

百分制考核制度经过在国网临西县供电公司老官寨供电所将近两年的落地实施，取得了显而易见的效果。各项工作趋于规范化，各项指标趋于最优化，员工整体争先进位意识增强。2019年，电费回收率100%、日均采集率100%，配电正常运行率99.16%、故障报修率98.01%，在全省同业对标综合排名中比2018年提升51名。2019年1~3季度在全市187个供电所中同业对标中综合排名第一。多次在县公司9个供电所中月度排名第一。

网页版自动化帮助中心，
助班组安全领航

班组：国网邢台供电公司电力调度控制中心自动化运维班

一　产生背景

随着电网规模的不断扩大，越来越多的系统集成入 D5000 系统，班组管辖范围内的设备有 15 套之多，自动化运维班人员少，工作任务重，每个人擅长的专业及技能水

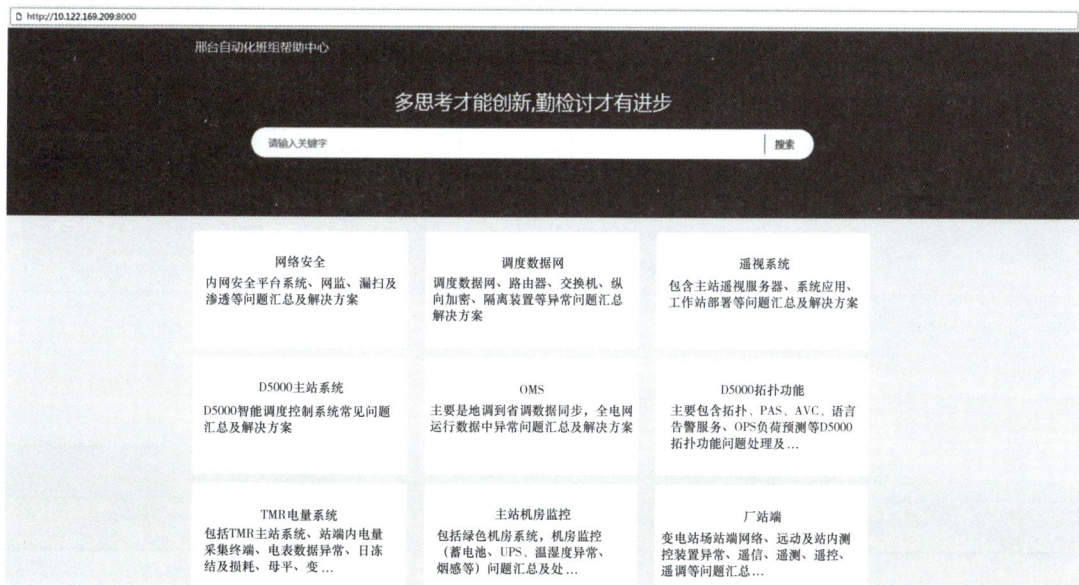

图 1　国网邢台供电公司电力调度控制中心自动化运维班帮助中心首页

平不同，使班组安全工作及缺陷快速分析存在一定的差异。国网邢台供电公司调度控制中心自动化运维班从管理手段及技术手段两个方面入手，细致梳理，全面囊括，打造了自动化运维帮助中心，保证自动化运维工作安全高效地开展。

二 主要做法

在日常工作中，运维人员经常会遇到这样的问题：一是实际的电压无功与状态估计偏差太大的问题，经过排查之后发现是主变压器、变压器或线路参数录入错误或缺失等；二是各项工作往往是由专人负责，当负责人临时有事离开时，其他班员不能很好地承接这项工作；三是日常工作中没有确定的规范文件，工作中容易出现纰漏。针对这几个问题，国网邢台供电公司调度控制中心自动化运维班召集全体成员开班会，群策群力，通过三个精益化管理，来达到提高自动化专业指标的目的。

（一）梳理工作内容，制订分组计划

针对自动化运维班班组缺员严重，员工技能不全面的现状，班组组织专门人员，开展了对自动化运维工作内容的梳理工作。国网邢台供电公司调度控制中心自动化运维班通过召开班组讨论会，搜集整理每人熟知的工作内容，并进行汇总分类，最终确定将班组现有 6 人分为 4 个工作小组：SCADA、PAS/AVC、负荷预测及报表、网络及二次安防，每组设置 AB 角色，负责设计相应内容的标准化作业流程及维护要点。分组情况见表 1。

表 1　工作小组成员情况

组名	成员
SCADA	谢某　李某
PAS/AVC	陆某某　焦某某
负荷预测及报表	智某某　杨某
网络及二次安防	李某　智某某

其中 SCADA 小组成员负责整理新站投运自动化维护、D5000 系统告警、曲线、公

式定义等工具的应用；PAS/AVC 小组成员负责梳理现有 PAS 参数，制定参数录入流程、状态估计消缺、AVC 绘图及闭环测试说明；负荷预测／报表小组负责整理负荷预测界面说明、报表编辑及维护；数据网及二次安防小组负责搜集网络设备配置、纵向加密装置调试、内网安全监控平台接入等基本流程。

对专责人员进行电网潮流、电网稳态计算专业化培训，提高对电网熟悉程度，迅速排查潮流缺陷。对调度自动化相关人员定期进行培训，培训内容包括基础数据维护和状态估计调试方面，从一定程度提高人员的专业技术水平。

国网邢台供电公司调度控制中心自动化运维班采用"角色轮换，人人都是负责人"的方法来提高人员水平。我们通过召开班组讨论会，搜集整理每人熟知的工作内容，并进行汇总分类，最终确定将自动化运维工作分为 4 个工作模块，并确定了当前负责人：SCADA/AVC/ 数据网、PAS、二次安防／报表／遥视，OMS/ 材料／硬件／台账，分组情况如图 2 所示，通过对每人的技能水平再次进行深度挖掘，排出每人次要拿手的工作，作为该项工作的主要负责人，图中括号中的员工作为该项工作的次要责任人，跟随主要责任人进行学习，同时负责好自己的本职工作，并充当老师的角色，实现每项工作两两互备的模式。下一个阶段原次要负责人担任主要负责人，同时带领下一轮员工学习本轮所学习的工作，角色轮转半年时间，充分发挥每位员工潜力，在不断学习与被学习过程成淬炼自身，成为知识全面的全能型员工。

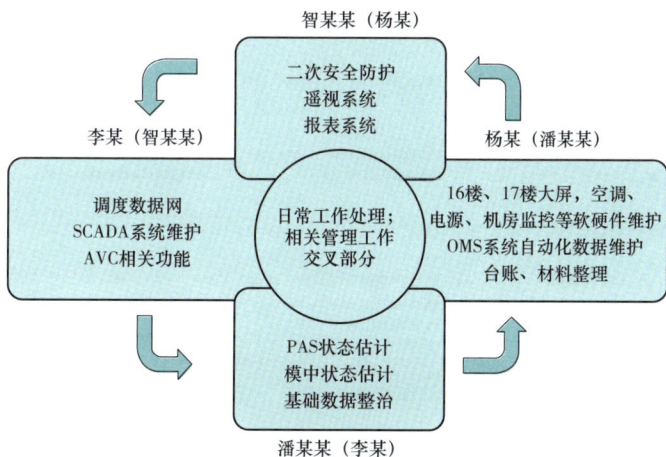

图 2　角色技能轮换示意图

（二）周汇总，月汇报，提炼工作经验，完善缺陷记录

通过将班组成员的每日工作总结及搜集的缺陷案例进行整理编辑，形成了一套缺陷快速查询表格，该表格罗列了自动化系统主站各类别各种缺陷及处理案例，并且该表格正在每个人的手中不断更新、不断丰富。同时每周召开会议，汇总分析各班组成员经手的缺陷，每月各成员汇报一下自己从缺陷记录中获得的心得和体会，确保全员对所有缺陷都熟知，无一遗漏。

（三）设计自动化运维帮助中心，提升安全工作水平

制作自动化运维帮助中心网页，实现历史缺陷及技能说明、缺陷定性等数据查询功能。

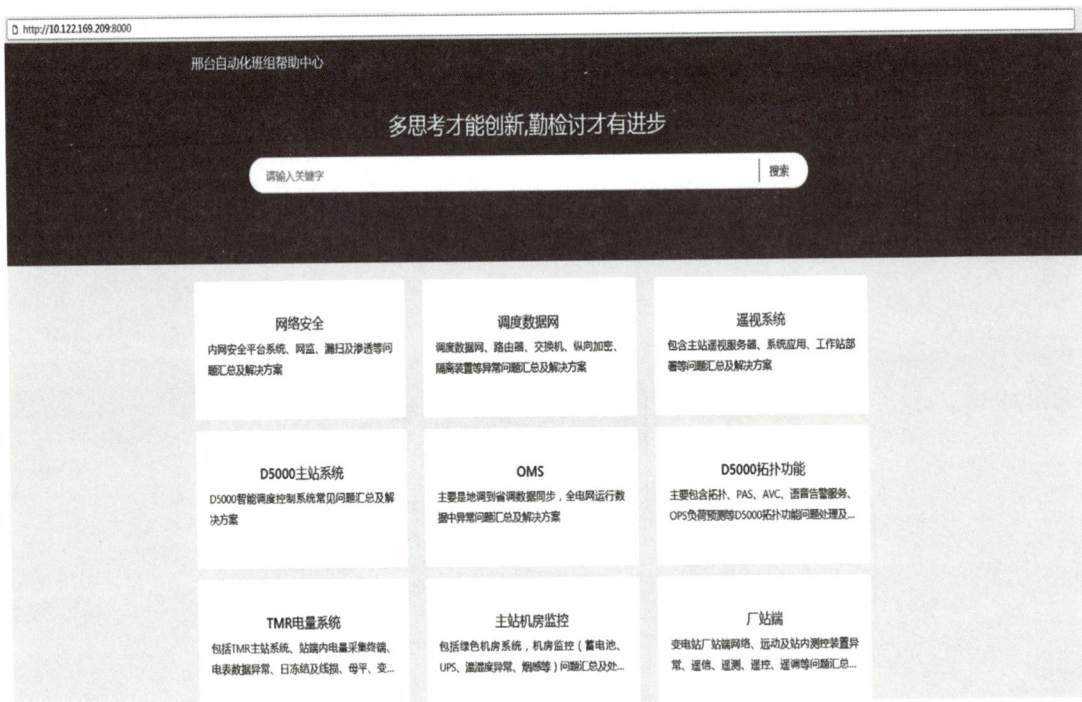

图3　自动化运维帮助中心首页，具备数据查询功能

该帮助中心可通过检索关键字，实现对某项缺陷的处理过程及所需技能知识的快

速查询，同时当有新的故障问题发生时，及时在网站更新。例如某天某工作站硬盘发生故障，在网页首页搜索栏输入硬盘可出现如图 4 所示信息。

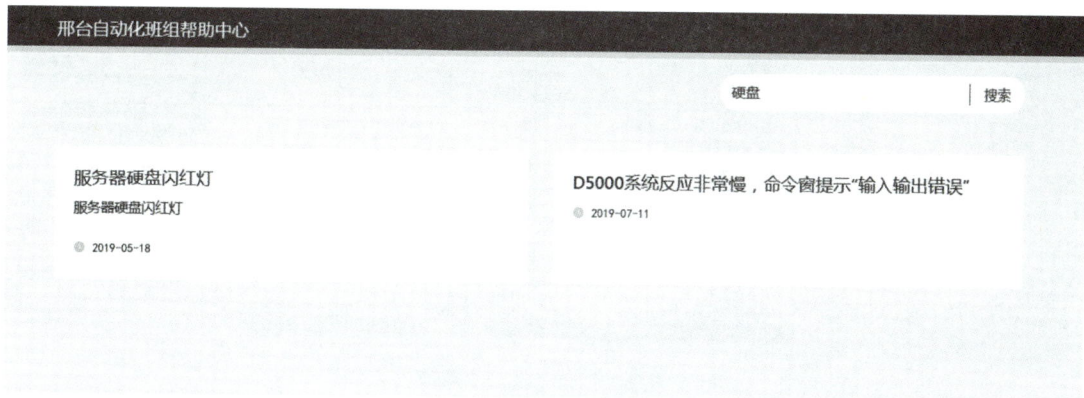

图 4　检索硬盘结果

再点击相应内容，可显示具体技能帮助档案，如图 5 所示。

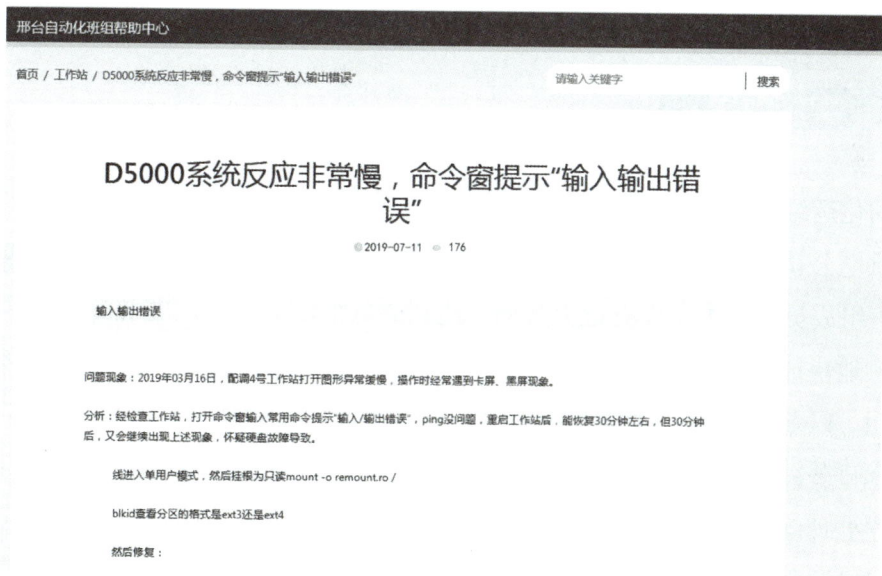

图 5　具体内容帮助档案结果

缺陷记录中增加技能知识点关键字技能知识点简明的代表缺陷属于哪个大类，作为后续制作自动化运维帮助中心搜索关键字，如图 6 所示。

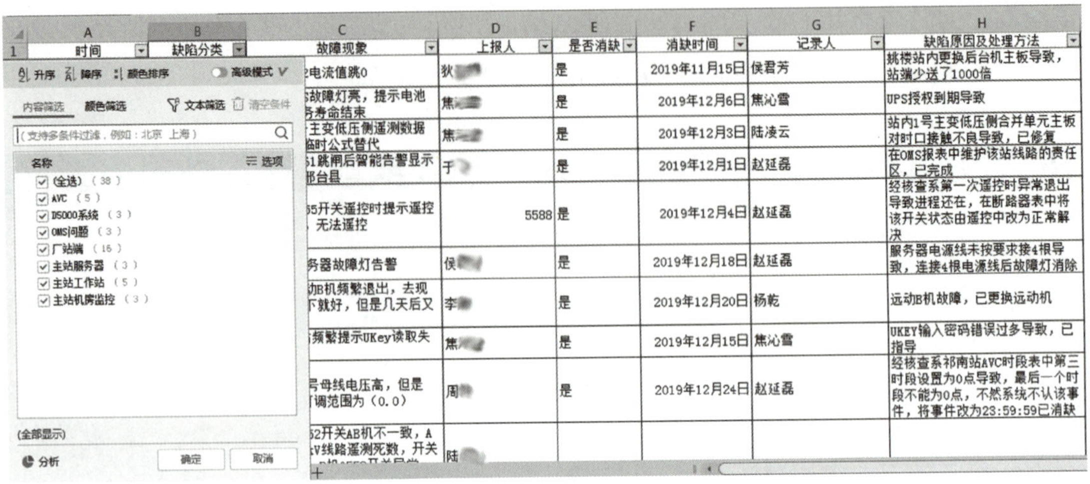

图 6　缺陷快速查询表格

自动化运维帮助中心的研发，为自动化运维人员提供了很有力的缺陷分析手段，同时该帮助中心融合了所有自动化运维涉及的知识点，平时工作不忙时，自动化运维人员还可以利用它进行在线学习。

三　实施效果

自动化运维帮助中心主要记录了日常故障缺陷以及处理方法，平常没事的时候国网邢台供电公司调度控制中心自动化运维班成员可以翻开看一看，多了解各种故障缺陷，对班组成员的维护工作有很大帮助。遇到应急维护工作时，班组成员也不用紧张，可以从容地快捷查找工作日志，上面记载了很多类似的故障，班组成员可以拿来参考甚至采用。以前有问题的时候总要打电话求助或者在笔记本上查找很多，现在有了网页工具，显著减少了故障处理时间，工作中遇到问题可以随时查找，方便、快捷。大家在独立处理问题的过程中不断提高自身的业务水平，同时也为大家提供了一个彼此相互学习的平台。

电网系统仍然在飞速地扩大发展中，未来国网邢台供电公司调度控制中心自动化运维班面临的是更大的挑战，在发展中进步是班组成员的宗旨，不忘初心，牢记使命，奋勇拼搏，继往开来，努力将邢台自动化推向更高的台阶。

10kV 运维组助力配电网
运维工作提质增效

班组：国网临漳县供电公司 10kV 运维组

一　产生背景

随着国家经济的飞速发展，电力企业与用电客户的主要矛盾已从"用上电"变为"用好电"，频繁停电问题是影响群众电力获得感的最直接体现。电力企业为有效治理故障跳闸，最大限度降低运检类投诉，就必须要全面掌握电网状况，摸清底数，分析透彻。由于配电网覆盖面广、点多、线长和公司运维力量不足，再加上随着近年来智能电表的推广应用和缴费方式的多样化，供服公司员工相应工作任务减少，工作量不饱满。国网临漳县供电公司领导班子总结以往经验，充分开展调研，最终确定从邯郸市丛安供电服务有限公司临漳分公司抽调业务技术较强的员工，成立国网临漳县供电公司 10kV 运维组，全面提升配电网运维管控提质增效。

二　主要做法

一是试点先行，积累经验。2018 年 3 月，通过理论和技能考试进行了选拔，由 7 名邯郸市丛安供电服务有限公司临漳分公司组成城区运维组，以城区为试点组建国网临漳县供电公司洛村运维组，经过各专业培训后正式开展工作，主要负责城区频繁跳闸线路巡视测温，及时消除发现的缺陷隐患。二是扩充队伍，全面铺开。在国网临漳县供电公司城区运维组成功运转后，又成立了国网临漳县供电公司柳园、国网临漳县供电公司称勾、国网临漳县供电公司香菜营三个运维班组，通过培训后全面展开工作。工作职责涵盖了全县 111 条 10kV 线路、5191 台变压器。三是明晰职责，规范流程。制定了《10kV 运维组工作职责》《10kV 运维组工作流程》，做到岗位工作职责明确，各项工作流转规范。国网临漳县供电公司 10kV 运维组在巡视中发现紧急缺陷后立即将缺陷实况图片传至运维组组长，运维组组长接到小组报告后，立即通知相关供电所进行处理，同时向运维部有关领导汇报，运维部主任责派相关专职进行督办，协调供电所将紧急缺陷立即消除。四是提高素质，拓宽工作范围。通过对供服员工加强技能培训，提高业务知识和操作技能，目前已有 2 人获得带电作业证，5 人获得高压电工作业证，16 人获得低压电工作业证。国网临漳县供电公司 10kV 运维组 2019 年在完成基本工作职责前提下，探索新的工作范围，承担一定的项目工程，达到增强技能，锻炼队伍，又大幅提高员工个人收入，有效提高了 10kV 运维组员工积极性和队伍素质提升。

图 1　运维班组作业现场

截至 2019 年 4 月底，四个运维组共巡视线路 111 条，巡视缺陷 19184 处，主要缺陷有电杆裂纹、倾斜、缺土的 3569 处，导线弧垂过紧过松、断股 488 处，横担锈蚀、变形的 456 处，无拉线、拉线破股的 1897 处，绝缘子倾斜的、裂纹的 1297 处，无杆号牌或杆号牌错误的 9989 处，线路环境树障、距建筑物近 1488 处。其中紧急缺陷 226 处、重大缺陷 844 处、一般缺陷 18114 处。截至 5 月底，运维组配合供电所共清扫 10kV 线路 54 条，消除缺陷 5944 起，主要是整理倾斜的绝缘子，更换绝缘子和隔离开关，调整导线弧垂，清理树障等。8~9 月，运维组对 76 条线路 10kV 线路进行了"清网"行动，共清理树障 6589 棵，清理鸟窝 68 个，清理台区藤蔓 38 处。2019 年年底，全部完成所有线路蹬杆消缺工作。

图 2　现场巡视及作业

2020 年，在新冠疫情影响下，国网临漳县供电公司 10kV 运维组仍旧克服困难，分组分批对临漳疫情重点单位进行保电工作；公司有序复工后，着力开展"两防两清"专项治理工作，截至 3 月底，共计消除树障 5050 棵，清理鸟窝 138 处，清理异物 2 处，

图 3　组织演练

安装驱鸟器36组。

三 实施效果

成立10kV运维行组以来，有效增强10kV线路设备的运维工作，提高了设备维护检修质量。

（一）"双降"工作见成效。打造的这支专业的配电网运维队伍，使缺陷"事后处理"变"事前预防"，"被动"抢修变"主动"消缺，有效地提升了公司配电网运维工作水平和配电网设备的供电可靠性，降低配电网故障因停电造成的投诉，提高优质服务水平。2019年10kV线路故障243条次，同比降低33.96%；运检类投诉46起，同比降低54.6%。2020年1~3月底，共发生故障10条次，投诉1起，其中3月26日大风恶劣天气造成7条次，没有运维不当原因造成故障。

（二）10kV线损管理见成效。充分利用运维组人员，由运维部线损专职，每日每两个小时对台区计量表计的监控，及时发现离线台区，由辖区内运维组人员第一时间到现场核实离线情况，掌握真实状态，督促供电所及时处理，保证了台区电量的及时全部采集到位。同时，也杜绝了私自停电行为的发生。

（三）线路精细化管理见成效。运维组成员每人都具体负责一条或多条10kV线路，该条线路由该成员主要负责，主导巡视、消缺等运维工作，运维组成员就是这条线路

图4　对线路进行精细化管理

的第一责任人，该成员对所负责的支线、隔离开关、台区做到"状况最熟悉"，一旦发生故障，根据故障情况在最短时间内进行故障研判。

国网临漳县供电公司10kV运维组成立运作以来，不仅仅是配电网运行管理有了质的提升，辐射到公司降本增效、电网建设、安全管理、集体企业管理、供服公司用工流转、员工价值提升等方面均得到有效提升，也将最终实现供电公司本部、供电服务公司、集体企业三方共赢的目的。

（1）提高检修质量、降低维护成本。利用集体企业的技术和设备优势增强10kV线路设备的运维工作，实现企业内部降本增效。有效减少跳闸次数，进而提升客户用电需求，使运维类投诉减少，有效保障人民群众生产生活用电，增强人民群众的电力获得感，营造良好的营商环境氛围。

（2）公司配电网运维工作水平和配电网设备的供电可靠性的提升，更大程度上解决了供电能力和电能质量，使得安全建设和电网抵御风险能力得到有效提升。

（3）利用集体企业的技术和设备优势增强配电网的运维力量，同时填补集体企业和配电网运维人员的缺口，有效盘活供电服务分公司用工存量，减轻供电所人员的压力。

（4）降低管理费用，增加企业利润，把原来由外部施工队伍承装的工程任务实现公司内部消化，提升精益化管理水平。打造扩充一支属于集体企业的具有专业化水平的施工队伍，既可以承担主业10kV线路设备的运维、故障抢修业务，还可以承担部分施工任务，使集体企业管理得到提升，为进一步拓展市场奠定基础。

（5）提升了员工自我价值。人员从选拔考试成绩优异中选取，使丛安员工身份实现转变，薪酬待遇和技能水平得到提高。其中具有高技能人员还可以承担部分施工任务，根据多劳多得原则，在绩效薪金上有明显体现，员工自我价值得到认可。

"集纵连横"用户侧能源互联网业务管理机制建设

班组：国网保定供电公司营销部智能用电中心

一 产生背景

随着能源互联网建设发展，营销侧数据量和用电侧万物互联数量将变为主网侧的千百倍，同时以抄表为代表的营销数据管理方式和技术也在不断更新迭代。但地市级供电企业现有管理方式尚不能适应形势的发展和技术的进步，表现出几个"不适应"

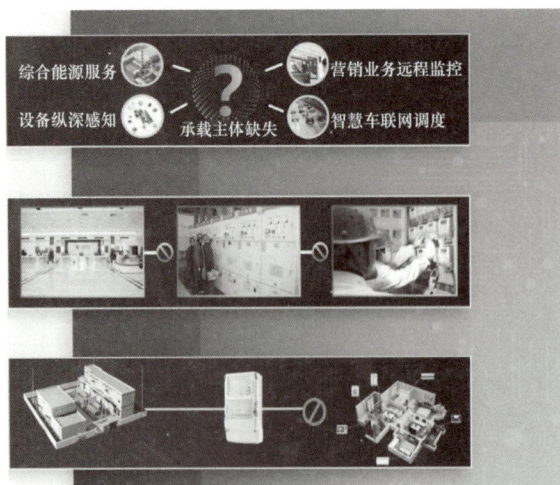

图 1　项目解决的痛点难点问题

和"不清晰"：一是智能表全覆盖全采集背景下的抄表工作仍为县公司供电所分散式作业，效率相对低下。二是采集、线损、电费、稽查等各类监控相互割裂，不适应融会贯通的需要；充电、自助、代收费等各类营销终端状态监测主体不清晰；营销安全生产管控方式不适应现场作业"多而散"的特点。三是用电侧尚未建立与主网侧调控类似的运行调度体系，不适应高压费控负控和低压远程费控大量应用的需要。四是新型能源互联业务的运行承载主体不清晰，与传统营销互联业务如何统筹也需加快研究。为解决上述痛点，国网保定供电公司基于纵向集成、横向连通、立体融合的"集纵连横"思想，运用人工智能、边缘计算、终端集成等技术手段搭建智能用电中心。

二　主要做法

（一）组建市级智能用电中心

在国网保定供电公司设置内含三个班组的智能用电中心，中心采取"全业务运行＋分区轮动"的运行方式，按网格化分别负责保定市市辖 6 区、保北 8 县、保南 8 县营销互联属性全业务和新型能源互联服务运行、监控、调度一体化作业。中心打破过去单一制、线条式营销工作运行方式，实施任务清单式运行，不再细分专业，实现营销互联业务全方位末端融合，并与变电一次、二次和电网调度深度协同，形成营销互联网业务和重大现场服务"集纵连横"。

（二）通过"集纵连横"构建四大创新板块

一是用电数据集成应用。围绕量价费损等营销用电侧核心数据以及对应的远程业务，推进数据流和业务流"双流合一"集成融合。在业务上，实现县公司、供电所分散式作业向全地区集中管理转变。以抄表为例，通过构建与全采集相适应的全地区集中抄表模式，将抄表段由 80578 个减少为 10386 个，实现了 464 万客户由供电所分散式自动抄表向市公司集中抄表的转变。

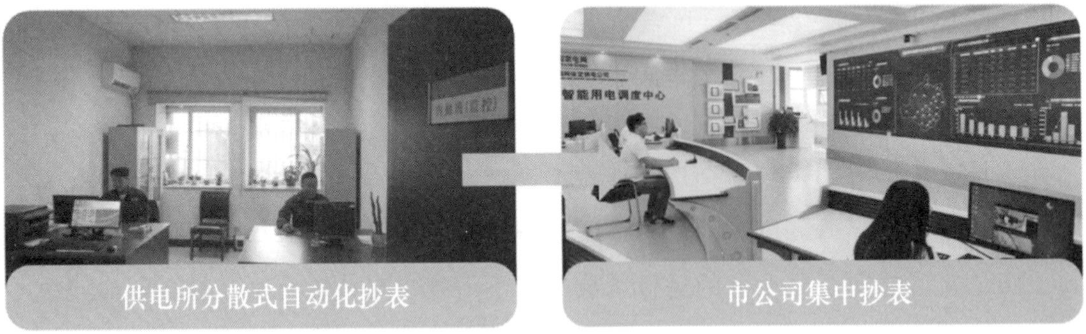

图 2　由供电所分散式自动化抄表向市公司区集中抄表的转变

在数据上，通过对营销各专业领域数据信息进行集中处理，实现全地区营销业务数据综合应用和全景展示，形成适用于不同场景的多个数据应用系统。基于此版块，中心扩展出复产电力指数分析、经济态势诊断等多项数据应用系统或平台，并正在探索电力数据增值变现途径和方法。在疫情期间，向政府部门编制报送《复产电力指数分析》简报 47 期，相关工作得到了市委、市政府主要领导两次批示表扬。

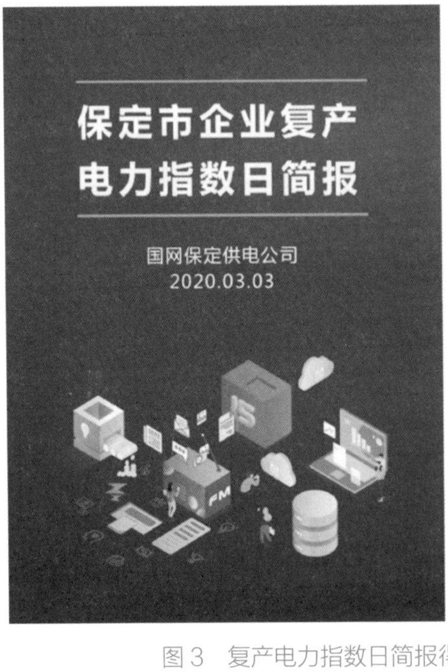

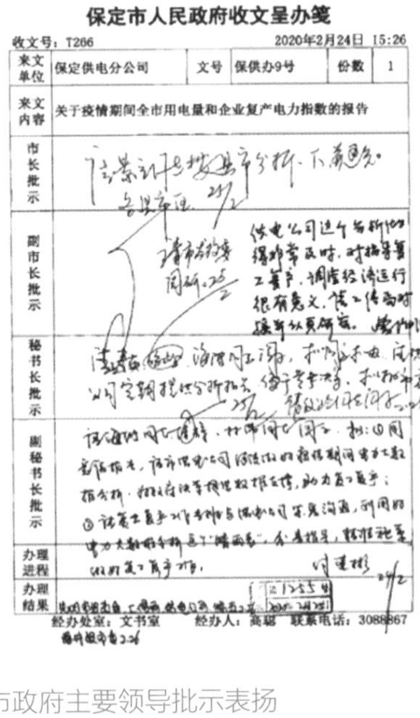

保定市人民政府收文呈办笺

收文号：T266　　2020年2月24日　15:26

来文单位	保定供电分公司	文号	保供办9号	份数	1
来文内容	关于疫情期间全市用电量和企业复产电力指数的报告				
市长批示					
副市长批示					
秘书长批示					
副秘书长批示					
办理进程					
办理结果					

经办处室：文书室　　经办人：高聪　联系电话：3088867

图 3　复产电力指数日简报得到市政府主要领导批示表扬

二是用电业务全景监测。通过智能用电中心的建设，将原有分散于各专业和不同班组的营销全业务流程的监控集成融合，针对营销作业现场多而散、管控难问题，通过营销作业现场远程管控平台进行远程监控检查，并将充电站桩、自助终端、POS 机等营销设备状态一并纳入中心监测范畴。初步形成了全营销业务、全营业设备、全服务环节、全作业地点的全状态、全参数、全时段全景监控机制。

图 4　用电业务全景监测

　　尤其在防疫保电期间，智能用电中心充分发挥全景监控技术特长和组织优势，建立起用电侧调度模式，对定点收治医院、防疫指挥、交通枢纽等 177 家重要客户实施 24h 远程监测，对 128 所充电站、168 个营业厅、1552 个自助设备实施音视频监控，

图 5　疫情防控时期，中心坚决履行远程监控职能

隔空守护防疫和运行秩序。发现并及时通报处置故障隐患 40 起、发现和消除自助设备、充电桩缺陷 32 台次、客户不戴口罩和拒绝测温 17 次、远程指导电动车车主充电 26 台次。

三是用电设备统筹调度。中心聚焦高压客户费控、负控、环保错避峰等用电侧设备调度控制运行承载主体不明确问题，开发基于采集终端的转变客户费控负控一体化控制技术，构建客户用电侧设备集成调度机制。形成全面覆盖 4.3 万高压用户、464 万低压用户的反应迅速、控制精确、反馈及时的柔性负荷调度体系，可控负荷达 160 万 kW，在国内首次形成高压客户用电设备集成调度机制。为缓解迎峰度夏期间负荷压力，促请市政府出台《保定市有序用电工作导则》，填补了政府主导实施有序用电工作流程和标准领域的空白，确保了有序用电执行精准、控制到位。建立基于低压客户远程费控的停复电集成调度机制，结合 HPLC 模块新功能推广应用，将低压客户电费余额、缴费信息、停复电状态纳入中心集成调度，464 万低压客户停复电快速响应格局初步形成。开发环保监控和车联网等终端设备统调设备，确保重要用电设备成册在册、可控在控。

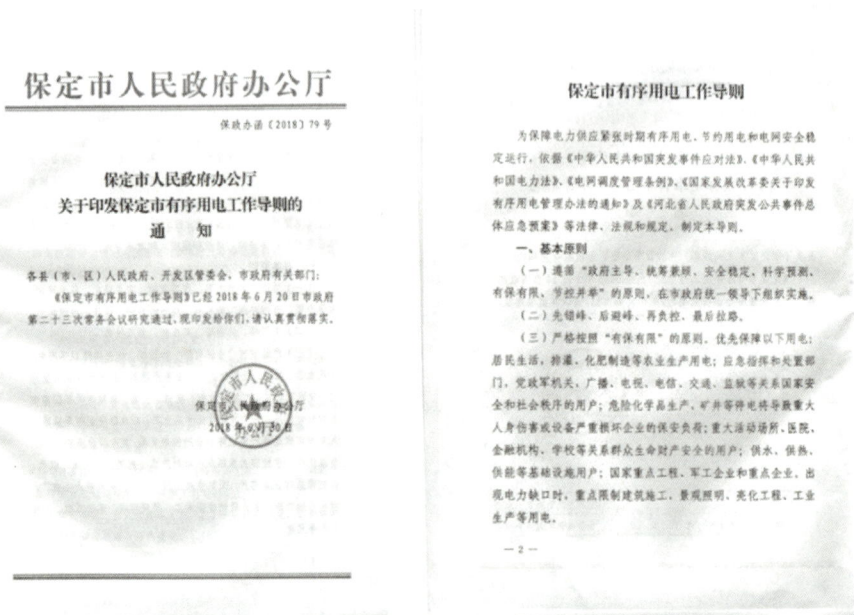

图 6　保定市有序用电工作导则

四是用电态势纵深感知。中心运用边缘计算、负荷分解、人工智能等技术，将用电态势感知由电表关口纵深到客户内部设备，试点探索采集工商业客户内部用电态势和居民客户的家电负荷，由表层感知向纵深感知穿透，支撑数据深度挖掘、客户精准画像，从而推进能源定制服务和数据增值服务。基于全景监控和集成调度的柔性负荷调度、虚拟电厂集成控制、客户用电方式优化初步形成并实践应用，兼具优质服务水平提升、电网运行效率提升、综合能源项目落地实践等多重功效。防疫期间，中心对保定市人民医院和定州市人民医院两家特级保电部位，对用户配电室和重要设备的电气及非电气参数进行实时监控，实现异常自动预警和远程指挥，报道相关工作的《虚惊60秒》等多篇新闻稿件得到了系统内外媒体的广泛转载，取得了强烈反响。此外，中心还基于此版块衍生出"源网荷储"协同互动通信基站、光储充集成充电站、用电大数据增值变现、能效纵深感控等一系列示范项目，兼具经济效益和广泛社会效益，提升了公司的管理水平和运转效率。

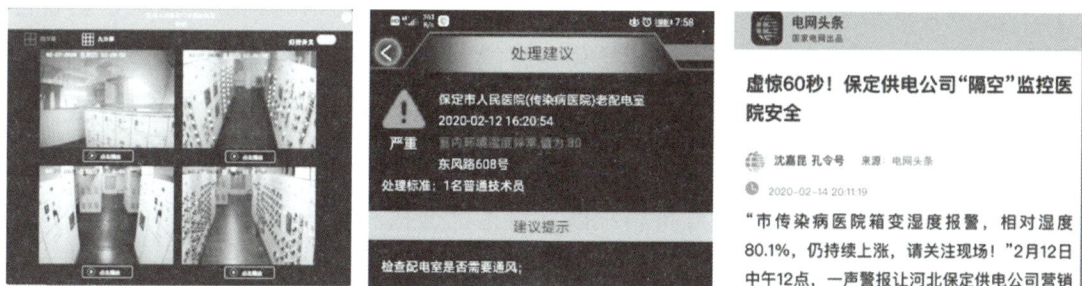

图 7　防疫保电监控成果得到广泛宣传

（三）搭建市县两级中心运转体系

在地市级智能用电中心建设取得初步成果基础上，为解决县级供电公司智能用电业务执行主体缺失、管理缺位的问题，进一步增大营销数据支持精细程度。由市智能用电中心牵头，各县公司营销部配合，在属地各县（市、区）供电公司范围内组织建设县级智能用电中心，并进一步明确业务流程、清晰管理界限、理清业务流转方式，制定市县公司智能用电中心运行规章制度体系，形成并规范了市县两级智能用电业务传递流程，搭建起全地区智能用电中心运转体系。

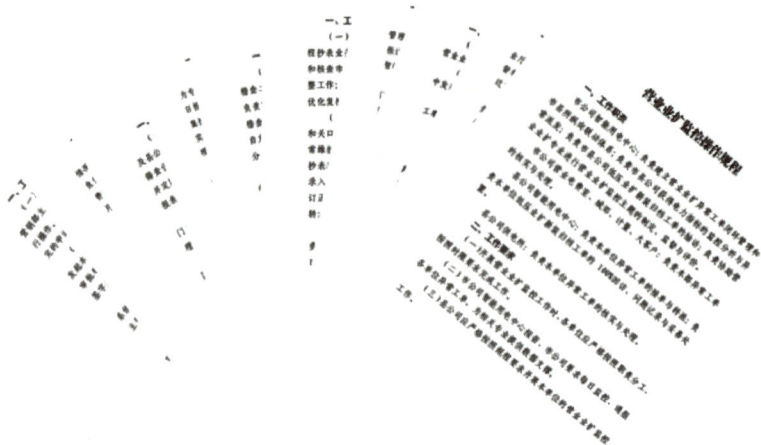

图 8　市县两级智能用电中心规章制度体系

　　市公司智能用电中心通过开展集中培训、反复组织现场调研等多种方式密切督办县公司智能用电中心建设进程，建立县公司智能用电中心建设管理台账和里程碑计划表，安排专人"一人盯一县"，"挂图作战"式督导各县公司智能用电中心建设进度。在市公司对全市营销数据信息进行集中分析、营销业务进行远程集中监控的基础上，各县公司进一步增大数据筛查分析精细度，将指标通报和趋势分析精确到所、具体到厅，对指标落后的部门进行原因分析和情况通报，各单位营销工作水平得到显著提升。

三　实施效果

　　中心打破营销各类互联网业务分散、割裂、低效的管理方式，突破客户用电侧设备调度控制流程和新型能源互联服务运行承载主体缺失等空白，形成了互联互通、融合高效营销互联网业务运行、监控、调度机制，兼具质效提升、创新引领、服务地方的功效。中心建成以来，带动国网保定供电公司"量价费损本"等核心业务指标显著提升，同时填补多项管理空白，创造多项原始创新和集成创新，先后荣获中国电力科技创新一等奖、国网青创赛金奖、国网管理创新一等奖等 5 个省部级大奖及 3 个省公司创新一等奖。保定市委、市政府已将该中心作为地方的智慧城市展示中心、经济分析辅助决策中心、新能源车联网调度中心、有序用电指挥中心，主要领导先后多次亲临中心调研；生态环境部大气司和第八督导组多次到中心调研学习，拟将该中心作为治污批量监控试点。

图 9　国网保定供电公司营销部智能用电中心所获荣誉

在"集纵连横"用户侧能源互联网业务管理机制的构建和运行过程中，智能用电中心仍存在人员能力与新兴业务发展需求不适应、知识体系和标准流程建设仍有空缺等问题。未来，智能用电中心将着重加强规章制度和运转体系的总结提炼，固化经验、广泛推广，提升新管理机制的规范性和可复制性，为更大范围推广提供技术支持和制度保障。

利用数据分析提升台区线损治理效率

班组：国网保定市徐水区供电公司崔庄供电所

一　产生背景

崔庄镇地理面积 94.5km²，辖区 27 个行政村，全镇企业分布密集，共有中小型企业 1741 家，自改革开放以来，历史上一直为徐水区乡镇经济的翘楚。同时，崔庄镇耕地面积位居徐水区第二，多种现代化农耕方式并行。工商业及农业的发达，背后离不开电力系统的支持，但同时也给供电企业带来了很大的困难及挑战。

因辖区面积广阔、用电负荷大，再加上历史原因乡村基础电网环境复杂，给线损排查工作增大了难度。自采集系统上线以来，随着宽带台区的普及，收集到的数据越来越及时，越来越详细，在采集班的日常工作中，对于数据的积累和变化，慢慢地发现了一些规律，在所长的示意及技术员的带领下，决定将采集系统的数据分析应用到线损的治理上，希望能对线损的治理起到辅助的作用，尝试粗略定位线损的源头，降低排查的难度。

二　主要做法

国网保定市徐水区供电公司崔庄供电所监控中心目前对于线损主要采用一种"日、月、年"的督促机制：

（1）日通报：每日早班会前，采集班的同志会将当天的线损明细编制成通报图表，将每日线损精确到电量，明确到台区及负责人。在早班会上公布，提醒异常台区的台区经理。

（2）月总结：月底将本月每日异常台区明细清单进行整理总结，制成折线图，将台区经理的线损情况进行排名，在每月的 1 日发布到工作群中，并张贴到所内务公布栏中。

（3）年规律：目前还没有实施到这一步，预想是通过数据对比，对易出现异常的月份和台区，甚至易出现异常的用户进行提前预警，提醒台区经理提前进行防治工作。

在这样的督促机制下，各台区经理对自己台区的线损异常更加重视，在日常维修维护工作中，也会特别留意多做一些线损防治的工作。

但由于各方面原因，一些隐患及故障，并不能通过防治，就能百分之百地避免。就在 2020 年 7 月，国网保定市徐水区供电公司崔庄供电所辖区南邵庄 13 号台区连续多日出现线损异常，于是调取此台区数据，发现变压器 B 相电流反向。

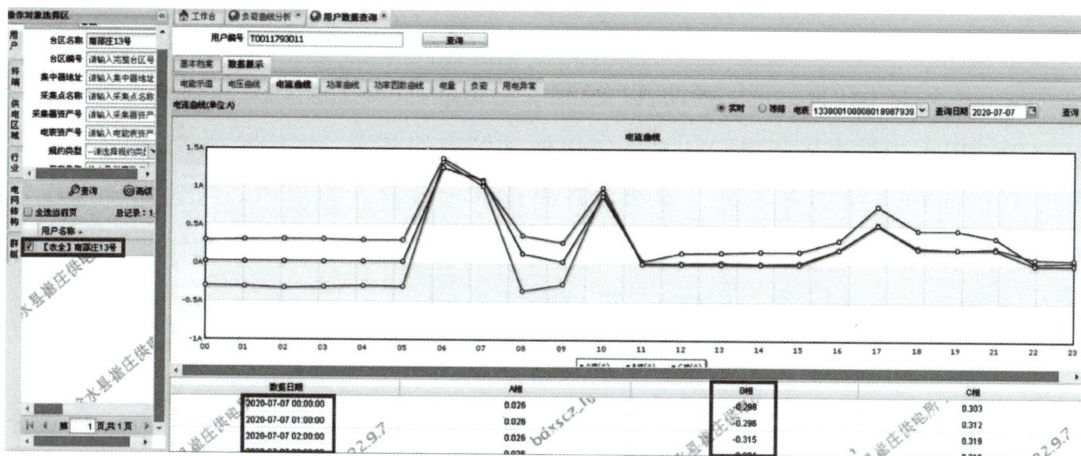

图 1　数据采集系统页面显示某台区连续多日出现线损异常

考虑到台区集中器有可能接线出现问题，台区经理到现场进行查看，发现现场接线正常，且现场 B 相电流在检查时示值也正常，便又对变压器台区主表的互感器进行了更换，可第二天该台区依然出现线损异常。

于是将焦点集中在该台区用户上面。由于该台区为非宽带台区，只能对该台区所有用户进行用电检查，发现用户黄国池井自行将一台电焊机改造成了一台小型变压器，将380V的三相电转成了220V单相电使用，将该设备切除后，该台区线损恢复正常。

图2　数据采集系统显示经处理后某台区线损回复政策

由于非宽带台区对数据的采集不是很及时，没有详细数据的支持，对不明显的异常不能做到准确的定位。如果是宽带台区，可以将各用户的电流电压数值每小时监测并记录一次，对于线损治理的辅助就有了很大的帮助。

国网保定市徐水区供电公司崔庄供电所辖区内的宽带台区干沟供52号，就出现了同样的问题。2020年6月，连续多日出现高损，这次数据中心直接对比变压器主表及各用户表的实时数据，发现台区内用户保定市海通奶牛养殖场实时电压时有明显偏低。

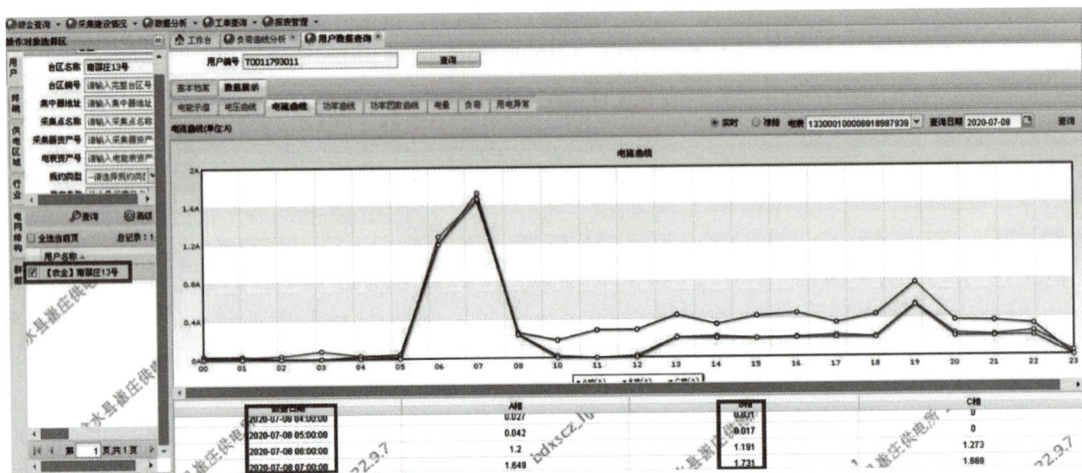

图3　数据采集系统显示某企业实时电压时有明显偏低

台区经理直接到现场检查，发现用户的表箱因为破损漏雨导致互感器故障，在更换表箱及互感器后，线损恢复正常。

台区编号	考核单元名称	日期	供电量(kWh)	售电量(kWh)	损耗电量(kWh)	线损率(%)
0012108075	【混全】干沟(供52号)	20200628	1063.00	963.89	99.11	9.32
0012108075	【混全】干沟(供52号)	20200629	871.00	794.19	76.81	8.82
0012108075	【混全】干沟(供52号)	20200630	1012.00	918.34	93.66	9.25
0012108075	【混全】干沟(供52号)	20200701	1088.00	982.50	105.50	9.70
0012108075	【混全】干沟(供52号)	20200702	794.00	738.69	55.31	6.97
0012108075	【混全】干沟(供52号)	20200703	463.00	436.30	26.70	5.77
			5291.00	4833.91	457.09	8.64

图 4　数据采集系统显示更换表箱及互感器后线损恢复正常

三　实施效果

在这样的措施下，台区经理更加重视线损的异常，且在数据的帮助下，台区经理也不用盲目的挨家挨户去现场排查，节约了大量工作时间，提高了工作的效率，但国网保定市徐水区供电公司崔庄供电所辖区仅有不到一半的台区更换了宽带模块，数据的收集难免有不及时的情况，并且也没有对长期数据对比分析的经验，今后国网保定市徐水区供电公司崔庄供电所会对采集数据进行长期的收集和整理归纳规律，在宽带台区越来越普及的情况下，数据也会越来越详细，有了数据的帮助，和经验的积累，相信会总结出更有效的工作方法和大家分享，让基层线损治理不再是费工费时的老大难问题。

四维培训，五小管理，催生乘法叠加效应

班组：国网衡水供电公司变电检修室变电二次运检一班

一 产生背景

国网衡水供电公司变电检修室变电二次运检一班 13 名员工，担负着保护、远动、自动化 3 大专项工作，承担着衡水 10 座 220kV 变电站及 37 座 110kV 变电站的大修、

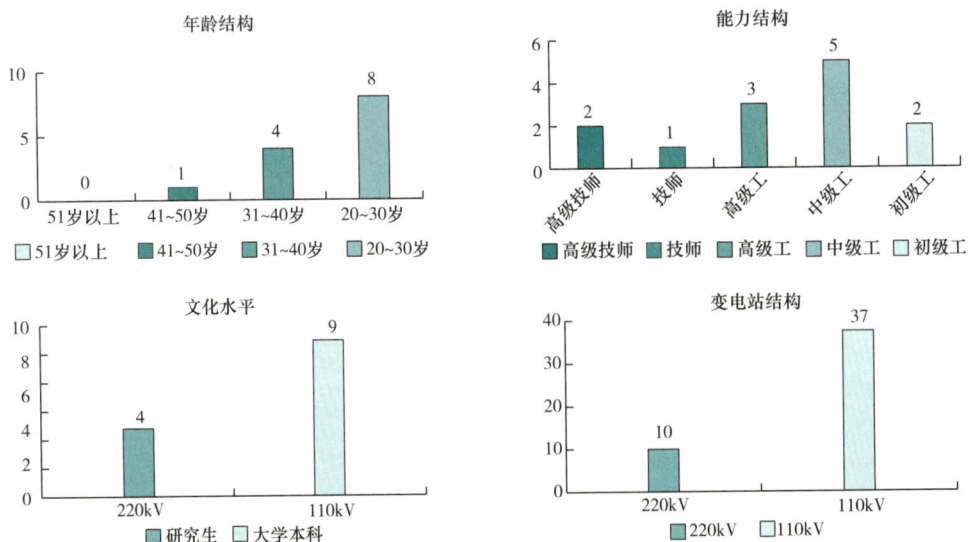

图 1　班组人员、变电站组成结构

技改、验收、消缺的变电检修任务，所辖设备散布在 11 个县市区。面对新技术、新设备、新工艺的新挑战，积极搭建员工成长成才的平台，切实提高工作效率、工作质量和团队实力，是国网衡水供电公司变电检修室变电二次运检一班长期摸索创新的目标。

国网衡水供电公司变电检修室变电二次运检一班检修任务重，青工数量多，人才梯队两极分化，面临技术断层危机。近年班组工作激增，但青工技术进步缓慢，尤其是不做负责人的青工缺乏完成工作的积极性，在工作中上级安排什么就做什么，安排到哪一步就做到哪一步，缺少全局计划和统筹安排，究其原因，主要是班组执行力欠缺。

分析班组执行力缺失的原因，主要呈现以下几种形式：

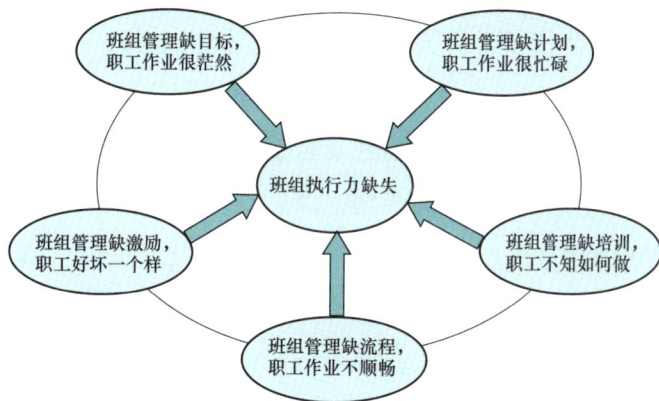

图 2　分析班组执行力缺失的原因

班组管理缺培训，导致青工不知道如何做；班组管理缺目标，导致员工作业茫然；班组管理缺计划，致使员工做起来很忙碌；班组管理缺流程，员工做起来不顺畅；班组管理缺激励，职工做好做坏一个样，缺少动力。

因此，国网衡水供电公司变电检修室变电二次运检一班意在为员工营造良好的学习成长成才的环境和机制，将个人能力相乘、意愿相乘、动力相乘，打造一支精通岗位知识、全员创先争优的高素质队伍为目标，探索创新出"四维培训，五小管理"的新型工作模式。

二　工作方法

"四维培训"改变传统的培训模式，以员工学识、职称、技能等级的提升为指标，通过发挥专业技术带头人作用，加强集中培训；利用微信群、公众号新模式，开设互联网培训平台；因地制宜现场检修工程中，开展实训操作；吸收外专业优秀青工进行交流学习，填补跨专业盲区的短板。"五小管理"也打破故有的管理形式，以"人人当班长，个个亮意见"为目标，制定"小规矩"，规范班组日常作业流程；开展"小座谈"活动，组织大家进行交流，有据可循的制订班组目标、计划；树立"小典型"，施行"小激励"，激励员工充分展现自己的能力和才华；实施"小竞赛"，促进了技术差的员工努力向前看齐，形成人人争先的好局面，事半功倍地带动了班组人员技术水平的提高。

（一）四维培训，提高技能

集中培训，发挥专业技术带头人作用，由他们担当老师，逢周一、周五下午会议室变身教室，利用 1h 的时间，全体青工重当学生学技术。每次培训前，学员都会微信培训群里提前告知自身工作中存在的问题及希望通过培训找到解决问题的办法，使集中培训有针对性，梳理实践中遇到的难题，课后整理培训内容，提炼重点知识，发表于班组公众号，真正做到互教式培训，促进培训成果转化，突出"知行合一"。

在实际工作中，班组因地制宜开展实训操作，施行"将现场当讲堂，抓住每次学习机会促成长"的方法。工作前一天，现场负责人结合图纸、说明书等资料对参与现场检修的青工进行前期理论知识培训，使青工对自己现场工作做到有的放矢；检修现场，有经验的老师傅现场作业、现场操作、现场讲解、现场示范，大到整个作业流程，小到每个工具的使用方法，结对开展"师带徒"；工作结束后，青工将疑点、难点进行总结，设计跨专业的内容和盲区，积极交流，一一攻克，全面掌握满足岗位要求的技能。

（二）五小管理，强大队伍

用"小规矩"养好习惯，让每位班员了解"小规矩"的要求，以规范自身行为，最大限度减少自己工作中的失误，保障人身和设备安全事故"零发生"，和违章说"再见"。利用"小竞赛"检验培训效果，以考促学，结合现场作业开展技术比武，提出"工作就是最好的培训、发现解决问题就是最好的考试"，将技术比武与当下主要工作及重点项目相结合，对竞赛中表现突出的树立"小典型"，让大家不断地反省自己，寻找差距，不断努力迎头赶上，营造比、学、赶、帮、超的良好氛围，为青年技能人才脱颖而出搭建了舞台。

开展"小座谈"促进交流，每名成员坦诚相待，构建班组和谐氛围，增强团队凝聚力，大家一起奉献爱心回报社会，以各种形式参与社会公益和爱心活动，履行社会责任。通过组织员工资助宋某某同学圆上学梦、协助指挥交通倡导文明出行、居民小区清理垃圾，有效地提升员工的社会责任感，增强企业的凝聚力，推动"一强三优"建设工作取得成效。

推行"小激励"，更是成为优化员工能力分配的法宝。激励不只是加奖金、给晋升，成就感和自我价值的体现，才是更好的激励。打破常规依托积极性进行奖惩的做法，考虑每个人都有自己的长处、短处，在某项工作中不积极，可能因为他对这项工作不了解，不熟悉并不是他不想干。有些员工虽然积极主动，但总是因为工作方法或其他原因造成任务不能顺利完成，这是由于他的自身能力条件所限制造成的。所以针对这种现象，班组按照个人能力和个人自身情况的不同，对班组的成员进行了优化组合，保证每名职工在自己的小组中都能充分展现自己的能力和才华。这也让班组的四个小组，每一个小组都能快速圆满完成上级安排的各项任务，使班组的整体执行力得到了大幅提高。

表 1　国网衡水供电公司变电检修室变电二次运检一班分组情况

第一组		第二组		第三组		第四组	
姓名	技能等级	姓名	技能等级	姓名	技能等级	姓名	技能等级
苏某	技师	刘某某	高级技师	郝某某	高级技师	高某某	技师
高某	高级工	梁某	高级工	耿某某	中级工	邹某	中级工
王某	初级工	马某	中级工	田某某	中级工	王某	中级工
赵某某	初级工						

三　实施成效

"四维培训，五小管理"的工作模式，让班组成绩斐然，硕果累累：日常工作方面，先后完成大修技改 30 余项，预试项目 40 余处，消除设备缺陷 150 余处，月度工作完成率 100%。技能等级方面，高技能人员比例明显提升，中级工新增 1 人，高级工新增 2 人，技师新增 3 人，高级技师新增 1 人；另有 1 人获评副高级工程师、2 人获评工程师职称。在国家电网有限公司继电保护大赛选拔考试中，国网衡水供电公司变电检修室变电二次运检一班王某同志先后作为省公司选手及教练，最终带领河北省公司取得国网比赛一等奖的好成绩。2019 年班组取得了两项 QC 研发成果，荣获了国家电网有限公司"先进班组"和河北省电力公司"工人先锋号"荣誉称号。

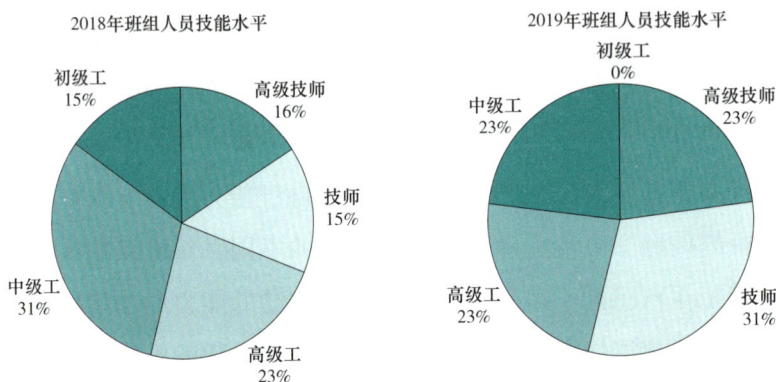

图 3　2018 年到 2019 年班组人员技能水平变化

国网衡水供电公司变电检修室变电二次运检一班把"四维培训，五小管理"作为班组建设的新载体，不断巩固人员技术水平，全员协作能力，催生团队乘法叠加效应。在"努力超越，追求卓越"的发展之路上，继续服务党和国家工作大局、服务电力客户、服务发电企业、服务社会发展。

创新输电线路运维机制，提质增效促进运维管理

班组：国网沧州供电公司输电运检室运检六班

一　产生背景

一方面，随着电网建设加快，输电线路里程逐年增加，基层人员运维工作任务繁重，承载力不足矛盾越加突出。输电线路传统人工巡视方式单一，巡视周期较长，线路通道环境变化不能实时掌控。随着地方经济社会发展、基础建设活动增多，导致输电线路运行环境不断恶化，通道外破隐患严重影响线路运行安全。为减轻输电基层员工运维压力，提高线路通道外破隐患防控水平，输电专业以技术创新、机制革新为抓手，实现"设备可视化"和"人员可视化"，促进输电线路运维减负、提质、增效。

另一方面，国网沧州供电公司输电专业人均运维线路里程超过 50 千米，输电线路点多、线长、面广，人工巡视监管难度较大，目前巡视签到方式简单原始，多采用人工在杆塔上画标记形式，线路巡视到位率和工作质量难以保证，无法满足输电专业精益化管控要求。输电专业依托物联网指导思想，围绕输电专业巡检业务，利用移动互联、大数据、云计算、物联网和人工智能等信息智能技术，开发应用输电线路智能移动巡检管控平台，实现人员巡检作业可视化，促进输电线路巡视到位率和巡视质量双提升。

二 主要做法

（一）输电线路智能移动巡检系统应用

率先在省内研发部署输电线路智能移动巡检系统（俗称"巡检保"），以人工移动巡检、线路通道可视化、无人机巡视"三位一体"巡视手段为依托，通过专业护线、属地护线、群众护线三级防护体系，对输电线路开展高频率、高精度、高效率的全方位巡检，实现巡检业务可视化、信息化和智能化。

一是线路巡视人员利用手机 App 派发、执行巡视任务，到位自动签到，实时上传巡检照片和缺陷隐患记录，支持周期任务、特殊任务、保电蹲守以及随手拍等巡视功能，满足不同护线人群需求，实现巡检业务信息化、简便化和人员可视化。

二是系统可全景实时查看人员实时位置、巡视轨迹，对人员、设备、车辆快速检索和定位。统计查询人员出勤率、到位率、任务完成率，追溯巡检数据痕迹，监督任务完成情况，实现巡检作业全面监控。

三是巡检系统可全景展示线路风险热力图、特殊区域、大数据分析等数据，支持全局搜索功能，实现综合数据分析智能化、可视化。

（二）输电线路可视化监控系统应用

一是依托输电监控中心可视化建设应用，革新输电线路运维机制。编制实施《基于通道可视化的输电线路运维工作方案》，建立线路运维管控"4 个机制"：基于"专业巡视＋监控值班＋属地响应"三位一体管控机制，丰富线路运维巡视方式；基于属地快速响应的"一主一备"杆塔 20min 应急到位机制，外破隐患管控及时率达到100%；基于通道可视化及移动巡检大数据的"差异运维"机制，实现重点线路、重点区域、重点时段运维保障"零遗漏"；基于"全民护电"的外破隐患管控奖励机制，完善网格化护电体系，2020 年以来群众护线员累计制止流动施工 63 起。

二是积极应用线路视频图像监控和智能移动巡检系统，实现设备和人员的双重"可视化"，班组建设经验在工区推广应用以来，工区日均减少外出巡视人员 128 人次、车辆 42 辆次，全年节约成本 360 万元，线路巡检"到位率、合格率"提升至 100%，220kV 线路连续 12 个月零外破跳闸。

三是监控中心实施外破隐患告警信息"三电一推"闭环管控流程，累计发现处置各类隐患 1441 项，制止流动性大型机械施工 762 起。1~7 月 220kV 伏线路故障跳闸同比降低 75%，节约故障查线、抢修消缺费用 49.25 万元。

四是持续完善人工 + 视频监控巡视要求。加强与公司调控部门沟通，建立紧急状态下线路停电避险机制，防人身触电事故发生，提高外破隐患主动发现、主动预警、主动管控、主动避险、主动防范的应急处置能力。

三 实施效果

效果一：输电线路移动巡检系统应用以来，有效解决线路巡视质量监管难、巡检数据实时交互差和数据分析效率低等问题。2019 年至 2020 年 7 月使用移动巡检系统共积累巡视记录 6.49 万条，巡视图片 8.85 万张，发现各类隐患缺陷 1650 项，积累了大量业务数据。在国庆节、中高考保电及其他电网重大风险保电工作中，有效保障了巡视质量和巡视到位率，确保保电措施有效落实。

效果二：国网沧州供电公司输电运检室运检六班创新并深化输电线路"四项运维机制"（专业巡视 + 监控值班 + 属地响应相结合的"三位一体"管控机制、基于通道可

图 1　第二部分输电线路智能移动巡检应用

视化及移动巡检大数据的"差异运维"机制、基于快速响应的属地"一主一备"杆塔20min 应急到位机制、"全民护电"奖励机制），220kV 线路连续 4 个月"零跳闸"、连续 12 个月"零外破"。

图 2　2019 年输电可视化监控中心成立以来累计发现并处理各类施工隐患 262 项，有效保障电网安全运行

强班组、激活力、展作为——创建"三和"型班组

班组：国网河北经研院设计中心输电线路班组

一　产生背景

"上面千条线，下面一根针"，班组就是穿起"千条线"的"一根针"。班组是企业最小的组织单元，却是企业生产、目标实现的具体执行者，但在电力企业班组建设中普遍存在"三不"现象。思想认识"不到位"：班组的中心任务一般定义为机械地完成工作任务，班组建设工作做得好不好不重要。文化建设"不重视"：只重视培养业务技能，忽视班组文化建设，缺少团队精神培养和自身文化塑造。工作机制"不完善"："同甘共苦"现象普遍存在，即同等得奖，平均受罚。

"三不"现象的存在，导致全员参与班组建设的积极性不高，团队合作意识薄弱，面对任务重、工期紧的项目抱有消极抵触情绪。基于以上问题，国网河北经研院设计中心输电线路班组主动调整工作思路，创建"三和"型班组，在班组中营建"家和""理和""力和"的环境氛围，强化班组实力，激活班组动力，重展班组风貌。

二　主要做法

通过开展配备"三高家长"、做到"三公"、提高"三力"的常态班组管理，打造"家

和""理和""力和"的环境氛围，从而实现强班组、激活力、展作为的目标，增强班组成员的归属感和荣誉感。

（一）强班组——"家和"

常说"家和万事兴"，班组就是班员的"家"，只有在这个"家"中营造和谐的氛围，让"全家人"心情舒畅地工作，"家"业才能蒸蒸日上。

因此，班组管理要做到配备合格的"三高"（高水平、高素质、高管理）的"家长"（班组长）。"家长"技术水平要高，工作中遇到困难才能游刃有余的逐步抽丝剥茧，化繁为简，以便得当处理问题。"家长"自身素质要高，才能树立起自己的威信，凭借独特的人格魅力吸引周围的班组家人，带领家人阔步前进。"家长"管理能力要高，才能团结大家的力量管理好班组，才能充分调动发挥班组成员的能动性凝聚成合力。

图 1　班组就像一个大家庭

（二）激活力——"理和"

常说"有理走遍天下，无理寸步难行"，只有重事实、尊良知，班组才能走得更长更远，如果班组存在营私舞弊，自然在班组建设中形成不正之风。

因此，班组管理要做到"三公"（公开、公平、公正）。首先要做到"公开"：开展工作时应当将尽可能公开之事公布于众，班组成员之间就会避免不必要的猜疑，自己得到了应有的权利，自然增强了主人翁的意识；其次要做到公平：一碗水端平虽然很难，但公道自在人心。对于斤斤计较、着重自己利益的成员可尽量满足其要求，又不能过分容让，适当时候给予必要的善意提示。对于大局观念高、工作勤奋踏实的成员，应尽力维护权益，保障其利益；最后要到公正：班组成员眼里的公正，就是奖罚合理。奖，本着按照贡献度大小的原则进行分配，每次的奖励兑现公布于众，做到事事有理，件件有据，激励先进鞭策后进。罚，不能一上来一棍子打死，应结合事情的严重程度充分考虑成员的性格、平时表现，合理掌握力度，并及时做好开导工作，尽快调整班组成员状态。

图 2　班组管理做到公开、公平、公正

图 3　班组工作氛围很好

（三）展作为——"力和"

常说"群策群力，事倍功半"，只有班组成员形成一股合力，班组才能遇山开路逢水搭桥，轻松愉快的战胜困难。因此，班组管理要做到提高"三力"（业务能力、创新力、凝聚力）。提高班组业务能力：通过班组内部技术讲课、师带徒、互帮互学、外培内授等形式，积极开展岗位练兵活动，鼓励班组成员立足岗位在实践中发现不足，在错误中总结提高，从而不断拓宽业务技能的广度和深度；提高班组创新力：在工作中发现的问题，通过开展技术创新、"QC"活动，全员进行参与，积极发挥成员各自特长进行不同分工，通过发现问题、解决问题，对全过程进行深入总结研究，加以推广和应用。活动成果不仅会提高班组的工作效率，还往往会带来上级的物质和精神奖励，良性促进班组提升创新力；提高班组凝聚力：定期组织摄影采风、农耕采摘、郊外野炊等集体性活动，笑声多了，冷漠自然少了，可以有效促进成员之间交流，增进同事之间感情。

图 4　积极开展岗位练兵，通过班组内部技术讲课、互帮互学

三　实施效果

通过创建"三和"型班组，小组成员人人发挥作用，自主性、整体能动性逐渐增强，有效实现行政推动到自发参与的转化，实现了强班组、激活力、展作为的目标。

小组本着"三和"型班组管理模式，成果斐然，班组 12 人中 4 人荣获先进工作者、1 人荣获劳动模范、2 人荣获优秀党员，5 人取得咨询工程师资格。近三年完成工程设

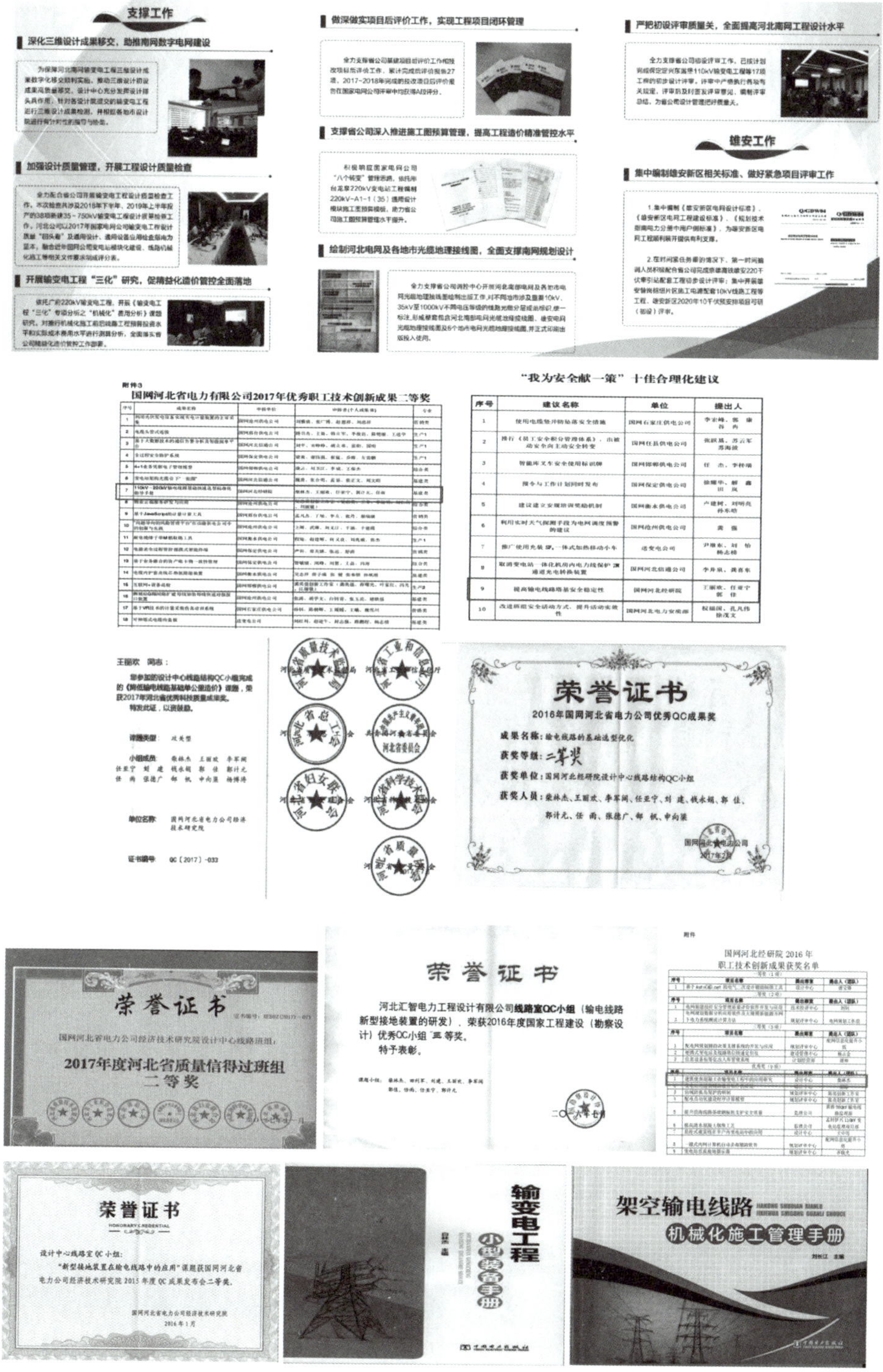
支撑工作
深化三维设计成果移交，助推南网数字电网建设
加强设计质量管理，开展工程设计质量检查
开展输变电工程“三化”研究，促精益化造价管控全面落地
做深做实项目后评价工作，实现工程项目闭环管理
支撑省公司深入推进施工图预算管理，提高工程造价精准管控水平
绘制河北电网及各地市光缆地理接线图，全面支撑南网规划设计
严把初设评审质量关，全面提高河北南网工程设计水平
雄安工作
集中编制雄安新区相关标准、做好紧急项目评审工作
国网河北省电力有限公司2017年优秀职工技术创新成果二等奖
“我为安全献一策”十佳合理化建议
荣誉证书
2016年国网河北省电力公司优秀QC成果奖
2017年度河北省质量信得过班组
二等奖
河北汇智电力工程设计有限公司线路室QC小组（输电线路新型接地装置的研发），荣获2016年国家工程建设（勘察设计）优秀QC小组 三 等奖。
特予表彰。
国网河北经研院2016年
职工技术创新成果获奖名单
输变电工程
小型装备手册
架空输电线路
机械化施工管理手册
图5 主要荣誉

计 20 余项，支撑了省公司设计质量回头看、设计评优、初步设计评审和施工图审查等基建管理工作，完成科技项目 3 项和职工技术创新、QC 小组、管理创新、班组建设典型经验共计 10 余项，主要荣誉如下：

（1）荣获"河北省 2017 年度质量信得过班组"。

（2）2018 年、2019 年连续两年获得国网河北电力公司"优秀班组建设典型经验"。

（3）《优化输电线路基础选型》荣获国网河北电力公司"优秀 QC 小组成果二等奖"。

（4）《提高输电线路塔基安全稳定性》荣获"国网河北省电力公司十佳合理化建议"。

（5）《110kV~220kV 输电线路基础快速选型标准化指导手册》荣获"国网河北省电力公司职工技术创新二等奖"。

（6）《降低输电线路基础单公里造价》荣获"河北省优秀科技质量成果奖"。

（7）《输电工程新型交桩技术应用》荣获"国家工程建设（勘察设计）优秀 QC 二等奖"。

（8）《输电线路新型接地装置的研发》荣获"国家工程建设（勘察设计）优秀 QC 三等奖"。

（9）《建筑废弃混凝土在输变电工程中的应用研究》荣获国网河北电力公司经济技术研究院"职工技术创新三等奖"。

（10）负责牵头编制《输变电工程小型装备手册》《架空输电线路机械化施工管理手册》专业用书，并出版发行。

（11）"输变电工程全过程协议管控体系建设"管理创新获经研院优秀管理创新。

依托创新，提升培训质量，打造创新型班组

班组：国网河北培训中心输变电设备检修培训室

一 产生背景

多年的学历制教育养成的习惯性工作方式，使得培训中心教学依旧停留在传统授课方式上，未依据培训中心授课对象、职责的改变而变化。如何提升班组的管理水平，改变班组培训方式、方法，促进培训质量提高，促进班组建设提升，将班组成员紧密结合起来，是摆在我们面前的一个必须解决的问题。近几年，国家、省、市、公司均将改革和创新能力提到了一个突出的位置，"创新"不断地通过国家新闻媒体、公司政策宣传等途径，渗入我们工作的方方面面，不断促进我们工作方式变革，提升工作效率。创新能力的提升是否可以成为我们班组建设提升的有效载体呢？答案是肯定的，作为承担公司系统输、变、配电各工种培训的专门培训班组，"依托创新提升培训质量，打造创新型班组"已成为我们室蝉联"先进集体"荣誉的制胜法宝。

二 主要做法

首先，依托职工技术创新，加强班组建设。输变电设备检修培训室坚持"用热情去工作，用真诚去沟通，用实践去发现问题，用学习去解决问题"的理念，以技术革

新、发明创造、合理化建议、QC 活动等形式参与技术创新活动，运用 PDCA 循环深入质量改进，推广应用创新成果，把本部门的创新成果充分应用到培训教学中。通过与其他部室的创新成果研发团队进行经验技术交流，吸取先进的创新理念，并应用到自己的工作业务当中，提高工作效率。输变电设备检修培训室始终坚持：遵循制度，提高标准，塑造班组文化；学业务，比创新，增强工作能力；学先进，找差距，增强培训服务水平；勤沟通，细谋划，提高班组管理水平。为做好职工技术创新，班组成员主动学习本专业基础知识，积极搜集和探索前沿技术，针对培训教学过程中的各类问题进行归纳和总结，想问题、找方法，通过各类职工技术创新活动，带动了班组积极向上的学习氛围，加强了班组成员对于本职专业的学习热情，在培训教学中提升了培训质量。在不断地沟通协作中，加强了班组成员的合作意识，促进了团结、合作的班组团队文化。

其次，依托科技项目孵化，深化班组建设。输变电设备检修培训室鼓励全体员工积极参与各项科研、课程开发及基地规划建设工作，紧密结合电力公司各直属单位的培训需求，利用实训基地和实训室的现有设备、设施开发培训项目，对培训项目进行总结提高，提升业务管理及技能素质。在进行资源优化配置的同时，不断进行调研思考，进行科研和规划建设。在项目申报、项目实施、项目验收过程中，输变电设备检修培训室班组全体成员拓展了视野，增强了对先进培训理念的了解，掌握了科技项目、技改项目、开发项目的实施流程，使得其能够更加合理利用现有资金渠道，对自身专业培训过程中遇到的问题进行解决，形成了围绕本职专业进行培训革新的良好工作氛围，极大地提升了培训质量。

最后，依托精品工程实施，推动班组建设。以建设精品工程项目为载体，输变电设备检修培训室积极参与企业文化建设，在企业文化落地和评价工程中，结合自身培训班组的特点，把每个项目的培训质量、服务质量及宣传手段真正成为优秀企业文化的有效载体进行传播，把每年的重点项目都开发成精品工程，树立一面培训精品的旗帜。在实施过程中，输变电设备检修培训室以中心重点工作为基础，确立本部门重点工作，定位精品项目，确立精品课题，打造金牌体系。以此，输变电设备检修培训室依托精品工程实施，形成了以精品项目、精品课题及金牌体系为核心，其他各项工作齐头并进、奋勇争先的班组工作氛围，进一步推动了班组建设的实施。

三 实施效果

国网河北培训中心输变电设备检修培训室在不断创新的过程中，始终坚持以培训业务工作为核心，以各项规章制度为保障，以各项工作协调开展、员工的发展为目的，以增强集体意识和集体荣誉感为切入点，充分发挥员工的聪明才智，鼓励职工立足岗位，以技术革新、发明创造、合理化建议、QC 活动等形式参与科技创新活动，达到提高职工素质、完善管理体制、提高业务水平的目的。圆满地完成了各年度工作任务及指标，所承担的培训项目普遍以优秀的策划、合理的课程设置、精细的管理和周到的服务获得了优异的培训效果，广受培训学员好评。输变电设备检修培训室积极参与省公司、培训中心组织的各项企业文化宣传、学习工作，提升凝聚力，被授予了"省公司企业文化示范点"称号。近 3 年，输变电设备检修培训室申报职工技术创新成果 15 项，其中二等奖 2 项，三等奖 3 项，优秀奖 10 项。受理授权发明专利 10 项，实用新型专利 7 项，出版教材 10 本，发表论文 26 篇，开发微课 83 门。QC 成果荣获河北省一等奖 1 项，国网河北省电力公司二等奖 2 项，三等奖 1 项。实施科技项目 5 项，其中 2 项获得省公司三等奖，3 项正在实施，刚刚进行的十四五科技项目储备中，又有 1 个项目列入国家电网有限公司重点科技项目储备。

稽查与反窃电中心智能信息化体系建设

班组：国网河北营销中心稽查与反窃电中心

一　产生背景

随着社会发展，人类用电需求不断增加，也推动了电力体制深化改革、增量市场陆续开放、"大云物移智"技术高速发展，营销作为公司业务的最前沿，已成为构建新型供电服务体系、服务人民美好生活需求的"前沿阵地"，做好工作质量管控已是确保营销各项新政策、新举措切实落地的根本和保障。但同时通过高科技手段进行窃电的用户也成几何级数增长，以人力资源投入为主的传统反窃电模式对公司反窃电工作精准、质量和效率的提升形成制约。近年来，各种数据信息采集终端得到了大规模的应用，导致信息系统内的各类用电信息与数据爆炸式的增长，在大数据时代背景下，基于所采集的大量电力数据，分析用户的用电数据，对用电异常进行定位，能极大地提高反窃电的效率。稽查反窃电作为营销质量管控的重要抓手，在智能信息化的基础上建立了完整的专业管控机制。

二　主要做法

（一）稽查与反窃电中心加强班组体系建设

稽查与反窃电中心原有正式员工 12 人，其中主管主任 1 人、反窃电工作人员 6 人、稽查工作人员 5 人。为进一步加强中心队伍建设，壮大稽查反窃力量，稽查班组工作人员由 5 人增加至 10 人，在人员扩充的基础上加大稽查力度，在常态化在线监控基础上开展"一月一主题"专项稽查，稽查监控从点延伸至面。反窃电班组工作人员由 6 人增加至 10 人，提升数据分析能力、加大现场直查力度，每周至少对 2 个县公司常态化开展反窃查违现场直查。

（二）稽查班组拓展监控范围，确保重大政策落地

（1）疫情期间电费 95 折落实精准稽查。在国家多措并举降低工商业电价的背景下，吃透电费 95 折政策文件及实施方案，对接系统部署过程及专业管理流程，分析业务落地风险点，排查异常 2626 件，发现并整改 2312 件，查实率 88%，追退电费 677 万元，实现了维护用户权益和公司经营效益的有机统一。

（2）灵活电价政策落实稽查。针对灵活电价政策的 5 项条款，开展线上稽查，发现暂停、减容及恢复流程未按时限办结问题 3601 件，漠视客户利益、未按客户要求停送电 2 件，防疫扩产企业未打标签 3 户，督导市县公司规范管理，将国家政策落实到底。

（3）分布式光伏电价补贴稽查。结合国网能源局对分布式光伏核查事项，核查 1389 户，发现并整改问题 578 户，涉及追退补贴 29 万元，进一步规范了分布式光伏电价执行，确保国家资金正确发放。

（4）营销档案规范性稽查。为确保电价执行不留死角，对营销档案峰谷分时电价关键字段开展排查，核查异常用户 2064 户，查实问题 1862 户，查实率 90.2%，追退电费 24 万元，进一步规范电价专业管理，降低投诉隐患。

（5）强化追根溯源补短板。建立稽查溯源机制，从专业管理短板、跨专业协同、流程优化方面，对稽查典型问题开展溯源分析。统一溯源成果台账及问题销号清单，对共性问题溯源整改成果进行推广，对管理流程及系统问题持续优化，实现"发现一个问题，整改一批问题，消除一片风险"。截至上半年，通过溯源制定专业管理措施 15 项，系统流程优化措施 12 项。

（6）建立典型案例库开展培训，从数据分析定位、现场检查情况、处理结果、处罚依据条款等方面编制反窃电典型案例 23 件、总结稽查典型案例 20 件，利用"钉钉""网络大学"主动开展线上培训 4 次，通过直观生动的案例指导稽查反窃工作人员

实际业务操作，共培训市县稽查人员 364 人、用电检查人员 238 人，提升基层单位人员工作能力。

（三）反窃电班组运用信息户手段提升查窃水平

1. 研发反窃电预警模型

反窃电班组根据不同用户的用户用电行为特征，研发反窃电预警模型，细化用户检测范围，提高检测正确率。一是对用户的行为变化进行建模，根据用电历史轨迹分析来推知用户行为的合理性，从而分析用户可能的窃电行为；二是将该用户的用电数据与典型用户用电行为以及窃电用户用电特征进行比对，找到离群的窃电用户。

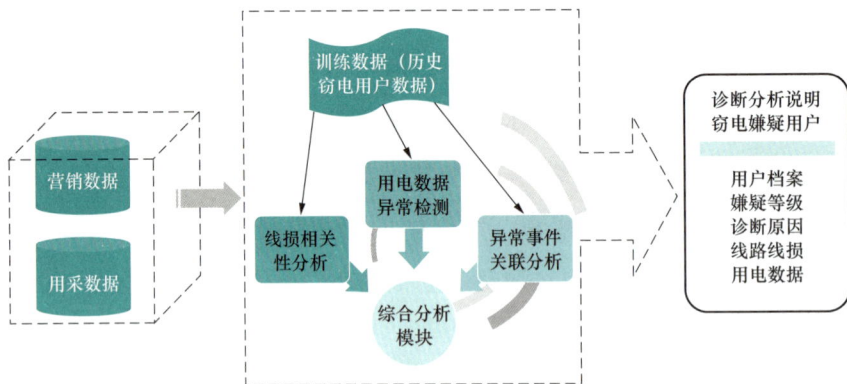

图 1　专用变压器反窃电预警模型

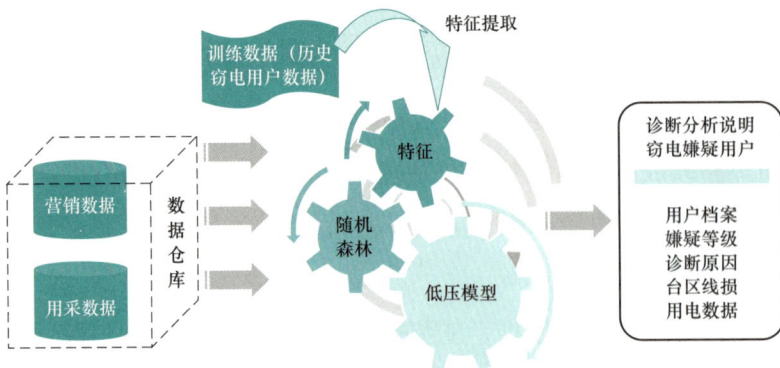

图 2　低压反窃电预警模型

2.规范业务流程

反窃电班组认真梳理反窃电业务流程，借力信息化规范反窃电业务流程，提升工作效率，实现闭环管理。

（1）利用反窃电预警模型对在线用电用户进行数据分析，智能输出疑似窃电用户。

（2）登录系统后，可以查看本单位的疑似窃电用户，根据模型智能输出的异常用电数据进行研判。

（3）反窃电班组研判后，对于高嫌疑用户进行派单。

（4）基层单位收到工单后，根据工单信息，赶往现场。

（5）根据工单信息进行现场检查，记录结果。

（6）对于查实窃电的用户，进行追缴费用。

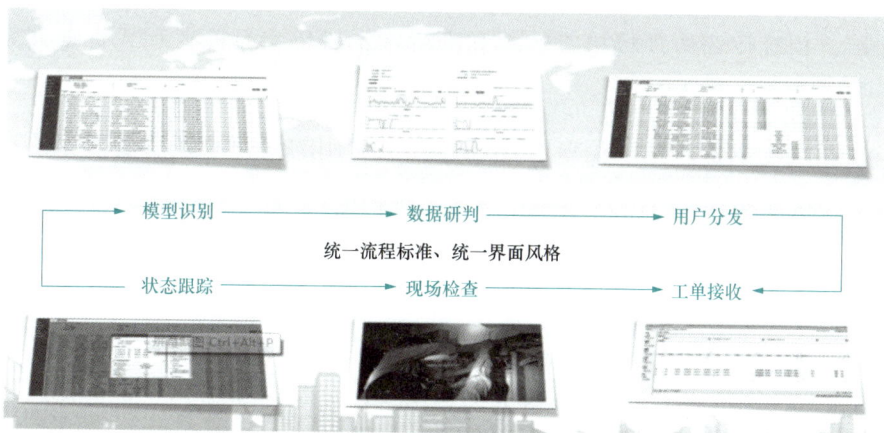

图3　反窃电工作流程

3.研发反窃查违微应用功能

反窃电班组依据长期现场检查积累的丰富经验，针对一线检查人员工作的痛点，研发反窃查违微应用功能，提升一线工作质量。

（1）规范现场检查流程。通过使用反窃查违移动微应用进行现场作业，可以将现场检查结果当场录入移动端，并实时上传至反窃电平台，规范了反窃电现场作业流程，记录了反窃电现场检查过程数据，方便后续进行窃电行为认定。

（2）提高现场检查准确率。用电检查人员根据移动端显示疑似窃电用户诊断说明，

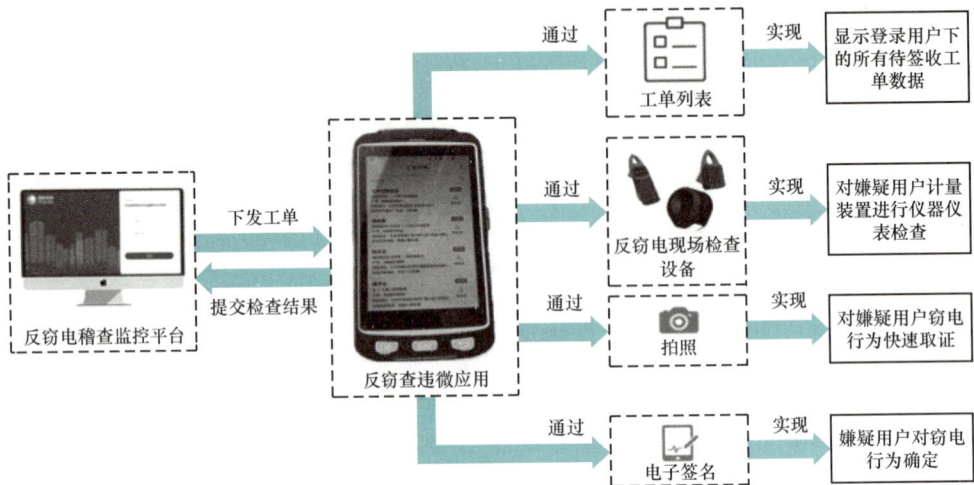

图 4　反窃查违微应用功能

"按图索骥"，提高反窃电现场检查效率和准确度，避免盲目检查和凭直觉判断带来的不确定性。

（3）快速现场取证。基于反窃电现场检查微应用的快速取证功能，方便在复杂多变的环境下，快速捕捉窃电的蛛丝马迹，为后续窃电行为认定提供依据。

（四）稽查与反窃电中心扎实推进班组文化建设

1. 以学习型班组建设提升职工文化素质

在长期的生产过程中，始终把建设"学习型"班组作为目标，全面增强员工的政治理论和业务水平、提高员工的创新能力。一是以提升素质、促发展为目标，狠抓青年员工的政治学习，在学习理论知识的同时，引导强化青年员工树立正确的人生观、价值观、世界观；二是开展技术培训，把提高业务技能作为建设"学习型"青年组织的有力手段，以理论学习、现场指导、随机小考等方式提高青年员工的专业技术。

2. 以安全文化建设营造和谐平安班组

加强职工的技能岗位和安全操作流程的培训学习，加强第三方人员安全培训教育，严格落实培训合格才可上岗的红线要求。另外也不断从实践工作中总结经验并吸取教训，严格执行安全操作规程，实现了安全生产无事故的总目标。结合"主题安全活动日"大力开展开展职工"事故案例分析活动"，在加强班组员工安全意识的同时，使班组安全管理工作走向制度化、规范化。2020年以来，中心编制《稽查、反窃电专业现场检查管理规程》《反窃电现场直查作业指导书》，结合日常工作和阶段性重点工作定期修订，现场作业人员严格遵守各项规章制度、岗位操作规程和作业标准并长期坚持进行隐患排查和制度落实的工作重点。

三　实施效果

国网河北营销中心稽查与反窃电中心通过探索和实践，扎实组织开展省级稽查工作，累计查实问题7425件，堵漏增收4098万元，其中完成稽查经济成效2882万元，超额完成国网年度目标。营销中心查实问题5464件，堵漏增收1428万元，其中完成稽查经济成效1170万元，稽查经济成效占比达到40%，充分发挥了营销风险防范作用。

目前反窃电稽查监控系统已在河北南网全面推广，监测用户2300多万户，能够结合客户风险等级、行业分类等数据，对嫌疑窃电用户进行分级预警，精准定位嫌疑窃电用户，有效提高筛查窃电用户的准确率。指导基层现场作业人员"按图索骥"开展窃电现场查处工作，实现嫌疑窃电用户的工单派发、窃电查处流程的标准化、信息化管理，形成"有下发、有督办、有反馈、有评价"全闭环信息化管控。通过微应用，现场员工与反窃电稽查监控系统的交互更加的智能、便捷，在终端可直接查看用户信息，诊断说明，流程信息，检查完成后可在现场填写检查结果以及现场照片、视频，上传违窃处理描述、处理依据、追补电量、追缴费用，处罚金额等信息，通过微应用大大提升工单流程的流转效率。截至目前通过反窃电平台追补回窃电金额876.24万元。

基于"能源互联网"的城市能源综合体建设与实践

班组：国网河北建设公司朱河城市多功能智慧能源站项目管理部

一　产生背景

规划建设雄安新区是千年大计、国家大事。国家电网有限公司与时俱进地提出了"建设具有中国特色国际领先的能源互联网企业"的建设目标，开启了建设具有卓越竞争力的世界一流能源互联网企业的崭新征程。城市能源互联网是未来满足城市各类能源使用需求的能源系统，是全球能源互联网、中国能源互联网在城市地区的承接节点和重要支撑，是城市各类能源互联互通、综合利用、优化共享的平台。朱河城市能源综合体的建设充分发挥电网在能源汇集传输和转换利用中的枢纽作用，为探索未来城市电网建设的新模式，为即将到来的雄安城市电网建设提供有益支撑和借鉴。

二　主要做法

（一）提出城市能源综合体理念，推进城市变电站功能转变

创新打破以往单纯工业化变电站工程建设的藩篱，提出城市能源综合体的总体设计理念，一是以变电站为中心，在不增加规划变电站征地范围的基础上，融合共建了无人智慧营业厅、多功能展示厅、数据中心站、电动汽车充电站和 5G 基站，节约土地

资源 14% 以上。客户在无人智慧营业厅通过智能机器人、VR 及 AR 虚拟体验设备，享受人机交互一站式服务。同时充分利用管道、传输、电力等资源，为 5G 基站建设提供了最佳安装环境，实现与通信运营商共享利用，有效减少社会投入。二是综合利用光伏、储能、电动汽车充放电、热能等多种能源互通互联，打造国内首例、国网领先的城市能源综合体，成为河北正定新区综合能源管理的中心，有效提升正定新区范围内多种能源综合利用和统筹管控水平。站区建设了 28.8kW 功率地源热泵，能效比达 4.3~5.0，除满足变电站自身供冷供热外，还能够向周边用户提供富余供暖能力。在站址西侧建设电动汽车充电站，满足电动汽车充电需求，在没有汽车充电时，光伏发电装置所发的电存贮在储能装置中。

（二）开展工程 BIM 设计和应用，推进设计建设理念转变

1. 开展正向三维设计，细化每个构件

一是设计单位新建专用族 200 余种，涵盖了从屋顶到墙板、从门窗到散水、从基础到路面、从沟道到围墙，多种部位，多种型号的族，并且实现全部参数化驱动，满足不同尺寸需求。二是利用三维软件对预制隧道进深深化，详尽表达隧道尺寸、开洞位置、开洞尺寸、埋件型号和定位等细部构造，同时也能表达出连接密封件、张拉端头锚固件、张拉钢丝等标准件等多个子标准部件，提高设备加工质量及构件现场安装效率。三是利用三维软件细化节点螺栓。节点类型上与国家标准保持一致，节点信息上包含螺栓、垫板的几何信息和强度信息。

2. 推行三维设计应用，指导施工作业

一是开展检测碰撞，发现图纸潜在问题。该工程设备管道走向复杂、错层较多。通过开展检测碰撞，累计发现图纸碰撞问题 11 处。二是探索开展重大施工方案模拟。施工前在三维模型中对重大施工方案进行模拟，已完成朱河站主变压器基础吊装运输、钢结构吊装、主变压器安装的施工模拟。三是开展三维进度仿真，实现进度实时对比。按工序、专业、时间、空间多视角、多维度对模型进行拆分、重组，并轻松实现隐蔽工程可视化管理。

（三）打造智慧工地，推进建设管理模式转变

一是应用三维正向设计和施工方案推演。二是设计面部识别人员闸机、车辆管控

系统和智能安全帽装置，采集人员、机械进出场和定位信息，实现工程现场人员到岗到位实时监控。三是通过风险作业区域自动识别及人员行为识别的视频监控，实现临电施工智能风险管理，实现违章作业的自动抓拍。四是通过智能安全帽采集重点区域、重要工序质量验收、旁站和安全巡视检查的实时记录，标准工艺执行、风险点预警、危机通话等安全质量管控。五是在现场建立数字化微型气象站，设置雾霾控制临界阈值，与雾炮机、水喷淋等降尘装置自动关联，做到主动降尘、自动抑尘、有效防尘，实现全站"无尘化"安装，提升电气设备安装洁净度，设备安装质量大幅提高。

三　实施效果

（一）实施多站融合，实现理念创新

朱河城市能源综合体打破传统的变电站设计思路，集成无人智慧营业厅、多功能展示厅、充电站、数据中心站、无线专网基站、风光储热综合能源管理等功能于一体，创新打造用能自给、余能外供的负能耗能源体，电能驱动、冷热联供的新业态能源体，错峰储售、外赁经营的赢利型能源体，数据采集、能源互联的数字化能源体。

（二）应用 EIM 平台，强化过程管控

以雄安新区智慧城市建设为导向，主动融入跨界融合大势，完成了雄安电网数字化工程管理平台（EIM 平台）的开发和实战运用，集中整合运用摄录功能的安全帽、智能单兵设备、人脸识别闸机等 16 项前端感知设备，实现对"人、机、料、环"的实时采集，并全部接入雄安 EIM 平台。实现工程建设从人员体征信息到施工作业行为，从三维模型推演到物资全程定位，从全域环境控制到地基沉降监测，从施工机械运行到隐蔽工程监控的全业务数字化管控，实现现场信息与系统实时互传、即时掌控。

（三）对标鲁班品质，打造雄安质量

按照雄安质量的高标准要求，工程全过程采用 BIM 技术，在设计阶段，设计颗粒度达到螺栓、孔洞、钢筋级，真正实现高效精准设计。在施工阶段，梳理和制定 198

项质量控制要点，较现行国标提升 20% 执行，并据此采取 385 项控制措施，严盯每项工序的制作过程和质量标准。在施工过程中，对重大施工方案开展三维推演，事先多专业碰撞，发现可能存在的问题并及时解决。

（四）坚持绿色理念，铸造绿色典范

为适应雄安新区绿色建设标准，工程建设全面满足《雄安扬尘管理办法》的相关要求，并将节能环保思想融入"建设蓝图"，反复优化建设方案，引入新技术、新工艺，最终实现节能、节材、节水、节地，达到保护环境、保持绿色生态的目的。全面实施预制化施工，国内首次实现主变压器、GIS 等所有电气设备基础 100% 预制，现场湿作业小于 5%；创新实施表皮设计功能化，优化设备布局、采用消音设计，实现运行阶段噪声低于国家零类标准。而在施工阶段设置隔音板，广泛应用电动工器具，减少油污排放的同时降低噪声污染，创建"零影响"的工地典范。

工程一体化融合建管模式创新实践

班组：张北—雄安特高压线路工程项目管理部

一　产生背景

作为省公司基建项目专业管理机构，建设公司始终在提升基建现场管理、创新项目管理模式中不断探索，面对基建现场安全管理内容表层化、手段落后、关键人员配置不足、技术传承不持续以及"业主、监理两层管理都薄弱、不到位"等问题，如何压缩管理层级实现"扁平化"管理，使业主、监理两方的力量形成合力，促现场安全管理水平上台阶、提档次，是工程管理亟待解决的问题。

二　主要做法

（一）建章立制，强化管理

张北—雄安工程线路工程项目管理部对外实行统一管理，提高一线管理人员主人翁意识，现场能管敢管会管。对内按照业主、监理进行职责划分，编制建设管理工作大纲、监理规划等制度文件。分工合作，一部分人负责协调和整体工作思路，另一部分人扑倒一线施工现场抓质量、管安全，保证措施落实到位。以最小的资源投入实现工程全面管控。

（二）教育培训一体化，团队建设更高效

张北—雄安工程线路工程按照项目管理部统一进行现场教育培训，一是更精准地传达建管单位管理要求，沟通更顺畅，现场执行更彻底。二是依托业主、监理专业人才，进行更全面的培训，管理制度、规程规范、技术措施能够更好地融合统一，提高团队整体水平，为后续工程建设管理提供人才保障。三是事故剖析更彻底，反思落实更精准。一体化项目管理部包含原业主项目部、监理项目部以及一线监理人员，开展事故案例分析，能够从多角度进行沟通交流，发现问题以提高现场管控水平。以"4·14""5·11"事故案例来讲，通过项目部集中讨论，分析事故暴露出现场与方案两张皮、滥用工器具、作业层缺失、项目部管理人员缺岗缺位、无计划作业等问题，照镜整容、深刻反思，组织开展"剖案例、谈感受、据违章"安全日活动，从管住队伍（作业层）、管住计划（班组日报）、管住现场（项目部管理人员）、管住工器具（单基放行）等四个方面全面排查并加强现场管控，切实提高了全员安全意识和现场管理水平。

（三）压实甲方安全责任作业层管控直达基层

充分发挥一体化项目管理部资源优势，三级及以上风险作业项目管理部人员全覆盖到岗监督，人员全部下沉至施工一线，重点抓实作业层班组管控，严格骨干人员到岗履职。借助微信群对施工现场和作业层每日到岗履职情况进行监督评价，加大对现场安全管控的深度，严抓特种作业人员资格核查。

（四）加强安全风险动态管控

严格风险报送审核制度，项目管理部建立监理员、站长、项目部三级审核机制，杜绝高风险作业漏报瞒报。基础阶段人工挖孔全过程按照三级风险管理，明确抱杆组装、底段吊装必须报送三级风险，加强抱杆稳定性和垂直度监测。针对乌龙沟长城跨塔施工、重要跨越等风险作业提级管控，要求公司级管理人员现场盯守，每日组织安全隐患排查并签证。

（五）压实现场安全管控措施落实

按照一体化管理模式，项目管理部编制了人工挖孔、索道运输、铁塔组立和导地线架设安全管理实施细则，设立安全管理红线，并对项目部全体人员进行全面宣贯。现场监理人员全程安全监督，项目部人员适时督查，全面加强现场管控。

严格把关索道施工安全。一是项目管理部提前介入，严把索道分包进场关。二是统一基础阶段均架设轻型货运索道，严格索道施工方案、单基策划与现场的一致性。组塔阶段升级重型索道方案经专家审查，并由河北电科院进行安全评估。三是落实索道管理实行逐条建档、验收放行制度，严格落实省公司"三留两挂"管理要求。四是运输过程严禁利用货运索道载人，并严格控制单件运输重量，定期开展索道安全检查。

抓好通风检测，确保人工挖孔施工安全。工程基础主要为人工挖孔基础，孔洞面积小、基础深度大，基坑内作业存在窒息、坠物等安全风险。项目管理部多次组织到基础现场开展隐患排查，确保安全带、提土装置、护壁防护等符合要求，同时检查施工现场送风设施工作情况，核对送风及测氧记录，对孔洞盖板进行工艺要求，确保人工挖孔有限空间作业施工安全。

加强组塔施工安全管控。一是施工项目部要保证三个骨干人员到岗履职。二是严格执行单基策划和单基放行制度，必须由施工项目部管理人员及监理师共同检查后方可放行施工。三是认真开展站班会和每日作业前的安全检查。四是严格施工方案执行，做好拉线、腰环布置，合理控制起吊重点和绑扎方式。五是正确使用受力工器具，标识不清、磨损断股、断裂等及时退场，严禁以小代大和 U 形环横向受力。

做好架线施工安全管控。一是做好杆塔三级自检及项目管理部验收工作，确保螺栓紧固率，杜绝转角塔内倾。二是严格架线班组标准化建设，开展能力验收，履行班组骨干管理职责。三是做好架线施工方案和单基策划管理，优化牵张场布置。四是做好停电协调、南水北调和省道跨越等外部协调工作，保证导地线展放顺利开展。五是严格现场管理人员履职尽责。

做好长城跨塔组立施工组织。开展跨塔施工专题策划，组织设计院、施工单位开展 4D BIM 设计和施工应用。针对 4S005 施工平台提高验收要求，要求开展施工项目部、安徽送变电公司、项目管理部三级验收，确保施工平台安全可靠。划分责任区，施工及项目管理部设专人负责两基跨塔施工管控，要求施工单位派专人驻守现场全程管控，监理人员全程进行安全旁站，项目部开展现场督察，每周组织无人机航拍。施工过程中应用智能抱杆控制系统、远程指挥系统等新技术，加强现场管控，确保施工安全。

（六）从现场出发，技术创新保安全

一体化项目管理部扎根施工一线，从施工实际存在问题出发，经过与施工单位探讨沟通，积极采取技术创新、科技支撑，保证现场施工安全。一是采用钢绞线式半永久攀登自锁装置，增加使用便捷性和安全性。二是利用小型人字抱杆辅助摇臂抱杆顶部横担就位，解决多人协调难的问题。三是利用视频监控、无人机等手段开展现场解除，提高工作效率。

（七）实测实量，以质量促安全

坚持上一道工序的实体质量就是下一道工序的安全保障。工程全面落实质量管理"八个抓实"，开展实测实量。一是编制实测实量单基管控手册，钢筋直螺纹链接、基坑验槽、基础验筋、混凝土配合比实测率100%，加强钢筋保护层厚度和基础强度回弹检测，检测数据全部合格。二是对灌注桩基础进行桩基检测。人工挖孔基础预埋声测管，进行了声波透射法检测。检测结果全部合格、均为Ⅰ类桩。三是组塔验收保证验收比例，确保关键数据满足要求。四是重要跨越区段对压接管进行探伤检测，共计检测48根压接管，全部合格。

三　实施效果

张北—雄安工程线路工程按照一体化项目部管理模式，及时按照文件要求精简、优化管理流程，减少了交叉重复工作，提升管理时效。实现了人力资源利用率最大化，专业优势交叉互补，现场安全管理、质量管控得到显著提高。

电网企业
班组建设典型实例（第三辑）

第四篇

班组长队伍
建设及其他

▽

电网企业班组建设典型实例

（第三辑）

强化班组成员管理能力，
打造优质后备班组长队伍

班组：国网邯郸供电公司变电检修室电气试验二班

一 产生背景

班组是企业最全面最综合的管理单元，班组长是企业上层管理者和下层执行者的联系纽带。对上级管理者来说班组长必须正确理解上级的指示和意图，清楚领导的工作要求；对下级执行者，班组长能够独当一面，带领成员进行各项有效的工作，并对班内所有情况承担责任。

近几年随着基层班组人员退休、竞聘等原因，班组成员整体向年轻化发展。虽然新进年轻员工学历较高，但实际工作经验尚浅，工作中遇到各类情况没有较好的处理能力。一旦班组中有经验的人员退休或调离岗位，就会导致班组中技术力量及管理力量出现断层现象。国网邯郸供电公司变电检修室电气试验二班建立班组长培养方案和全员参与机制，提高年轻员工的专业技术水平、管理水平等综合能力，让每名成员都能迅速成长为全面的复合型人才，为公司储备大量优秀的后备班组长力量。

二 主要做法

现代企业，要求基层班组管理者具备专业的技术能力、严格的自我管理能力、全面的现场安全管理能力、优秀的团队管理能力。

优秀的班组长一定具备专业的技术水平和现场处理问题的能力。为提高班组成员技术能力，使他们尽快能承担起工作中的任务，国网邯郸供电公司变电检修室电气试验二班启动"交叉型培训"工作模式。通过"以干促练"实现人员技能水平的整体提高。

一是"大现场，小培训"，遇到大型工作现场作业时，该班组在保证顺利完成任务的同时，见缝插针的开展培训工作，结合现场工作环境的需要，有针对性地进行技能、安全方面的培训。

二是"小现场，大培训"，有些交接试验项目在单位厂区内的试验大厅进行，在无接触变电站非停电设备风险的情况下，开展大范围、时间较长的技能培训，实现"小工作现场，大培训工作"的工作氛围。

图 1 大现场小培训，青年员工对所变进行试验

三是"一堂课＋一演练"，"一堂课"指利用微信群及 WPS 等软件，将试验规程等相关学习资料进行共享，每周组织成员针对专业案例进行分析、讨论，要求老员工给新员工讲，新员工也要将所学所获给老员工讲，达到相互促进、相互提升的目的。"一演练"指课后及时针对所讲的新知识进行实际练习，加深对所学技能的认知。

四是"一实践＋一总结"，"一实践"指现场工作中所做的每一项具体试验项目，细化到设备接线、仪器操作、安全措施等。"一总结"指在所有项目完毕后，及时召集成员，告知大家每一步操作是否正确、是否合适，及时进行总结。

图2　WPS 共享移动平台

　　优秀的班组长一定是自律、有责任心进取心的。为做到严于律己，做员工的榜样，班长率先垂范，组织班组成员学习各项规章制度。为提高全员责任意识，国网邯郸供电公司变电检修室电气试验二班提出各岗位职责与绩效考核挂钩。首先梳理专业岗位职责内容，将日常管理工作、现场生产工作量化、细化。然后根据班组成员个人特点、能力及素质的不同将他们分为实干型、技术型、管理型。最后将每一项工作按难易程度，分派落实到适合的责任人身上。所有工作严格按照标准进行考核，形成一切工作"行必责，责必果"。

> 5.7.3验收结束后，依据Q/HG·20101·06—2019《变电检修、二次检修电网建设、改造工程验收管理标准》5.4，完成档案资料的归集整理、台账录入。
>
> **5.8实施班组生产工器具管理**
>
> 5.8.需求时，依据河北-邯郸（运检）B031—2014《国网邯郸供电公司生产工器具管理指导意见》第八条上报班组生产工器具需求计划。
>
> 5.8.2需求时，依据河北-邯郸（运检）B031—2014《国网邯郸供电公司生产工器具管理指导意见》第十六条、第十七条、第十九条和QHG·20104·07—2019《变电检修、二次检修现场标准化作业管理标准》5.1，领用本班组生产工器具和其它耗材，填写《xxxx物品领用登记表》，并督促仓库保管员填写《xxxx生产工器具台账》。
>
> **5.9综合工作管理**
>
> 5.9.1每周，依据国网（人资/3）212—2014《国家电网有限公司教育培训管理规定》第三章参与本室以及班组组织的技术培训活动，并按规定监督技术员填写"班组培训记录"。
>
> 5.9.2每月，Q/HG 20210·05—2019《考勤管理标准》第十四条组织开展本班组考勤工作，监督班员按要求请（休）假，并按规定填写"工作日志"。
>
> 5.9.3每年，依据国网（信息/3）255—2014《国家电网公司办公用计算机信息安全管理办法》第十条安全使用、维护班组办公计算机。

图 3　电气试验专业班组长管理职责

优秀的班组长一定能够把控工作现场的整体安全。国网邯郸供电公司变电检修室电气试验二班提出安全员岗位轮换制，每周指派一名成员作为本周的安全员。安全员要负责审查本周所有工作指导卡上所列的危险点是否完善，细化、优化安全风险预控管理。现场工作前必须进行"三交三查"，即交代工作任务、交代危险点、交代安全措施，查人员健康、查精神状态、查安全工器具及作业时所需材料。工作中对班组成员操作进行监督，及时纠正不规范行为。每周五组织安全活动，总结本周安全隐患供大家讨论分析及消除。如此一来，规范作业程序，规范员工行为，养成良好习惯，每名成员都从思想上重视安全，提高对安全的敏锐程度，真正实现安全可控、能控、在控。

优秀的班组长一定具备优秀的团队管理能力，而团队管理又包括组织能力、协调能力。国网邯郸供电公司变电检修室电气试验二班制定规划和措施全面提高成员的管理水平。为了提高管理能力，该班组将每项生产工作都指派专人负责：从现场设备调缺、试验环境考察，到编写安全卡作业卡，分析现场危险点，进行预控措施，再到合理安排各小组工作成员，最后工作现场进行安全把控，分析试验数据，判断设备状态，直至工作终结以及后续的试验报告录入，所有工作由一人总负责。在经过这一系列环环相扣的工作后，青年员工在统筹安排工作、协调各专业之间交叉作业、相互配合等方面会有质的变化。

图 4　青年员工进行现场勘查

三　实施效果

　　通过一系列有效的培养手段，班组青年员工成长迅速，在技能等级方面，已有 2 名成员通过技师等级考试、3 名成员通过高级技师等级考试；在专业技术方面，已有 3 名成员获得工程师资格、1 名成员获得高级工程师资格。他们在工作中担任各类试验工作负责人，成为骨干力量。在其他方面他们充分发挥带头作用，冲锋在前、助力生产、落实管理，高质高效地完成上级交代的任务。他们细致有序地在班组中开展各项管理工作，成为公司日后基层班组中优秀班组长后备力量。

以不变应万变，"五转变"
助力打造高效班组

班组：国网衡水供电公司变电检修室电气试验二班

一　产生背景

国网衡水供电公司变电检修室电气试验二班在 2012 年由仪表和油务两个班组合并而成，现共有 14 名员工，35 岁以下青工仅有 3 人，班组年龄结构老化，进取动力不足，固有思想、习惯性做法不易改变，情况较为复杂。在当前提质增效、实精新特理念的指引下，班组建设需要从多个角度、多个侧面，以多种形式去开展，形成班组自身的文化和特色。

二　主要做法

经过长期的实践和总结，主要是从"五个转变"入手。

转变一：从严格管理转变为以身作则

做好每个职工的工作是班组管理中的难点，而难上加难的不是怎样管理他人而是如何管好自己。有些班组长在任时，班里的职工会给你十个手指头（鼓掌）；下台时，却只剩下一个手指头（指责）。究其原因，不是没有工作能力，也不是没有进行严格管理，而是把自己定位在了严格管理之外，要求别人做到的自己没有做到。

身为一线班组长要做到德才兼备，冲锋在前，拥有正确的思想观和价值观，同时练就一身好武艺，勤动脑、勤观察、勤总结，从中汲取好的东西。2019 年班组全年的生产计划共计 231 项，班组长带头冲锋 209 个作业现场，占比为 90.5%。

图 1　班组长以身作则，冲锋在前

转变二：从循例办事转变为群策群力

班组长在自己的工作中，要切实了解职工的愿望和要求，倾听职工的建议，采纳合理的要求，既兼顾工作需求，又合乎职工心愿。

要做好全班的思想工作，使其都能以饱满的热情投入到工作当中来，要真心实意地当好三种角色。一是同情者角色。做思想工作时，要学会换位思考，从对方的立场出发，先动之以情，后晓之以理，则可能收到意想不到的功效。二是倾听者角色。很多情形下，职工仅仅需要几句恰当的安慰，能够诉说一下心中的委屈，宣泄一些日常积聚的不满，即可解决问题。因此，合理的倾诉和宣泄就成为一件积极有益的事情。三是"过来人"角色。有的时候，犯了过错的职工在同其谈话之前，一味训斥或质问，对方就会以强硬的态度进行反抗，或者找出许多客观理由来辩解，这样以自己的亲身经历与职工进行谈心，会取得不一样的效果。自 2019 年至 2020 年，班组长共计约职工谈心 40 余次，成功帮助职工疏导工作和生活中的不良情绪。

图 2　班组长与班员谈心

转变三：从平均分配转变为奖罚分明

为了提高班组员工积极性，班组打破绩效平均分配的管理方式，制定了合理的奖罚制度和绩效考核制度。而班组长作为"兵头将尾"，具有管理班组的各种权力，而要用好这个权力，就要坚持原则，不拿原则做交易，就要为人正直，主持公道，坚持正义，不徇私情。该奖的不奖，就会打消积极性，该罚的不罚，就会导致有令不行，班长失去威信。

转变四：从按部就班转变为人尽其才

合理安排工作，看人布置工作，做到"人尽其才，物尽其用"，最大化的发挥班组成员的内在潜能。人是生产过程中最活跃的因素，是安全生产的实践者，解决好班组中人的问题，就等于抓住了班组建设的关键，因此抓班组建设工作，必须坚持以人为本，用人要人尽其才，有人擅长油化试验，有人擅长仪表试验，因而每一项工作要让最适合的那位职工去做！学会把本班工作量分解并量化落实到每个职工，并使每一个职工力所能及，干好本职工作。

（1）重用"小能人"。每个班组都有一些"小能人"，班组长要善于利用他们的长处，通过发挥他们的长处，带动其他职工业务技能的提高。

（2）关心"老实人"。不能欺软怕硬，尤其对工作勤恳、性格内向的人，更需要关心和爱护。

（3）管好"调皮人"。经常与他们谈心，中肯地指出他们的缺点，使他们改掉不良习气。

图3 "小能人"在进行油温表消缺

转变五：从"一人"建设转变为"全班"共建

班组长在推行新举措过程中，不能因为怕犯错而停滞不前，但是由于主客观原因，难免会产生这样那样的错误。对待自己的错误和职工的批评，需要有一个正确的态度，勇于承担自己应负的责任，虚心接受建议，并科学分析、及时调整。

三 实施效果

通过班组长的"五转变"，国网衡水供电公司变电检修室电气试验二班的凝聚力、战斗力不断增强，各项工作和行为进一步得到规范，班组全体人员面貌焕然一新，每个人的积极性都被调动起来，实现了由被动执行向主动参与管理的转变，班组管理水平得到进一步提升，科学化、全员化水平越来越高，大家相互包容、相互信任、和谐共事，真正将班组当成自己的家，班组建设呈现良好的发展态势。

图 4 "老带青"传承提高

图 5 "老 + 青"共同为班组建设建言献策

创新"一核三维"模式，
"双轮"驱动青年员工成长成才

班组：国网河北电科院电网技术中心继保及自动化室

一　产生背景

青年是党和国家的未来和希望，也是班组发展进程中的生力军和突击队，是班组最积极、最活跃、最有生气的一支力量。然而近年来，班组人才队伍建设出现断层式发展，业务骨干年龄普遍偏大，青年员工技能水平普遍偏低，缺少理论联系实际的实战经验。

同时，伴随着能源互联网的大规模建设，大数据、云边协同、区块链等新技术领域高水平人才储备明显不足，青年员工主动思考重点任务少，被动安排工作多，发现问题和解决问题能力不足，亟须培养一批引领作用强，创新活力足的能源互联网建设攻关团队，在科技创新、重大课题等工作中强化训练管理、提升攻关能力，实现能源互联网关键技术的创新性突破。

国家电网有限公司新战略的提出为青年员工培养创造了难得的历史机遇，赋予了新内涵，提供了新动能，青年群体在新战略目标建设中的主力军作用越来越明显。

二　主要做法

（一）依托"双师制"培养模式，助力青年员工岗位适应

紧密围绕公司新战略目标和人才培养机制，开展青年员工"双师制"培养工作，即为青年员工配置专业导师和职业导师。专业导师即传统"师带徒"培养模式，重点培养青年员工专业知识和岗位技能；职业导师由部门主任担任，主要引导青年员工开展职业生涯规划和自我管理，侧重发挥价值引导、职业咨询、心理辅导等作用。

近年来，国网河北电科院电网技术中心继保及自动化室先后承接了河北华电石家庄热电有限公司等现场调试工作，投运前继电保护向量检查试验也是如火如荼地开展着，骤然增多的现场试验导致班组核心技术人员出现严重不足。

依托"双师制"的培养模式，班组决定所有新入职员工跟随专业导师到达调试点进行一对一的现场教学，专业导师结合机组启动调试措施及试验中的危险点，在工作方式方法和解决突发状况方面对新员工进行详细讲解，然后由导师担任工作班成员角色，协助新员工模拟现场具体工作的开展，精确到和现场运行人员办理开工手续、组织班组人员开工、安全措施的实施与恢复、试验过程中的接线，直至收工结束。整个

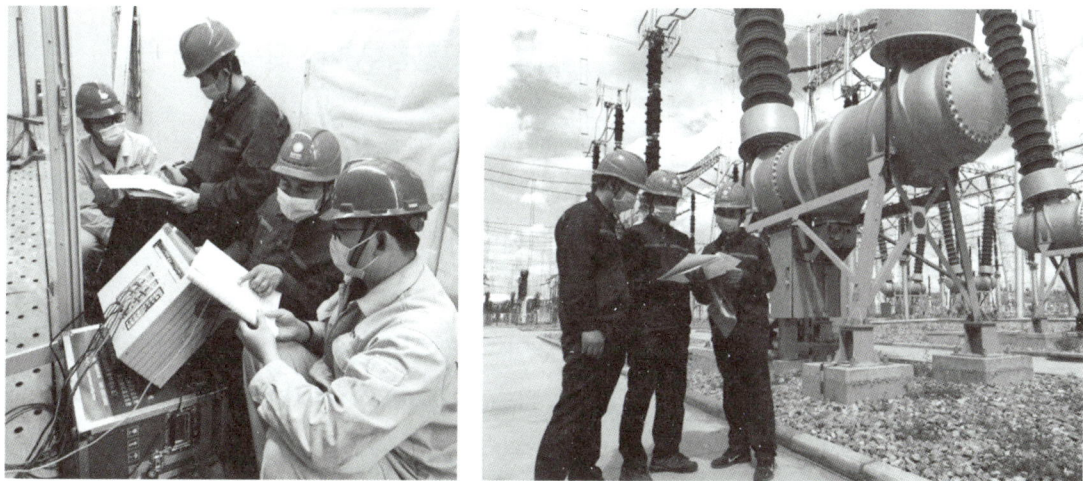

图 1　徒弟做试验　师傅来把关

工作完成后，导师就亮点及不足进行汇总，反馈给新员工。

职业导师根据青年员工每个阶段的表现制订下一步的培训计划，并且定期组织技能大赛、技术比武、事故应急演练等活动，使青年员工在积极向上的氛围中提高技能，以实现对职业生涯的"自我实现"。

在"双师制"的引领下，青年员工以最快的速度掌握工作核心要义，既解决了现场人员紧缺的困境，又培养锻炼了新员工，一举多得。

（二）强化科研项目训练管理，辅助青年员工能力提升

结合能源互联网发展需求，继电保护技术研究主要集中在两个方向，一是智能变电站二次系统全景感知及智能运维技术研究，二是面向能源互联网的继电保护协调优化技术研究。班组选用青年员工作为科研项目负责人，35 岁及以下员工作为工作组成员全部参与到项目中。

从科研主题的提出到研究方案的制定，从科技前沿的追踪到科研项目的申请，从实验数据的处理到验收报告的撰写，各个环节逐一进行创新思维训练，锻炼青年员工的组织能力和创新意识，同时建立评审立项、过程监督、结题验收、汇报交流、激励制度、积分认定等科研训练管理体系，结合变电站二次系统层次化建模技术、配电网支路信息建模技术、继电保护及自动化技术，培养青年员工自我获取知识的能力、应用知识进行综合设计的能力、组织管理能力、文字表达的能力、业务攻关能力。

（三）构建"积分制"评价体系，加速青年员工专业引领

为培养满足"三型两网，世界一流"能源互联网企业建设需要的青年人才梯队，激励青年员工不断展现新作为、创造新业绩，班组制定了青年员工成长积分评价细则。

积分评价细则针对不同工作绩效赋予不同的分数，向青年员工清晰地传递战略意图，让青年员工对企业需要什么、发展什么、鼓励什么，形成明确的认识，在实际工作中自觉向人才战略规划靠拢。同时，从职业要求、岗位经历、考试成绩等方面，建立多维度评价标准，分别是个人资质积分、培养考核积分、创新积分、荣誉积分、日常工作考评积分。所有纳入积分评价范围的员工均有 100 分基础分。在积分评价范围内的员工符合正向积分、减分项目规定的，按照细则进行加、减分。

同时，班组拓宽积分结果应用范围，根据青年员工积分评价结果，按照绩效考核办法有关规定给予奖励，对积分较高的青年员工，原则上优先推荐到上级单位进行挂岗锻炼，优先推荐参加各类专家人才选拔、岗位能手等先进称号评选，优先推荐参加专业柔性团队、重大课题攻关，优先推荐享受岗位晋升、浮动岗级、专业提升性培训等待遇。

三 实施效果

青年员工的成长和成才，既是青年员工个人成长和自我实现的问题，又是企业人才战略的重要组成部分。全新的培养模式在班组内部全面实施，显著优化了班组人才层次结构，极大激发了青年员工干事创业、成长成才的热情和活力，储备培养了一支数量充足、结构合理、素质优良、业绩优秀的人才队伍。

明确方向，激发青年动能。"一核三维"模式的提出为青年员工奋勇拼搏指明了方向，近两年，青年员工在锦界电厂调试、继电保护向量试验、科技成果培育、省公司技术支撑等重点工作中担任业务骨干，高标准、高质量完成了各项工作和目标任务。国网河北电科院电网技术中心继保及自动化室人员先后多次荣获业主企业赠送的锦旗

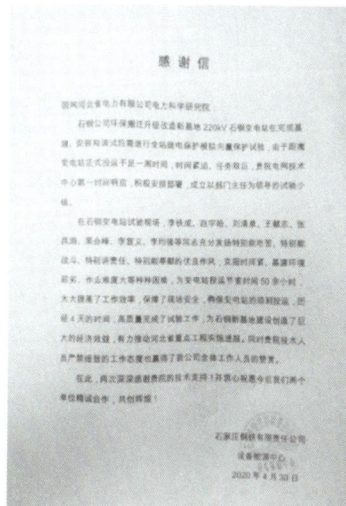

图 2　锦旗及感谢信

及感谢信。

科学评价，助力青春远航。科学完善的量化积分体系充分激发了青年员工奋勇争先的工作热情，为结构性缺员部门输送杰出人才，为人才有序流动提供灵活渠道，其中，国网河北电科院电网技术中心继保及自动化室 3 名青年员工走上了领导岗位，1 名青年员工推荐到省公司挂岗锻炼，1 名青年员工输送到管理部门，假以时日，科学的评价体系必将培养锻炼出一大批懂专业、有专长、能吃苦、敢拼搏的优秀人才。

溯洄从之，道阻且长。全新培养模式在班组实施落地过程中需要不断探索、磨合。首先，青年员工培养周期跨度较大，一般都在 5 年以上，在一个青年员工培养的规划期内，班组在不断地发展，青年员工培养的相关制度也必须与时俱进，以保证积分评价的公平性。其次，积分作为评优、选拔等活动的依据，在年底选评过程应置于阳光之下，做到透明公开，避免人为因素造成的主观偏差。

突出客户导向，深延星级内涵，以"146"模式为主线，提升供电所管理水平

班组：国网磁县供电公司讲武城供电所

一 产生背景

五星级供电所的创建，就是以全员管理水平和综合业务能力的全面提高，以管理高效提升各项业绩指标为基础，打造一个团队，带出一支具有工作激情，充满活力的员工队伍，成为一个培养各类人才的基地，起到有较强的可发展、可延伸、可借鉴、可复制的作用。

二 主要做法

（一）围绕"一个目标"，准确把握星级创建方向

以"客户为中心、专业专注、持续改善"为主线，以星级供电所建设为抓手，以基础管理扎实、配电网安全可靠、专业管理精益、供电服务优质为导向，以构建常态化管控机制和提升人员队伍素质为重点，实现供电所管理水平有效提升。

（二）构建"四个体系"，全面提升综合管理水平

国网磁县供电公司讲武城供电所开展星级创建工作以来，国网磁县供电公司调整

优化供电所管理机构，促进专业化管理水平和效率有效提升，聚焦"三型两网"建设和客户需求导向，围绕五星供电所评价标准，全力打造"四个体系"，实现安全生产、优质服务、经营管理、队伍素质的全面提升。

1.打造以质量为中心的安全运维体系

（1）大力夯实安全基础。国网磁县供电公司讲武城供电所依托综合业务监控平台、安监一体化系统、现场作业视频监控系统三个平台，强化安全责任落实，常态化开展安全教育和宣传，组织消防、防汛等突发事件的应急演练，确保安全生产稳定局面。

（2）逐步强化电网结构。新建改造 10kV 线路 21km，13 条 10kV 线路完成分段式"手拉手"互供联络改造，实现全域互联互供。划分线路"责任田"，实行"设备主人制"，定人员、定范围、定责任、定制度、定考核，加强巡视监督管理，供电可靠性大幅度提升。

（3）全力打造"智慧电网"。积极探索研究制定《讲武城刘庄村智慧台区改造方案》《10kV 后港 041、申庄 037 线配电自动化改造方案》《35kV 兴仁站智慧变电站初步设计方案》等系列方案，试点开展应用 10kV 线路、台区可视化运维，使未来电网基础更坚强，缺陷研判更准确，故障抢修更高效，提高供电可靠性和客户获得电力指数。

图 1　试点开展应用 10kV 线路、台区可视化运维，全力打造"智慧电网"

2. 打造以客户为中心的供电服务体系

（1）创新服务阵地建设。根据智能化、差异化、市场化的客户需求，全力打造"三型一化"营业厅，将营业厅分为引导区、待办区、自助服务区、业务办理区、综合能源体验区和彩虹服务室六个区域，推广方便快捷的线上用电服务，逐步实现业务办理方式的转变，通过人机数据交互和数据可视化展示，为用户提供精准服务，切实提升服务响应速度和主动服务能力。

（2）推进综合能源升级。积极向客户推广智能家居、综合能源、电力金融、国网商城、电能替代等新型业务，通过智能展示设备、自助设备和终端设备，实现电力综合能源的新服务。

3. 打造以数据为中心的精益管理体系

（1）全面细化指标管控。成立监控小组作为供电所神经中枢，设置服务、管控、运维、检查四个专业模块，监控实时异损、计量故障和停复电需求等指标，每日早调会全方位、多维度分析异常数据，组织整改，夯实基础数据质量，提高数据融通水平，实现业务精细化管控，有效提升各项指标。

图 2　成立监控小组作为供电所神经中枢，全面细化指标管控

（2）创新工作激励方法。结合 i 国网 App，通过派工次数、线损情况、线路台区故障率等指标，将台区经理的绩效得分公开透明化。设置"工作管控公开栏"，直接体现每个台区经理的工作进度及对比情况，激励员工积极性。

4.打造以素质为中心的队伍培养体系

（1）推进理论创新协同化。组建"专家＋管理＋业务人员"的柔性工作团队，培养创新型人才，定期交流项目实施成果、跟进项目进度、沟通实施问题，促进项目实施由管控型向协同型转变。其中涌现出许多创新成果，《柔性线夹》获得公司"五小"创新成果二等奖；通过普及推广国网磁县供电公司讲武城供电所研发的带电安装驱鸟器工具，减少了停电次数，降低频繁停电类投诉。

图 3　组建"专家＋管理＋业务人员"的柔性工作团队，定期交流、沟通

（2）开创员工培训多元化。高标准建设智能培训中心，快速提升学员的理论知识及专业实操技能。利用多媒体智能培训终端，自主选择学习内容，实现无人授课和自助学习。公司员工自行编制培训教材，强化实操培训的代入感。创新开展远程教学"微课堂"模式，远程联系专家视频授课，随时随地为学员答疑解惑。同步开展学习型优秀员工评选，调动全员参加培训学习的积极性，使员工快速成才。

图 4　智能培训中心

（三）突出"六个亮点"，打造精品星级管理案例

根据该供电所的地域特色和供电服务需求，创新开展"星级 +"六大亮点提升工程，深化星级乡镇供电所创建。

1. 开展"星级 + 安全生产"亮点建设，促进安全生产基础牢固

图 5　开展安全宣传"七进"活动

明确各级安全责任，坚持每天的早调会强化安全教育，组织"每日一道安规题"学习，做到供电所人人知责、履责、尽责。开展安全宣传"七进"活动，深入社区、

学校、企业、农户等地面对面讲解，现场帮助客户解决用电安全隐患。引进"生物三节律"理论，派工前核对工作班成员当日的三节律曲线，避免情绪不稳定的员工从事登杆、带电等高危作业，有效避免违章事故的发生，提升安全指标。

2. 开展"星级＋彩虹服务队"亮点建设，促进党建引领不断提升

成立公司首个"新电力女子彩虹服务队"，随后又孕育出独具特色的党员服务队品牌——"太行之光·共产党员彩虹服务队"，充分发挥党员干部模范作用。根据客户需求热点、分类及变化，针对学校、企业、孤寡老人等特殊群体，开展个性化服务，以真心感触客户，以真情感动客户。

图6　成立服务队，针对学校、企业、孤寡老人等特殊群体开展个性化服务

为保证辖区内中华成语博览园的主供电源漳河园区 110kV 顺利投用，讲武城彩虹服务队加班加点推进度，提前160天送电，保证了"国色春秋"主题乐园的顺利建设和按时开园，受到政府和企业的一致好评，磁县县委向公司送达感谢信，向国网磁县供电公司送达表扬信。

3. 开展学习"星级＋234优质服务"亮点建设，促进优质服务水平全面提升

创新总结出"234"优质服务工作法，"二超前"即创新在前服务早介入、排忧在前困难早处理；"三学习"即学习典型事件有风险及时处理，学习新业务上级精神及时领会，学算经济账投诉考核算细账；"四总结"即总结风险点做好服务预控，总结大数据有效分析治理，总结客户差异精准服务到位，总结工作流程积累服务经验，助推优质服务指标全面提升。各村设置"供电服务同心圆微信群"，实时接收用户的咨询报修，同步开展安

全用电宣传，及时发送停送电信息，并以台区经理为纽带，开展"服务进万家"活动，走访每一位用电客户。2019 年国网磁县供电公司讲武城供电所实现年度零投诉，"234"优质服务工作法被国网河北电力工会作为班组创新建设典型经验进行推广和表彰。

4. 开展"星级 + 可视化运维"亮点建设，促进精益管理水平提升

系统数据的准确完整是运维工作的基础，供电所每半年组织一次设备普查核对，针对线路、杆塔和设备等精准定位，确保现场与系统一致性，将图数治理和营配调贯通做扎实。积极开发应用物联网技术，通过线路和台区可视化运维，实时监测 10kV 线路台区的电压、电流和三相负荷不平衡等数据，将数据实时推送到台区经理手机，便于掌握所辖台区的实时运维状况，为下一步变压器自动投切、解决空载损耗提供技术支持。

5. 开展"星级 + 供电服务抢单制"亮点建设，促进员工工作积极性提升

借鉴"滴滴打车"运营模式，供电服务积极尝试"抢单制"，形成班组与班组间、班组成员间相互竞争的运转方式。制定"抢单制"绩效积分考核办法，有效提高台区经理的积极性和服务水平，促进供电服务更便捷、更高效。目前正在与第三方单位合作，开发手机应用 App，未来的彩虹服务抢单客户经理端，旨在通过客户经理端接到来自监控中心的派单指令，以最智能的信息推送，让接单畅通无阻。

6. 开展"星级 + 绿色能源应用"亮点建设，加大综合能源推广力度

充分利用供电所屋顶和小菜园空地建成光伏发电站，实现供电所全绿色能源用电，

图 7 光伏发电站，实现供电所全绿色能源用电

同时向客户展示可再生能源的经济环保、方便高效。提倡绿色出行，除了在营业厅进行新能源汽车的推广和展示外，还充分利用紧临 107 国道的地理位置优势，在供电所门前新建 2 个电动汽车充电站，填补了 107 国道磁县段无充电站的空白。

三 实施效果

自创建五星级供电所以来，国网磁县供电公司讲武城供电所的各项指标大幅度提升，实现了安全生产长周期、客户服务零投诉。目前，日均采集成功率、电费回收率和抢修到场及时率实现"三个百分之百"，收到国网下派 95598 故障报修工单 50 个，同比下降 71.75%；10kV 线路故障跳闸 3 起，同比下降 85.72%；10kV 线损率完成 3.43%，同比降低 0.86 个百分点；0.4kV 线损率完成 3.91%，同比降低 1.82 个百分点。2019 年三季度公司乡镇供电所同业对标评价中，国网磁县供电公司讲武城供电所位列全省第五名。通过国家电网有限公司五星级供电所的创建，国网磁县供电公司着力树先进、促进步，以讲武城供电所为标杆，形成可发展、可延伸、可推广的供电所先进管理经验，提高企业员工的业务素质和服务能力，带动其他供电所提质增效，提升国网磁县供电公司综合管理水平，推动公司各项工作再上新台阶。

"三步管控 + 激励"，切实提升电费回收水平

班组：国网定州市供电公司抄核收班

一 产生背景

近几年，定州市经济发展迅猛，有焦化厂、伊利、东方铸造、长安客车等多家大型企业参与市场化交易，同时定州市被确定为新型城镇化、智慧城市等 11 个国家级试点，获批 1 个国家级、4 个省级园区，国家农业科技园区、省级高新技术开发区列入全省 40 个对接京津平台。定州市正在着力打造城区占地 100km²、100 万人口，产城融合、创新发展的京津冀开放型现代化节点城市。为了更好地适应定州区域发展，定州公司做实做细"一户一策"风险防控，强化电费回收资金监测，密切跟踪企业生产运营状况，督促及时交费。

二 主要做法

（一）电费回收前催收

（1）建立"优、良、中、差"四个评价等级，对中、差等级客户，开展分次结算或预收方式，强化回收过程管控。

（2）执行日抄、日核、日收机制，国网定州市供电公司营销部每周下发高压欠费超 10000 元明细，供电所开展重点催收；每日下发高低压欠费明细，供电所电费人员

同步发到供电所群，台区经理对低压非居民超1000元、低压居民超500元开展重点催收。

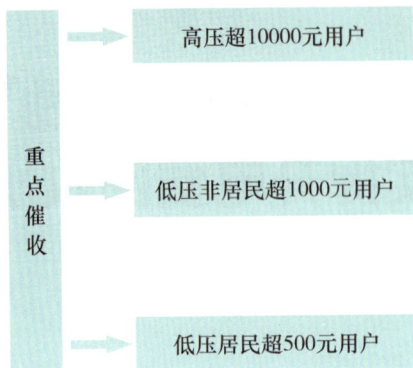

图1 建立重点用户电费催收机制

（3）各供电所对欠费金额较大或有疑问的要核实用电情况，并电话或微信通知用户，要表明身份，说明不停电原因、欠费金额、建议等，留存证据，防止因欠费不停电用户对欠费金额不理解而拨打95598。

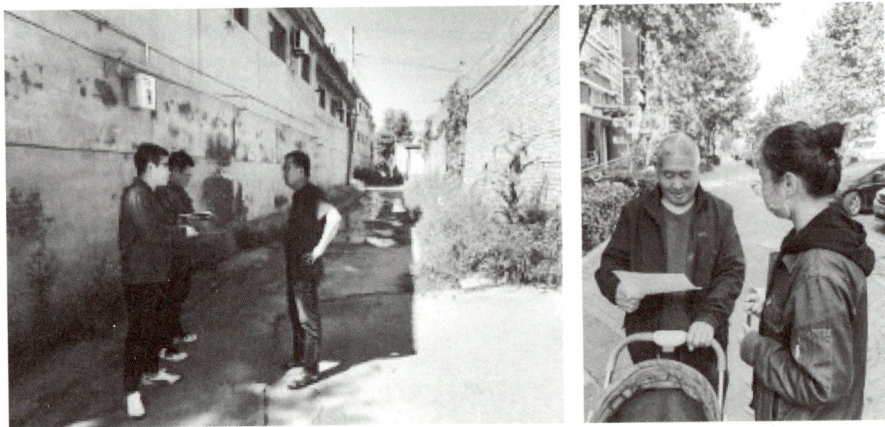

图2 对欠费用户进行宣传解释工作

（二）电费发行后监控

（1）电费发行后，国网定州市供电公司营销部每日八点前通过微信群通报欠费回收排名，该供电所利用班前会对电费回收进行安排。供电所台区经理、电费催收员向营销员汇报，营销员向所长汇报，所长是电费回收第一责任人，主管领导、主任对进度靠后的供电所督导。

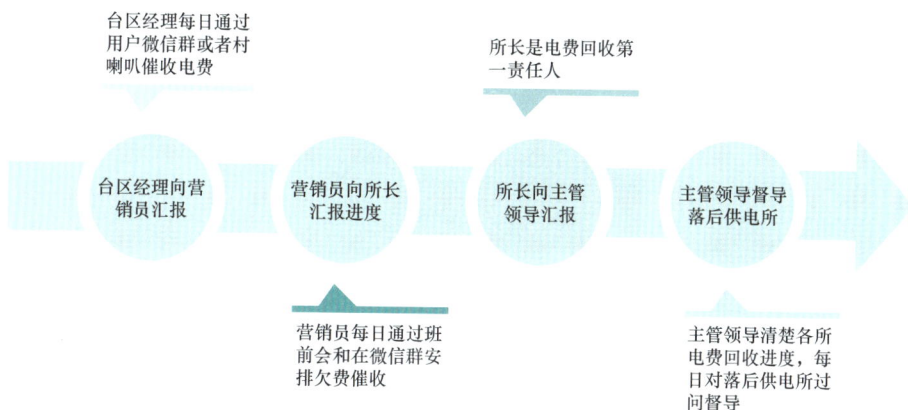

台区经理每日通过
用户微信群或者村
喇叭催收电费

所长是电费回收第
一责任人

```
台区经理向营        营销员向所长        所长向主管        主管领导督导
销员汇报           汇报进度          领导汇报          落后供电所
```

营销员每日通过班
前会和在微信群安
排欠费催收

主管领导清楚各所
电费回收进度，每
日对落后供电所过
问督导

图 3　电费发行后监控

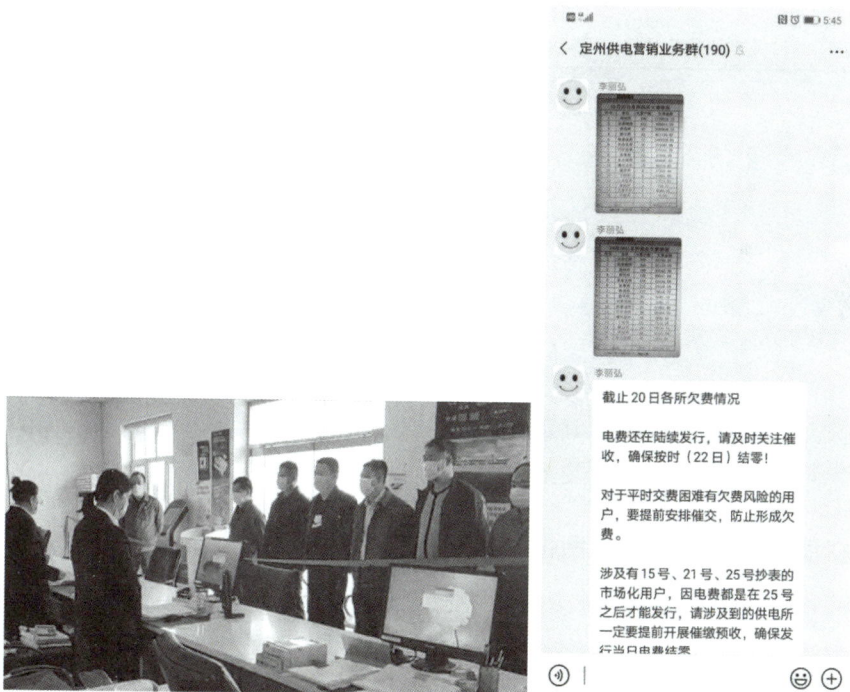

图 4　利用微信群和班前会安排电费回收工作

（2）对有欠费回收风险的，供电所要制定措施，可联系乡镇村委协助解决。对采取停电的用户，要通知到位，留存证据，防范服务风险。

图5　和风险用户加强沟通

（3）公司市场化用户共计40户，涉及清风店、铁西、庞村、叮咛店、北郊、赵家洼、新立、吴家庄8个供电所，25日电费发行时，营销部抄表、电费人员均在岗督导，涉及供电所要按照上月电费的100%提前催交预收，确保在电费发行后能当日结零。

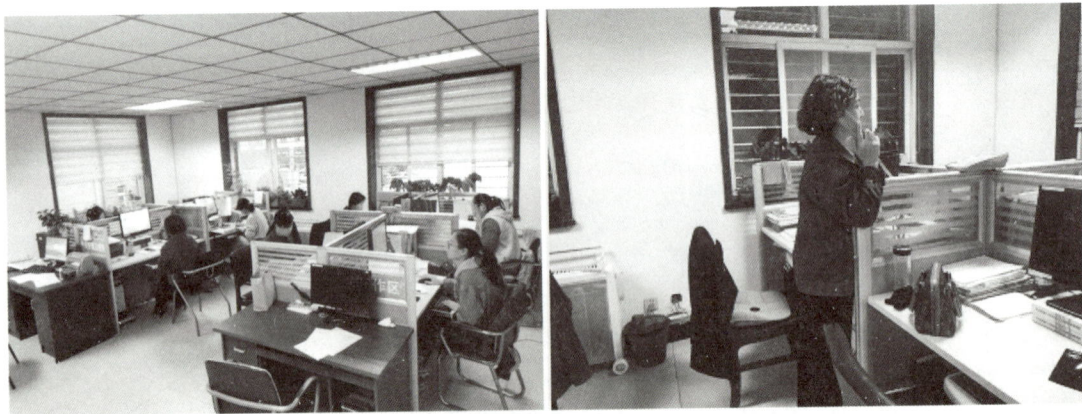

图6　市场化用户发行期间，全员在岗提前测算

（4）在催收时，继续加强网银、电e宝、网上国网等网上交费渠道的推广，同时充分利用电e贷、电e盈新型业务助力企业复工复产。

（三）电费结零后管控

电费结零后，严格管控系统流程，对销户、过户、改类、违约用电等流程，因阶梯差价可能会产生欠费，各供电所可提前测算电费金额，交足预收，防止欠费出现。否则一户欠费影响全公司的电费结零。

（四）建立回收奖励

　　结合国网保定公司的电费回收奖励额度，国网定州市供电公司营销部统筹考虑用工数量、营业规模、月均电费等因素，根据新型业务推广、电费结零激励、实时电费催收、市场化用户激励四个方面，进行了分配，用于奖励电费回收工作突出的集体和个人，按照工作责任、风险等级、回收难度和贡献大小进行奖金分配，向一线岗位倾斜、向创新工作模式的集体和个人倾斜。通过对内以正向激励促回收，确保不发生系统性风险，保障公司稳健经营，月度电费回收率100%。

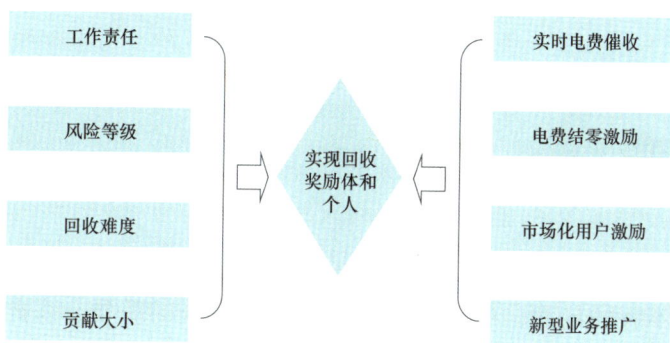

图7　建立电费回收奖励机制

三　实施效果

　　通过电费回收前催收、回收中督导、结零后管控，确保了17个供电所每月电费回收率100%，无新欠产生，确保电费颗粒归仓，支撑了提质增效工作。

　　国网定州市供电公司营销部每周下发高压欠费超一万明细，供电所开展重点催收，推广网上国网、电e宝、网银转账等缴费方式，压降实时欠费金额，月测算实时欠费与月均电费占比保定公司排名前三，月累计回收金额在国网保定公司排名第一。

"互联网＋党建"
为组织生活助力

班组：国网安平县供电公司党建工作部

一 产生背景

随着党建工作的日益深入，党员需求日趋多元，传统而单调的组织生活形式，很容易造成锣齐鼓不齐的局面，已不能满足当前党建工作的需要。在此背景下，党员日常组织生活形式的变革、内涵的提升、党员的认可，成为摆在党务工作者面前的重大课题。习近平总书记明确提出，"各级党委要高度重视信息化发展对党的建设的影响，做到网络发展到哪里、党的工作就盖到哪里"。互联网为新时代党的建设进行理念创新、

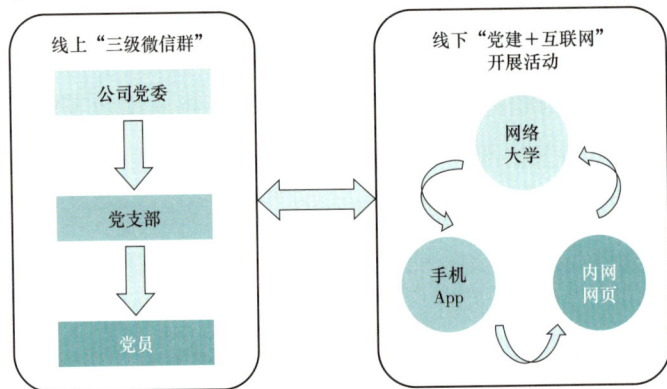

图 1 构建"全覆盖、扁平化、交互式"党建综合服务体系

方法创新提供了全新的平台和丰富的资源。推动基层党建传统优势与信息技术充分结合，是落实中央要求的重要举措，是顺应时代发展的必然选择，是提升党建工作质量的有效途径。公司党委积极探索"互联网＋党建"的新模式，将互联网融入组织生活，把组织建在网上、党员连在线上，推动党建工作线上线下相互融合促进，构建起"全覆盖、扁平化、交互式"的党建综合服务体系，以"虚拟党组织"弥补实体党组织教育管理中的缺失，激发了基层党建工作的新活力，持续提升党建工作质量。

二 主要做法

国网安平县供电公司党委下属 16 个党支部，有在职党员 155 名。从 2016 年开始，公司党委运用新媒体建立"党委—党支部—党员"三级网络微信群，发挥党在互联网上的领航作用，引导广大党员积极参与组织生活，倡导通过多样的形式来活跃党内生活。特别是党的十九大召开以来，公司所属党支部的日常组织生活和新媒体的运用，为党组织的党内生活注入新的活力，党建工作基本实现了以会议、文件为主到以互联网为主的华丽转身。

图 2　公司机关一党支部通过微信开展组织生活

一是学习方式创新了。在学习宣传贯彻党的十九大精神过程中，国网安平县供电公司党建工作部通过网络大学、手机 App、公司内网网页、手机微信群等多种方式，利用党委中心组、支部集中学和自学相结合方式，引导党员观看党的十九大会议视频，通过深入全国第一个农村党支部——台城村与当地村民共同学习党的十九大精神；深入开展党的十九大三级宣讲，以支部为单位参加党的十九大知识答题，交流学习心得体会，晒学习笔记，以新的学习方式代替了传统学习模式。开通了"微课堂"，适时组织"微党课在微信""学习党的十九大，党员争先锋"活动，同时，通过关注"共产党员"微信公众号，进一步丰富了学习内容，让广大党员能随时随地学习，巧用空闲时间学习，构建学习型党组织，确保了党员学习培训活动的开展和教育全覆盖。

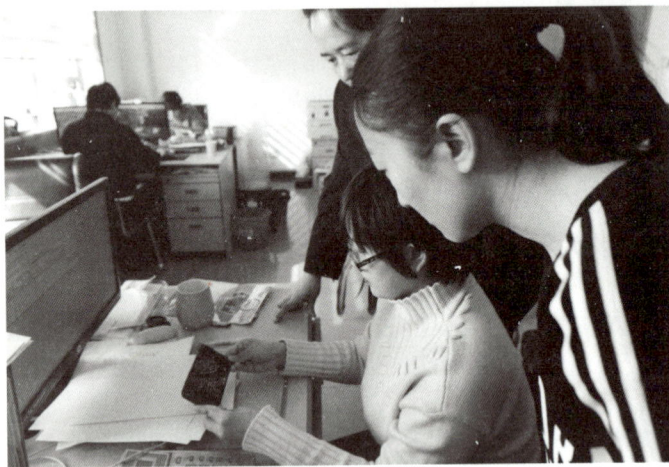

图 3　党员通过手机 App 观看党的十九大会议视频

　　二是学习功能增强了。①发挥宣传教育功能。国网安平县供电公司党建工作部在网站和微信上宣传党的路线、方针、政策和最新理论成果，登载最新评论员文章和与新时代与时俱进的学习文献，宣传优秀共产党员的先进事迹，传递正能量。②发挥指导培训功能。公司党委通过微信群有针对性地组织开展学习、安排部署工作、传达文件精神、交流工作经验、收集意见建议等，确保公司属各党支部在第一时间收到相关信息，并迅速传达给每位党员。同时，在群内全方位答疑解惑，共同学习进步，为基层党建工作的开展提供了一个答疑解惑、相互学习、共同提高的新平台。③发挥交流督办功能。既起到交流学习的作用，也达到了检查督办的目的。利用微信回复功能，建立微信受理、转办、反馈机制，对群众反馈的信息给予一一回复，确保群众利益诉求能够及时得到受理、解决，接受党员群众监督、满足党员群众期盼。

三是学习效果提升了。充分运用"O2O"的理念，开启线上线下互动的模式，活跃组织生活，搭建党支部与党员、党员与党员、党员与群众之间良性互动的平台，营造党员主动参与党内事务、党组织充分了解党员思想动态、党员之间随时沟通交流、党群干群关系进一步密切的良好氛围，让组织生活成为拓展思路凝聚共识的平台。

图4 线上线下相结合，搭建良性互动平台

各党支部通过党员微信群，组织党员在线学习，确保党员管理不断线、教育不脱节。每个党支部书记和党员干部主动在线，设置话题，引导讨论，先后围绕如何做新时期合格党员、十九大新党章有哪些变化等主题展开交流讨论，大家一起分享"微想法"，交流"微体验"。通过网络联系，提高了党员参加学习的积极性与主动性，拉近了党员与党员、党员与组织的距离，增强了党员凝聚力和归属感。

三 实施效果

国网安平县供电公司党委立足实际，围绕学习方式、学习内容等实施"互联网＋党建"新模式，受到基层党组织和党员的普遍欢迎，充分展现了互联网信息技术与党建工作有机融合的优势，学习内容更加丰富多彩，学习方式更加科学灵活，党员之间的学习交流更加多元便捷，组织生活真正成了党员汲取营养的源泉。具体体现在以下几点：

图 5　一线党支部组织党员通过电脑学习专题党课

　　一是党员参加组织生活的方式便捷化。互联网＋融入组织生活，实现了党建的物理空间向虚拟空间的延伸，除常规进行组织生活外，可以覆盖到有互联网、有电脑的党员，覆盖到所有使用智能手机的党员，党员们可以随时随地感受到组织的温暖。

　　二是党员参加组织生活的形式多样化。依托互联网＋，可以通过微信、网络大学、清风学苑、手机 App、电网头条等多种方式参加组织生活。同时，既可以了解国际国内形势，又可以第一时间学习党的最新政策文件，还可以收听收看示范人物的先进事迹，强化党员学习，筑牢思想根基，打造党员干部"指尖上的加油站"。

图 6　通过网络大学参加组织生活

三是党员之间的交流更加多元化。互联网＋拓展了党员互动交流的渠道，也更符合当前党员在信息化时代的沟通方式。互联网＋不仅是网络上的互联互通，更是组织与党员的直接对话，党组织可以了解党员在想什么、干什么，党员也可以领悟组织的要求是什么，为新时期打通党在互联网平台上更好联系服务群众"最后一公里"，提供了积极探索。

"四到位"应对突发病例，
发挥综合服务班防疫中坚作用

班组：国网肃宁县供电公司综合服务班

一 产生背景

2020年6月20日，肃宁县疾控中心发布一名蠡县户籍人员一次核酸检测呈阳性的信息。6月22日，该人员确诊为新冠肺炎确诊病例。得到消息后的第一时间，国网肃宁县供电公司综合服务班闻声而动，积极发挥防疫中坚作用，迅速按照既定应急预案，扎实履行防控职责，并按照应急响应到位、人员管控到位、宣传疏导到位、保障服务到位的"四到位"工作思路，全力做好确诊病例疫情防控应对工作。

二 主要做法

（一）做到闻讯而动，防疫应急响应到位

自6月11日北京发生疫情以来，国网肃宁县供电公司综合服务班作为疫情防控主体，在省市公司防疫专班和公司党委的统一领导下，快速反应，精准施策，认真贯彻"三级预警一级响应"的疫情防控总体要求，认真落实人员排查、物资抽备、食堂管控、区域消杀、测温登记等管控要求，为扎实做好涉京人员排查和防疫管控，进而为应对确诊病例疫情奠定了坚实基础。

图 1 防疫专班正在进行消杀、入门登记

6 月 22 日，在得到病例确诊的消息后，国网肃宁县供电公司综合服务班立即启动应急预案，落实灵活上岗机制，安排各部门自 6 月 22 日起全部减少三分之一人员到岗，优先安排涉京、涉病例人员离岗，同时按照"值班不离岗、备班不离场"的要求迅速恢复了调控、配抢封闭值班制度，休班人员全部在单位进行封闭休息，最大限度避免了交叉感染。国网肃宁县供电公司综合服务班迅速按照应急预案要求投入到各项疫情防控工作中。

（二）认真细致排查，敏感人员管控到位

6 月 20 日，在得到县疾控中心发布的一名蠡县户籍人员一次核酸检测呈阳性且在肃宁县某小区居住的信息后，国网肃宁县供电公司综合服务班按照"全覆盖、无死角"的原则，立即对全口径用工和共同居住家属进行了全面摸底排查，第一时间掌握了与该病例居住同一小区的 17 名职工信息，并采取了居家措施，为病例确诊后精准发力部署防控工作奠定了坚实基础。

积极与疾控部门、县医院沟通联系，对调控、营销、物业人员进行了集中核酸检测采样，确实做到应检尽检。同时，充分发挥核酸筛查作用，将检测范围扩大到愿检尽检人员，进一步扩大了核酸检测覆盖范围，最大限度降低了疫情传播风险。

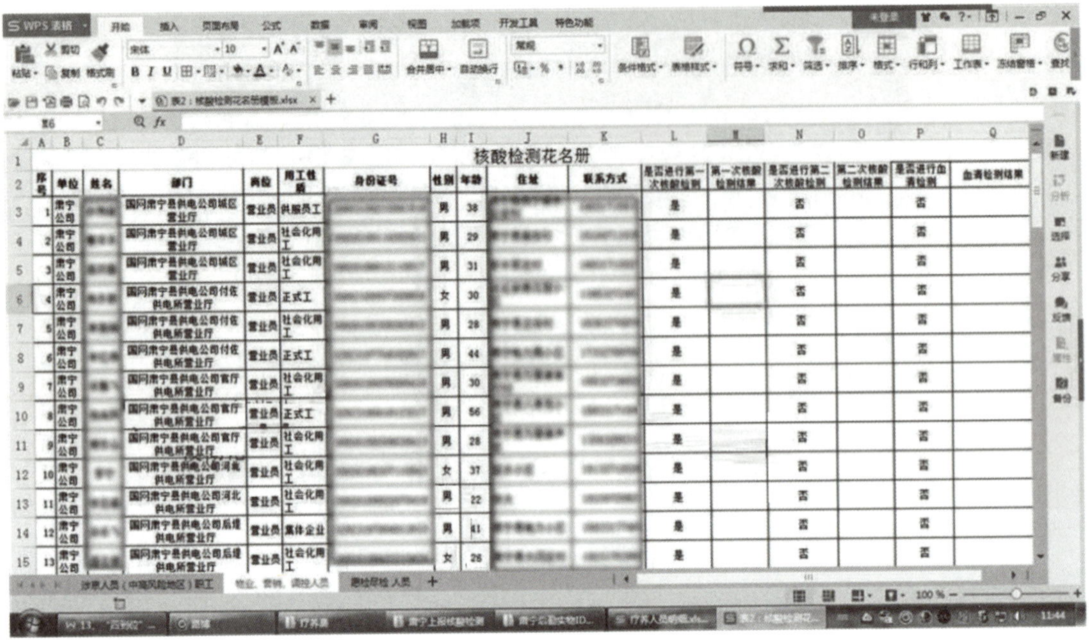

图 2　核酸检测花名册

图 3　核酸检测现场

（三）坚持信息公开，做到宣传疏导到位

一方面强化与疾控部门沟通。启动联动协调机制，每天保持与县疾控中心进行信

息沟通,第一时间掌握县疾控中心发布的官方信息,特别是确诊病例的行动轨迹,及时报告最新情况,为开展后续密切接触人群排查以及采取防控措施提供依据。

另一方面加强疫情防控宣传和引导。及时通过网讯通、微信群等多渠道宣传新冠防控知识,有针对性地开展心理支持和危机干预工作,稳定员工情绪,避免过度恐慌。组建了与确诊病例同小区17人以及公司专班人员、分管领导参加的微信服务群,传达疫情动态,跟踪人员健康状态。

(四)落实防控要求,做到保障服务到位

在落实各项防疫部署的同时,综合服务班认真结合防疫工作做好后勤服务保障工作。

一是做好公共区域防疫管控。指示保安、保洁等作业人员,认真落实出入登记测温、定时消杀等防疫要求,同时加强个人防护,进入办公区全程佩戴口罩。加强快递收发消杀,倡导无接触配送,减少人员接触频次,对进入办公区域的快件进行消杀处理,降低感染病毒的潜在风险。

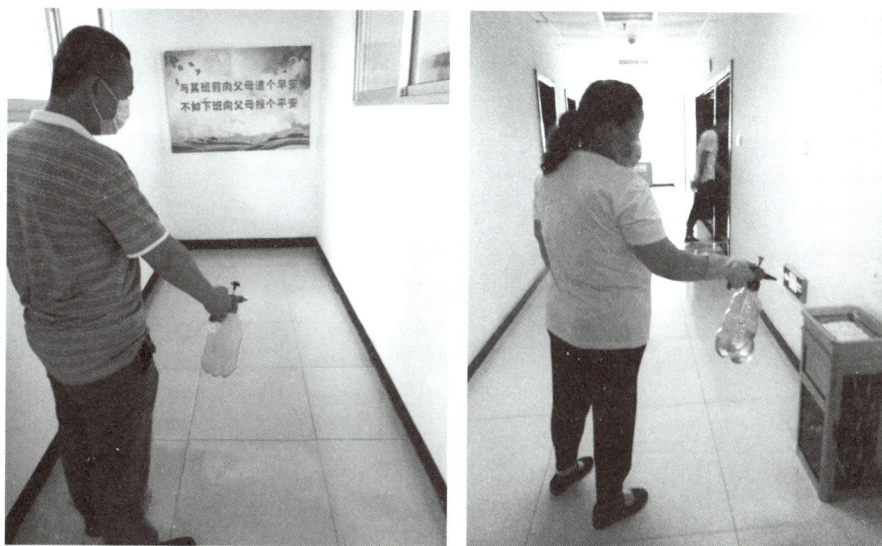

图4 对办公区域进行消杀

二是强化食品安全管控。全面加强食材采购、人员防护、食品制作三方面管控,落实了食材索证溯源制度、工作人员实名管控、食品制作工艺标准、公共区域消杀等

要求，全力保障职工就餐安全。确诊病例发生后，立即关闭了食堂餐厅，取消了堂食，实行配餐和分散售餐带回制，最大限度地减少了人员聚集，降低了感染风险。

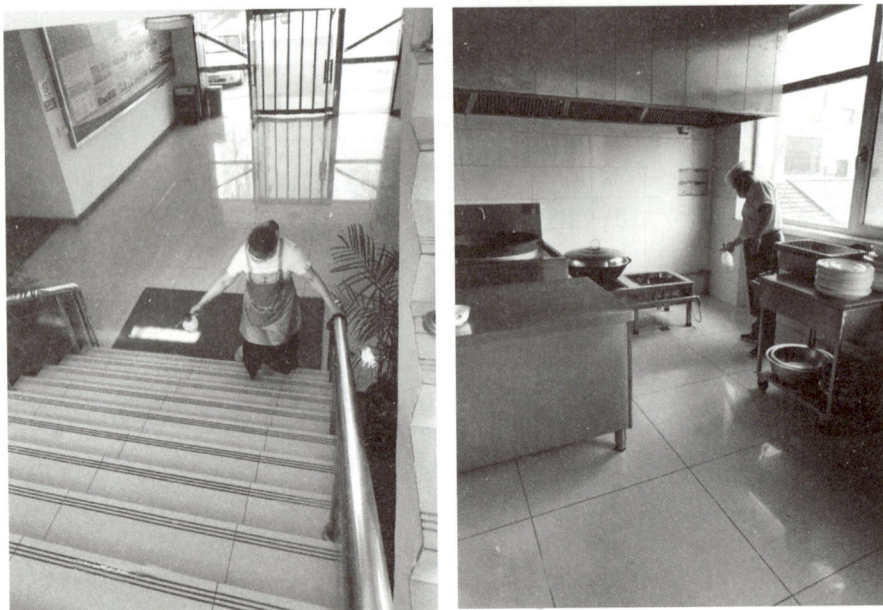

图 5　每天对职工食堂内、外区域进行消杀

图 6　干净、整洁的用餐环境保障了食品的安全

三是全力保障防疫物资供应。为有效应对确诊病例疫情，综合服务班在做好口罩、消毒用品供应基础上，结合疫情需要紧急从国网商城超市化采购了部分防护服、护目镜等应急物资，全力保障防疫物资供应。

图 7　充足的防疫物资保障

四是加强防疫管控措施督导。为确保各项防疫措施落实执行到位，国网肃宁县供电公司综合服务班还按照上级要求，在防疫任务紧张的情况下，抽调人员不定期对各

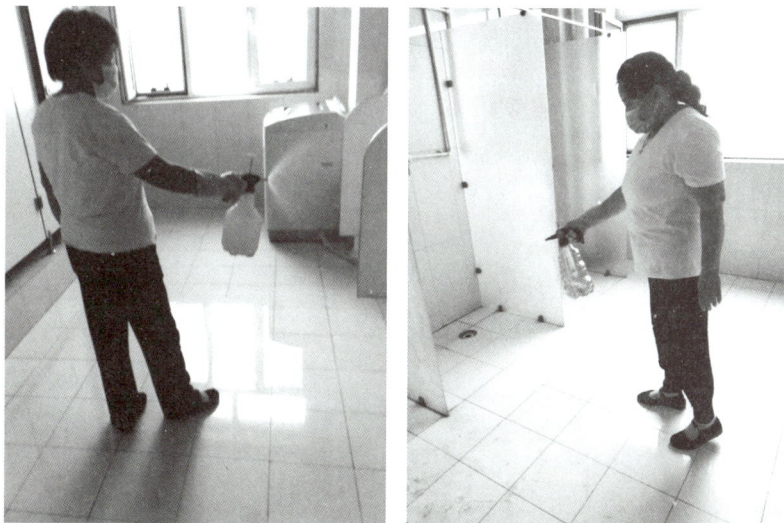

图 8　定期对公共卫生场所进行消杀

单位防疫消杀、营业厅出入测温登记等防疫措施落实执行情况进行督导检查，督促各单位严格落实防疫措施，确保疫情防控取得最终胜利。

三 实施效果

一是实战检验了疫情防控成果。此次应对确诊病例疫情，实实在在检验了各项疫情防控措施，国网肃宁县供电公司从防疫协调指挥、方案制定、措施执行、人员排查、后勤保障各方面都经受住了考验。由于反应迅速、措施得当，此次肃宁县确诊疫情病例中，国网肃宁县供电公司"全口径"人员无一感染，有力保障了生产经营工作的顺利进行。

二是实战锻炼了防疫工作团队。面对突发确诊病例疫情，国网肃宁县供电公司综合服务班积极发挥疫情防控中坚作用，在上级防疫专班和公司党委领导下，快速反应、沉着应对，并按照"四到位"的工作思路，提前拟定了详细的工作方案，迅速启动实施，有效缩短了疫情反应时间，为做好疫情防控工作争得了先机。

提升技能助安全，创新管理促发展，打造中国电力优质工程

班组：沧州中兴实业集团有限公司变电分公司综合自动化一队

一　产生背景

宋门 110kV 变电站新建工程是沧州中兴实业集团有限公司变电分公司承建的大型变电工程，建设初期，公司就将打造"国优"作为目标，因此沧州中兴实业集团有限公司变电分公司综合自动化一队在施工建设中特别制定了施工目标：①"标准工艺"应用率 100%；②确保二次安装工程"零缺陷"；③在二次安装专业为该项目实现创优目标奠定基础；④不发生因二次安装造成的工程质量事件。鉴于此，沧州中兴实业集团有限公司变电分公司综合自动化一队结合宋门 110kV 变电站新建工程施工方案以及历年来各个建设工程的工作经验总结，分析制定了"2 加 7"全方位策划管理方案。

二　主要做法

（一）"两"项制度策划

一是"358 质量问责制"。在以往验收中反复出现的工艺不美观、不规范等问题。因此，沧州中兴实业集团有限公司变电分公司明确了缺陷指标，要求在新建 110kV 变电站生产验收时发现的缺陷数量，高压专业不得超过 3 项，二次专业不得超过 5 项，

一次专业不得超过 8 项，多罚少奖。因此，沧州中兴实业集团有限公司变电分公司综合自动化一队同样将责任下移，将缺陷数量控制在 3 项以内。自 2018 年实施以来，其他班组也积极效仿，使沧州中兴实业集团有限公司变电分公司所有的验收缺陷由平均 21 项降低为 12 项。因此，沧州中兴实业集团有限公司变电分公司计划从 2019 年开始将相关指标降至"235"。

二是质量自检卡制度。旨在将新规范、新标准在施工环节有效落实。沧州中兴实业集团有限公司变电分公司综合自动化一队人员认真学习验收规范等文件，并结合历次验收提出来质量问题，提炼出各专业关键项目及工艺要求，编制自检表，并同步更新。将其制作成卡片形式，配发到班组每一名施工人员手中，方便携带、查阅，使绝大多数问题都在施工过程中得到有效处理，大大减少了窝工、返工现象。

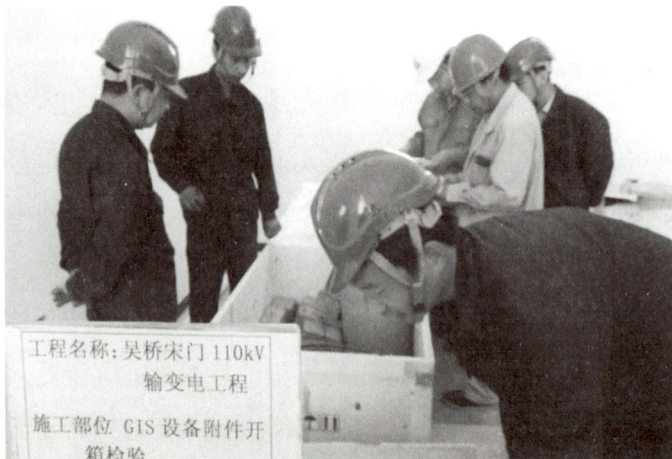

图 1　验收设备附件

（二）七项施工策划

一是绿色施工策划。宋门 110kV 变电站全站采用反光贴式接地标识，以减少油漆的污染；采用玻璃钢式电缆支架，来降低电焊烟尘的污染；采用密目网对全站地面进行全覆盖，控制扬尘的污染；宋门 110kV 变电站全站采用 LED 照明灯具，来实现节能环保；采用不锈钢切割锯片，这种锯片一片相当于 200 片普通砂轮锯片的使用寿命，有效减少粉尘的污染。

图2　全站地面覆盖密目网

二是成品保护策划。在电气设备安装前，提前做好设备基础边角、墙面、地面的防护措施，避免在设备安装时成品不被破坏和污染。

三是全站接地策划。构建以电气专业为主导的接地施工模式，在土建施工阶段，提前统一规划地网布局，预制专用接地块及接地引出线，所有设备及支架的接地全部采用冷弯螺栓连接，工艺美观、功能可靠。

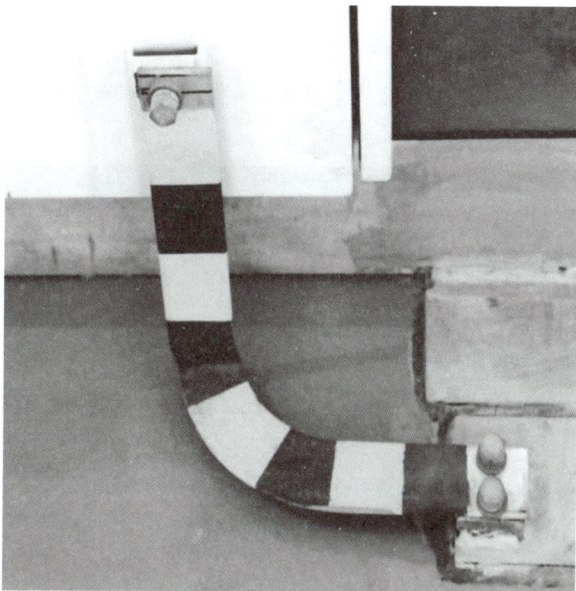

图3　接地采用冷弯螺栓连接工艺

　　四是 GIS 无尘化安装策划。沧州中兴实业集团有限公司变电分公司综合自动化一队自主研发的充气式双层恒温防尘棚，具有安装、拆除、移位方便的特点，内部配备了风淋房、温、湿度控制器及除尘设备，并根据 GIS 的安装特点，设计了 GIS 专用工具箱，每日开工、收工均由专人对工具进行清点，避免了工具的遗漏。

图 4　GIS 设备及安装专用工具

　　五是电缆敷设策划。由电气二次专业主导全站电缆敷设，将遥视、安防、消防等由供应商独立施工的项目纳入管控范围，统一规划电缆敷设路径，采用机械化施工，并根据电缆轴余量，合理进行裁剪，有效提高工作效率、减少电缆损耗。

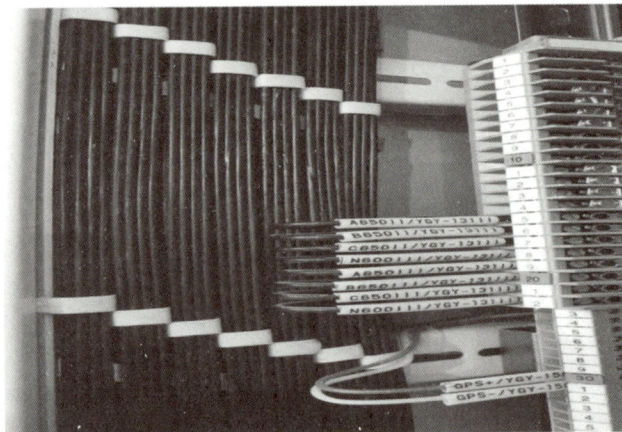

图 5　电缆敷设成品

六是屏柜安装策划。所有屏柜均采用红外线校准仪测量，地脚由磁力钻成孔，屏体全部采用螺栓固定，确保屏柜的平整度、垂直度符合工艺标准，柜内电源电缆与信号电缆分开布置，标识清晰，线芯采用S形接线、弧度一致。

图6　屏柜安装

七是可视化安全交底策划。常规的安全交底是负责人讲述，其他人脑补画面，由于不直观往往理解不深刻。沧州中兴实业集团有限公司变电分公司综合自动化一队使用了电池续航的微型投影仪，可与手机互联，也能直读U盘，在开工交底时，把施工

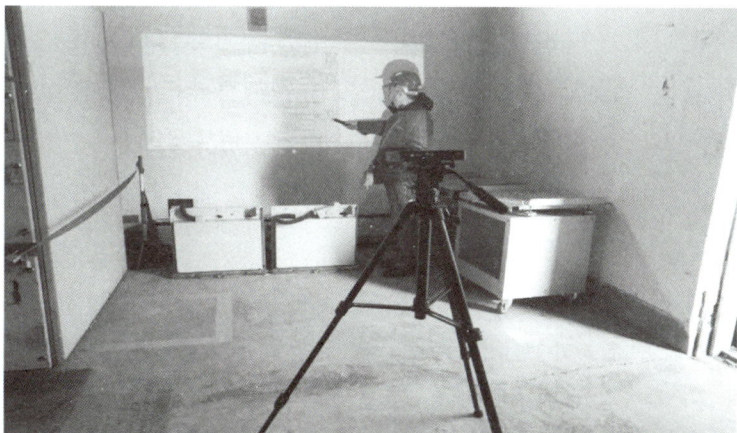

图7　可视化安全交底

方案同即将开展工作，特别是现场关键危险点、地线位置等照片投射讲解，一目了然。班后会上，把工作中发现的不足及违章，用影像的方式进行分析点评，在现场组织安全活动时，观看警示片，实现一机多用。

三 实施效果

通过"2加7"全方位策划管理方案的实施，宋门110kV变电工程按设计完成施工和全部调试项目，交接验收合格，未发现影响工程安全运行问题或缺陷。在工程建设及运行期间未发生安装调试责任事故，运行状况优良。

图8 现场验收

施工建设中沧州中兴实业集团有限公司变电分公司综合自动化一队全体人员克服了人员少、工作量大、设备不熟悉等困难，发扬艰苦奋斗的工作作风，不断提升了班组人员的技能水平和管理水平，安全、高质、高效完成宋门110kV变电站新建项目工程。经质量验收考核专家组评审，标准化工艺应用率达到100%。该工程被评为年度中国电力优质工程（中国安装之星）。

沧州中兴实业集团有限公司变电分公司综合自动化一队将时刻绷紧安全这根弦，坚持高标准、严要求、硬约束完成各项工作任务，谨记"人民电业为人民的"初心使命，主动作为、全力以赴，争做电网建设的排头兵，为建设具有中国特色国际领先的能源互联网企业贡献力量。

第五篇

班组安全建设

电网企业班组建设典型实例

（第三辑）

安全生产——标准化作业管理

班组：国网辛集市供电公司变电检修班

一 产生背景

随着新冠肺炎疫情阻击战取得阶段性胜利，形势好转，全国快速进入复工复产，受疫情影响的工程进度也将迎头赶上。国家电网有限公司安全事故快报通知发生多起人身伤害事故，国网辛集市供电公司运维检修部针对此事件多次组织召开事故分析会，引以为戒，防患未然。如何在复工复产、加快推进工程进度的关键期，确保安全生产，是摆在辛集电力人面前的一次大的考验。对此，制定针对性安全生产标准化管理流程，强化安全施工计划管控，加强作业现场安全把控。

二 主要做法

（一）定期巡视，消除萌芽隐患

除不可抗力外，任何电网事故的发生一般都是可以避免的，变电检修班定期组织安全隐患排查工作。定期对设备进行巡视、采用红外测温等技术，发现问题及时消缺。例如，更换 35kV 位伯站 512 进线 TA，更换变电站许多重要位置隔离开关等工作都是日常巡视及红外测温技术发现的。目前处在防汛期间，在保证安全的情况下对各个变电站加强雨后巡视，对变电站房屋进行修缮，采取除湿防潮措施，疏通排水口等，针对变电站薄弱环节加强监测并对陈旧、"老龄化"设备进行抢救性治理，将处在萌芽期的缺陷彻底扼杀。

（二）施行个人化、小组化治理

班组内部以个人或者小组为单位，进行"分割式"治理，将班组所辖区域划分成几个责任区。例如，按照设备故障率高低划分成"红色警戒区""橙色警报区"和"蓝色预警区"。例如，国网辛集市供电公司所辖变电站，35kV 位伯站、35kV 西小王站、35kV 范庄站及 35kV 田庄站这些室外设备较多的变电站，故障率相对较高，可划分为"红色警戒区"。像负荷较大的 35kV 商业城可列为"橙色警报区"和故障较少的 35kV 小章站可划分为"蓝色预警区"。按照班组人员综合专业素质能力划分为"班组长责任区"及"技术专员区"。节假日施行全天候轮班责任制，做好应对各种"不确定性因素"，责任落实到个人及小组，刺激性提高班组整体执行力、积极性。

（三）制定标准化作业班组管理流程

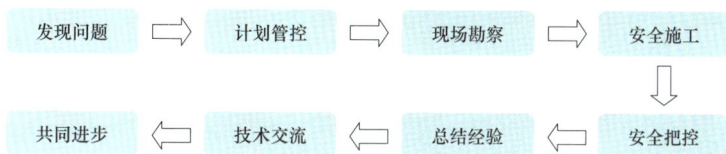

图 1　标准化作业班组管理流程

（1）发现问题，对症下药，制订针对性计划，强化施工组织计划管控，对作业现场进行全方位安全把控，施行到岗到位监督管理制度，全程跟随，做到万无一失。

（2）严格落实保证安全的组织措施和技术措施，认真落实施工检修现场工作负责人、工作班成员等安全职责，作业用安全工器具管理要到位，严格落实保证安全的停电、验电、装设接地线、等安全技术措施，确保安全施工。

（3）高度重视作业现场安全管控，严格执行"安规、三措一案"及生产现场作业"十不干"等安全工作要求，对违反规定的作业现场停工整改，严厉处罚违章指挥、违章作业、违反劳动纪律等行为，做到不触红线，守住底线。

部分电流致热型设备的相对温差判据

设备类型	相对温差值 %		
	一般缺陷	重大缺陷	视同紧急缺陷
SF6断路器	≥20	≥80	≥95
真空断路器	≥20	≥80	≥95
充油套管	≥20	≥80	≥95
高压开关柜	≥35	≥80	≥95
空气断路器	≥50	≥80	≥95
隔离开关	≥35	≥80	≥95
其他导流设备	≥35	≥80	≥95

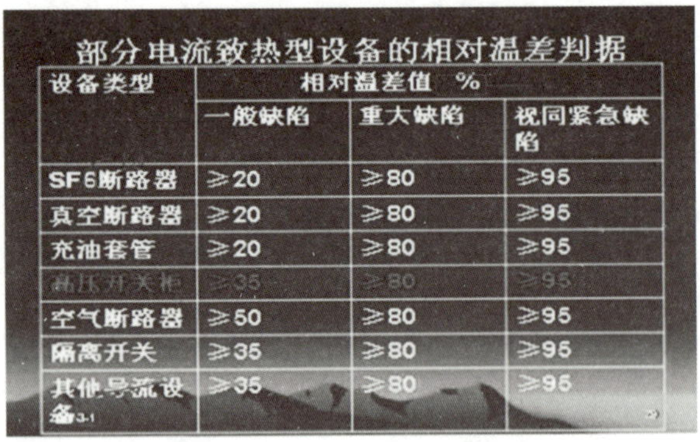

图 2　部分电流致热型设备的相对温差判据

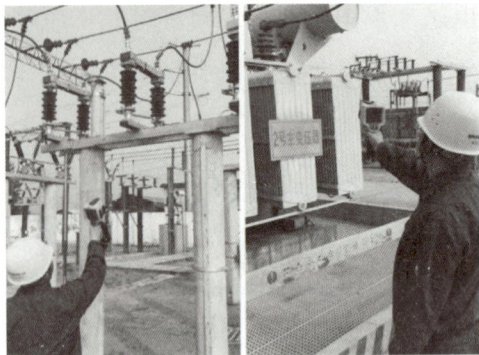

图 3　作业现场严格执行“安规、三措一案”等要求

（4）加强班组思想建设。将集体荣誉感、归属感、使命感，扩散至每个班组成员，要始终明白个人组成集体，个人的综合素质直接影响集体，而集体又能影响个人，两者之间互为共存，互为约束。

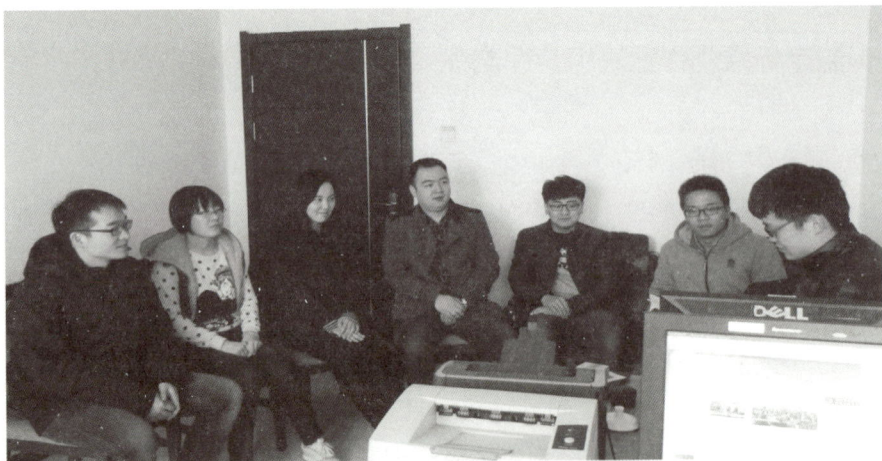

图 4　定期组织召开班组讨论会，分享心得体会和技术要领等

定期组织召开班组讨论会，个人勇于阐述自己对工作的想法，积极分享自己在工作中的心得体会、技术要领等。互相交流、总结经验，以达到共同进步，增强班组凝聚力。好的想法、技术在班组内实施，促使以后类似的工作少走弯路，为公司节约人力、财力、物力。

三　实施效果

在公司各级领导的正确引领下，国网辛集市供电公司变电检修班全体人员始终奋战在工作前线，不言劳苦，不畏挑战，始终把握工作重心，取得了一个又一个攻坚战的胜利。例如，35kV 大李站隔离开关更换、35kV 王口站零点抢修、35kV 和睦井站"战高温抢修"、35kV 位伯站综合改造，35kV 商业城站、35kV 马庄站及 35kV 南棚站主变压器增容等工程。

图5　国网辛集市供电公司变电检修班检修计划安排合理有序

图6　国网辛集市供电公司变电检修班现场作业

标准化班组管理，检修计划安排合理有序，提高了班组检修效率。严格的现场安全把控，到岗到位全程监督安全生产，确保作业现场无一安全纰漏。保质保量完成工程进度，缓解了供电压力，增强了供电能力，保障了所辖设备的持续安全稳定运行。未来，国网辛集市供电公司变电检修班定会继续发扬班组优良传统，不断自我创新，不忘初心，牢记使命，用检修人的双手守护着辛集的光明。

落实"3121 安全管控"，落地扎根本质安全

班组：国网邢台供电公司变电检修室电气试验二班

一　产生背景

标准化工作是国家电网有限公司在作业现场对所有工作人员的重要要求，如何规范现场和实现标准化作业是我们长期追逐的目标。为全面落实"安全第一、预防为主、综合治理"的工作方针，进一步提高安全管控水平，夯实安全管理基础，依据国家电网有限公司《生产作业安全管控标准化工作规范》，与班组实际情况相结合，提炼出"3121 安全管控工作法"，旨在进一步加强和深化公司系统的班组建设工作，提升班组各项软实力，高效实现工作目标。

"3121 安全管控工作法"释义如下。

"三关"：试验准备关、试验中实施关、试验后总结关。

"十二个管控点"：现场勘察标准化、风险评估危险点及预控、班组承载力分析、"两卡"编审批、"工作票"填写规范化、班前会交代与再提醒、开工前的确认事项、两级安全交底、现场作业标准化和规范化、危险点的专责监护、班后会总结评价、持续改进和提高。

"一个平台"：即班组周安全日活动平台。

二 主要做法

"3121安全管控工作法"从班组实际情况和班组人员出发，结合工作任务，对实验前、试验中、试验后三个阶段分别进行准备、实施和总结，提高工作效率，提高班组人员素质，提升班组建设水平。

（一）"三关"

"三关"为试验准备关、试验中实施关、试验后总结关。

（1）试验准备关：实验前，应充分了解工作任务，分析工作中的危险点，落实危险点控制措施。班组人员要规范化填写工作票及两卡，对现场进行充分勘查，开工前对危险点进行再一次的交代与提醒。

（2）试验中实施关：在试验进行过程中，班组工作人员时刻注意着与危险点保持足够的安全距离，正确规范使用试验仪器，在安全措施保护范围内工作。

（3）试验后总结关：试验结束后，工作负责人对此次工作进行分析和总结，告知现场人员工作中的缺陷和不足，对规范化工作人员提出表彰，以更好地对工作进行改进和提高。

（二）"十二个管控点"

"十二个管控点"为现场勘察标准化、风险评估危险点及预控、班组承载力分析、"两卡"编审批、"工作票"填写规范化、班前会交代与再提醒、开工前的确认事项、两级安全交底、现场作业标准化和规范化、危险点的专责监护、班后会总结评价、持续改进和提高。

上述管控点涵盖了试验现场工作过程中的所有流程，即工作中每一步的危险点班组都了然于胸；同时，也规定了每一步的规范化作业，即为实现规范化作业管控夯实基础。

（三）"一个平台"

"一个平台"为班组周安全日活动平台。通过该平台对上周工作进行点评总结提炼，对本周工作进行布置和再叮嘱，对下周工作进行预安排和超前管控，使各流程环节得以落地实施，可靠提高安全风险管控能力，及时、迅速、高效、有序地完成工作任务。

三　实施效果

在实行"3121安全管控工作法"管理模式之后，班组规范化作业得到明显提升，本质安全在班组落地实施，成效显著。在每次工作现场作业中，负责人管控到位，班组工作人员落地实施到位，大大提升了工作效率和工作质量，减少了安全事故的发生。通过对每台设备精准检测，及时发现设备故障和隐患，保障电网可靠运行，圆满完成高考、中考保电等重大工作任务。

电气试验二班成功使"3121安全管控工作法"管理模式落地，让各项基础工作有序展开，每项工作具体到个人，提升班组整体水平，实现班组管理制度化、规范化和科学化。

今后需拓宽思路，发挥集体的力量，对安全管控规范化、制度化进一步地深化和提升，以落实"安全第一、预防为主、综合治理"工作方针为目的，提升安全管控能力，使"安全"刻在每一位工作人员的心中。

构建四个平台，打造安全智慧班组

班组：国网邯郸供电公司调控中心电网调控班

一 产生背景

班组作为电力企业的最基础管理组织，是实现安全生产、经营效益、企业文化及一切工作的基础和支撑。大运行体系下，实施调控一体模式后，电网运行管理、调控业务流程、人员岗位职责等多个方面均发生了全新的变化，如何指导调控人员正确开展各项业务，提高调控人员工作能力和工作效率，保证电网调控工作安全优质开展和电网安全稳定运行成了一项难题。

为有效提升班组管理水平，提升员工工作能力，激发员工的工作积极性，公司多次组织召开专项研讨会，集思广益，并积极响应上级号召和安排，在班组建设工作中紧抓四项重点工作，有效地破解了班组管理难点。

二 主要做法

（一）以电网安全管控为立足点，创建全方位电网安全防控平台

一是制定实施《邯郸电网风险预警管理规定》，规范了风险管控的工作流程。通过风险辨识、风险评价、风险预控等各个环节，纵向贯通省地县一体闭环电网风险管控

体系，实现省地县三级联动。横向建立起以国网邯郸供电公司调控中心电网风险评估为主导，将国网邯郸供电公司其他相关部门统一纳入整个风险防控体系，强化各部门之间的联系，实现跨部门资源整合，确保风险预控措施得到有效落实，最终实现风险预控的一体化管理。

二是开展电网安全校核、安全隐患排查，年度运行方式分析，提前发现电网隐患和局部薄弱环节，提前调整电网运行方式或网架补强措施降低电网运行风险。

三是推进调度计划、倒闸操作等核心业务上线运行，实现在线监督和管控。

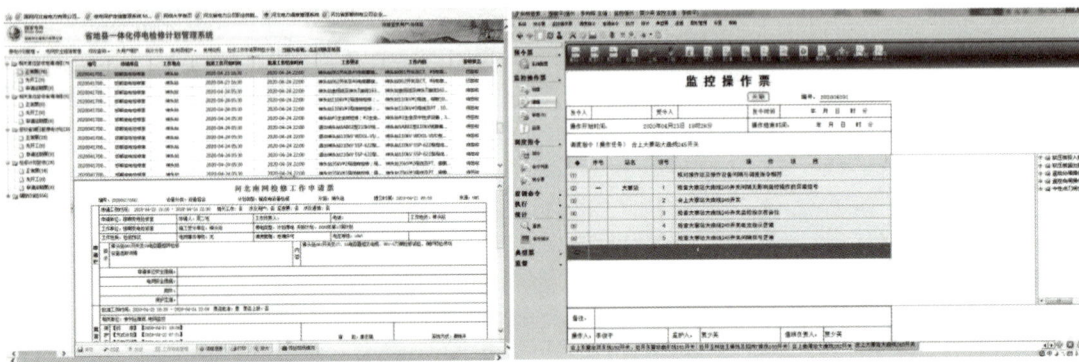

图 1　核心业务上线运行界面图

（二）以推动调控融合为着力点，建立一专多能的人才队伍建设平台

一是制定《邯郸电网地区调控员岗位晋级机制》，按照"双向持证、评聘分离"的原则，规范了调控员岗位晋级流程和渠道。

二是明确岗位资质条件，对副值调度员、副值监控员、主值调度员、主值监控员、值班长 5 个岗位分三个层次，分别从理论知识、岗位技能、职业素养三个角度开展岗位能力需求分析，明确了岗位资质条件。

三是制定调控融合规划。分阶段、分层次开展调控融合，实施"交叉培训、岗位互换"加快调控员技能融合。

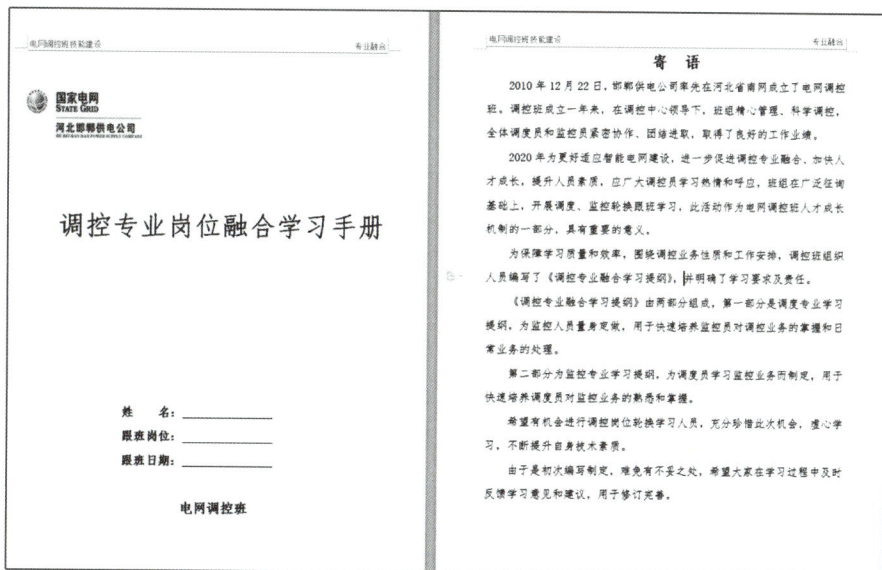

图 2　调度、监控专业岗位融合学习手册

（三）以推动创新创效为突破点，打造班组精益化管理平台

按照"专业联合、重点突破"原则，导入全新理念，实施项目化运作，对重点公关课题进行分解、落实，架起"想法"和"能力"的桥梁。

一是建立创新联动机制，推动职工创新"三联动"。依托企业创新平台，促进"应用者"与"开发者"思维联动，企业资源与社会资源联动，推广应用与效果反馈联动。

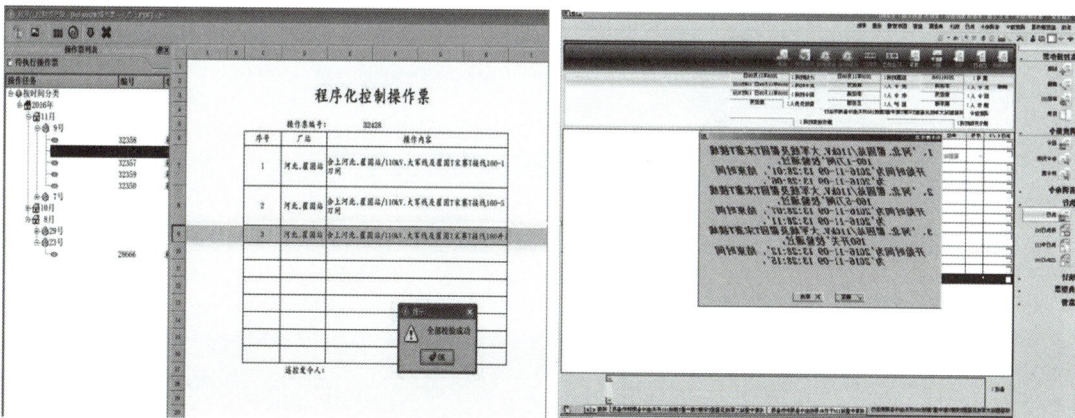

图 3　程序化遥控操作界面

通过联动机制建设，充分调动人力、物力资源，为职工创新营造良好的外部环境，确保创新机制长效运转。如，在河北南网率先开发了批量拉路和顺序遥控操作，并得到推广应用。

二是搭建创新平台，促进职工创新联合攻关。通过开设职工创新大讲堂，实施创新项目储备、开展重点课题"挂牌摘牌"，激发全员热情，推进"联合攻关，成果同享"。

三是建立动态对标机制，明确了工作目标和考核标准，打破了传统分配模式，实现了"收入凭贡献，升迁靠业绩，管理无盲区"的业绩考核要求。

国网邯郸供电公司调控中心
电网调控班绩效管理办法

第一章　总则

第一条　为进一步加强国网邯郸供电公司调控中心电网调控班绩效管理，规范电网调控班绩效考评工作，建立重业绩、强激励、比贡献的全员绩效管理机制，不断探索班组绩效目标与员工职业生涯有机联系的方法和途径，激发员工的工作责任感和主动性，提升班组建设管理水平，制定本办法。

第二条　班组绩效管理本着公平、公正、客观、量化的原则，客观评价员工业绩，强化责任意识，激发员工潜能，形成有效的激励与约束机制，进一步提高班组执行力和凝聚力。

第三条　班组绩效管理采取个人绩效月度考评打分制，班组绩效奖金额度原则上不超过班组月度奖金总额的20%，个人绩效奖金=（当月奖金总额×20%/总分数）×个人得分。

第四条　本办法适用于邯郸供电公司调控中心电网调控班绩效管理工作。

第二章　考评组织机构及职责

第五条　电网调控班成立班组绩效考评小组，组长由调控中心主管主任担任，副组长由班长薛曙光担任，成员由副班长郭其责、职工代表姜东锋、付本波等人组成。绩效考评小组职责如下：

1.副组长负责组织编制班组绩效考评细则、绩效指标。

附件1：

电网调控班绩效考评细则

第一部分：安全管理		
1.1指令票管理	**考评分数**	**考评对象**
1　正确执行一份指令票	+0.5	指令票上所列人员
2　正确执行一份预令票	+0.2	预令票上所列人员
3　已执行的指令票存放混乱、保管不当或统计错误	-1	责任人
4　指令票票面有调或不完整，按次考核	-2	责任人
5　调度术语不规范、下令过程不按规定录音	-2	责任人
6　操作票填写错误但及时终止继续执行未造成后果的	-20	责任人
7　计划性操作未提前准备指令票	-10	值班负责人
8　大型操作未按时间发布预令	-5	值班负责人
1.2工作票管理		
9　正确执行一份工作票	+1	工作票所列人员
10　因调控员原因漏填检修工作票的	-10	责任人
11　工作票填写内容与停电范围围不一致或错误	-10	责任人
12　工作通知不及时或漏知各处知或错误、漏通知	-2	责任人
13　已执行指令过程中未使用规范的调度术语	-2	责任人
14　已执行工作票存放混乱，保管不当，统计错误	-2	责任人
15　因本班责任造成工作票开工时间晚于大型现场时间要求	-15	班长
1.3操作票管理		
16　正确操作1项	+0.3	责任人
17　已执行的操作票存放混乱、保管不当或统计错误	-1	责任人
18　操作票票面有调或不完整，按次考核	-2	责任人
19　遥控操作行为不规范，按次考核	-2	责任人
20　操作术语不规范、操作过程不按规定录音	-2	责任人
21　计划性操作未提前准备操作票	-10	值班负责人
22　操作票与调度指令不相符	-10	责任人

图4　国网邯郸供电公司调控中心电网调控班绩效管理办法

（四）以为民服务为传承点，构建调控机构服务平台

国网邯郸供电公司调控中心将企业核心价值观融入为民服务，使电网真正成为连接政府、发电企业和用户的桥梁纽带，得到了政府和企业的信任，树立了良好形象。

一是建立保电联动机制，服务党和国家大局。通过明确保电流程，及时向政府和社会发出风险预警；开展负荷预测和调研，千方百计保障电力供应，彰显了供电企业高度的责任心。

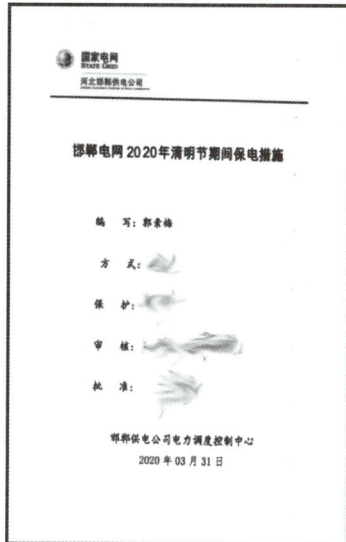

图 5　2020 年清明节保电措施

　　二是强化网厂协同和并网服务，服务发电企业。建立和完善发电企业信息的收集和更新机制，及时通报电力供应形势，协助发电企业做好检修安排；为发电设备并网提供业务流程指导，缩短业务办理时间，践行了企业诚信价值观。

　　三是实施风险预警和安全性评价，服务电力客户。通过实施风险预警，将安全性

图 6　电网运行风险预警通知单

评价延伸到客户，定期组织专业人员对重要用户设备状况和供电安全情况进行综合评价，帮助重要客户及时发现设备隐患，制定应急预案，"零距离"指导客户停送电操作、故障处理等，体现了调度机构的奉献社会精神。

四是嵌入政府项目规划，服务经济社会发展。密切跟踪政府重点项目投资计划，将电网规划与地方规划紧密挂钩，在电网检修试验中积极开展集控操作，缩短停电时间，积极保障电力供应，凸显了企业的创新思维。

三　实施效果

一是电网风险防控能力提升。通过建立全方位风险防控体系，及时发布风险预警，有效提升电网风险防控能力。2016 年发布电网预警 136 份，有力保障了电网安全运行，同时规避了停电事故带来的社会和舆论压力。

图 7　电网预警发布界面

二是人力资源得到充分利用。调控专业融合，人员综合素质进一步提升，人才当量密度进一步增加。国网邯郸供电公司调控中心电网调控班率先在河北南网完成了实现了调度副值和监控副值互为备用，人力资源调配更加灵活。目前，调控班两次获得省公司技能竞赛团体第一名，产生了国网技能专家 3 名、省公司优秀技能专家 5 人、公司首席技能专家 4 人、公司优秀技能人才 10 人、公司创新人才 2 人，为电网运行和班组中长期发展提供了可靠的组织保障和坚强的智力支持。

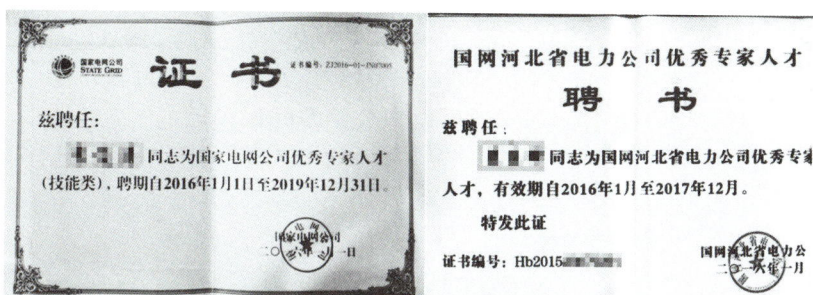

图 8　优秀专家人才聘书

三是创新能力得到显著增强。国网邯郸供电公司调控中心电网调控班围绕电网运行监控产生创新成果 49 项，21 项获得公司及以上级别职工技术创新奖，对提升电网控制能力，降低电网运行风险发挥了巨大的作用。

图 9　职工技术创新成果

展望未来，电网调控班豪情满怀、砥砺前行，将继续探索"大运行"体系下班组建设内涵，提升班组对大电网的驾驭能力，更好地服务于坚强智能电网建设。

多维度构建供电所大安全体系

班组：国网蠡县供电公司桑园供电所

一 产生背景

基层供电所的安全管理，涉及的点多面广：

直接面对客户，就需要确保客户的用电安全，所以要做好安全用电的宣传工作，因为一旦发生客户用电安全伤亡事件，因社会舆论、法律法规的不健全等各种因素，供电企业一般都难逃干系。

直接开展施工作业，就需要确保施工作业期间作业人员的生命安全。这是更加专业的管理问题，涉及施工作业时必备的"工作票（操作票）""三措一案"资格审核、技术交底等一系列专业管理，容不得半点马虎。

直接管理线路设备，就需要对线路设备进行检修维护，确保线路设备的安全无损。这一管理，涉及电网运行、设备运维等多个方面，需要发现缺陷、掉闸后进行分析、精益化运维等。

针对安全生产基础管理工作比较薄弱、基础资料不够健全的现状，为进一步加强供电所"三基"工作，必须开展安全宣传、进行设备巡视、填写缺陷记录、执行工作票（操作票）、编制跳闸报告、精益化运维为主的安全生产工作。

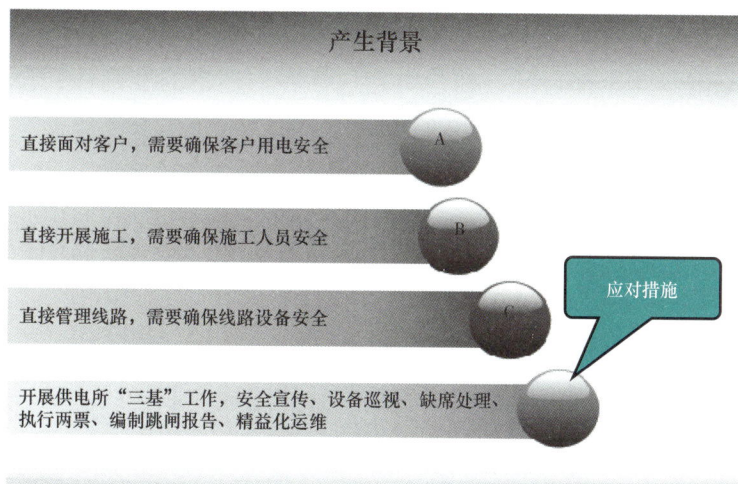

图 1　供电所安全管理产生背景

二　主要做法

（一）重心下沉构建供电所安全宣传体系

1. 持续开展"千人入户"行动

为了提高安全宣传质量，打通联系客户的"最后一公里"，国网蠡县供电公司桑园供电所组建了以供电所为中心，台区经理为骨干的"千人入户"安全宣传体系，开展入户安全宣传。采取主动服务、多次对接的方式，广泛宣传台区经理的业务范围和用

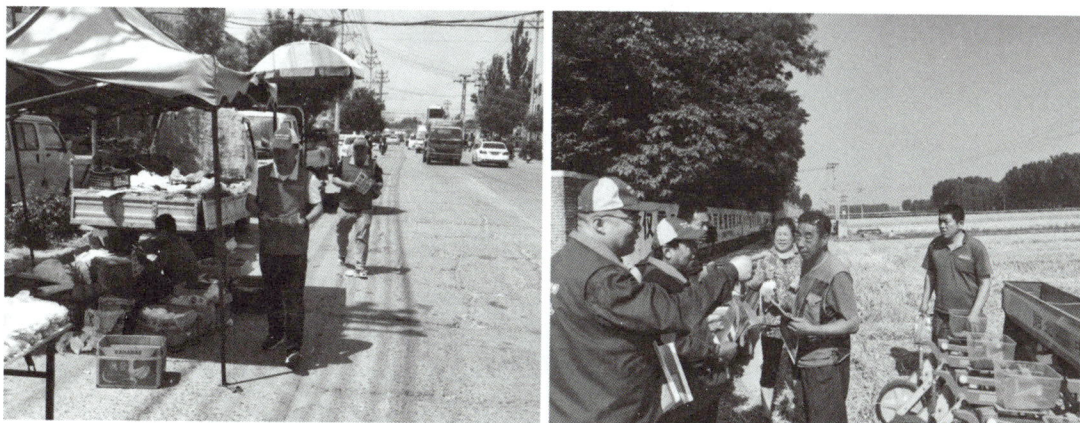

图 2　供电所台区经理进集市、下地头开展安全宣传

电安全注意事项。公司营销部通过电话回访的方式，定期组织对台区安全宣传质量进行抽检。抽检范围涵盖全部台区，抽检内容包括客户档案的准确性、台区经理入户频次、台区经理入户服务情况等。抽检后，对服务及时、工作态度认真、收到客户称赞的，按户奖励台区经理；对服务态度差、服务不及时等违反公司服务规范的，按户考核台区经理。通过对入户安全宣传效果进行考核，奖优罚劣，极大地提高了入户安全宣传质量。

2. 常态化开展护线宣传活动

为了提高护线质量，确保线路通道安全，公司组建专职护线队伍，按照供电所辖区范围，根据季节和天气特点定期开展专职护线宣传工作。春季开展以防漂浮物和防通道内植树为重点的护线宣传，对线路保护区周边的施工作业、大棚、广告牌等可能产生漂浮物的场所的植树情况进行排查，落实户主，发放宣传资料，做好通道安全管控措施；夏季开展以安全月主题为重点的护线宣传，宣传汛期用电安全知识和夏收电力安全注意事项；秋季开展以防大型农用机械撞杆为重点的护线宣传，加强对大型收割和耕地机械司机、专线客户的安全宣传，建立大型收割和耕地机械台账，做好安全预控；冬季开展以防烧荒为重点的护线宣传，对线路通道内肯能发生的燃烧荒草、秸

图 3　供电所开展护电巡视，对收割机司机进行安全宣传

秆、旧塑料薄膜户进行排查，发放宣传材料和签订安全协议，从源头上制止烧荒行为。

（二）定期开展设备巡视，做到"五不准"

（1）坚持按照配电设备巡视周期开展设备巡视工作。必须在保证设备巡视、维护、检修的前提下开展基建工程、客户工程等其他工作，不得以任何借口放松生产管理工作。

（2）建立线路巡视岗位责任制，每条线路都有明确的巡视负责人。巡视人员应配齐巡视、检查线路所必需的工器具以及安全用具等。线路巡视中，巡视责任人明确巡视范围、内容和要求，不得出现遗漏段（点），不能走过场，有问题必须查清查实。故障巡视时对发现的可能情况应详尽记录，引发故障的物证（物件）应取回（包括现场拍摄的录像或照片），以便进一步分析原因。巡视配电设备时巡视人员要做到"五细"：细看、细听、细闻、细摸、细测。"五不准"：不准做与巡视无关的工作；不准观望巡视范围以外的景物；不准移动或超越遮栏（确需移开时，应按规程规定进行）；不准交谈与巡视无关的内容；不准嬉笑、打闹。"五不漏"：不漏设备巡视；不漏巡视部位和方位；不漏巡视项目；不漏做记录；不漏反馈意见。

（3）巡视工作结束后及时填写巡视记录，按照记录要求对巡视日期、巡视人员、巡视内容及发现的问题等详细进行记录。

图 4　设备巡视现场

图 5　巡视工具观察到的设施

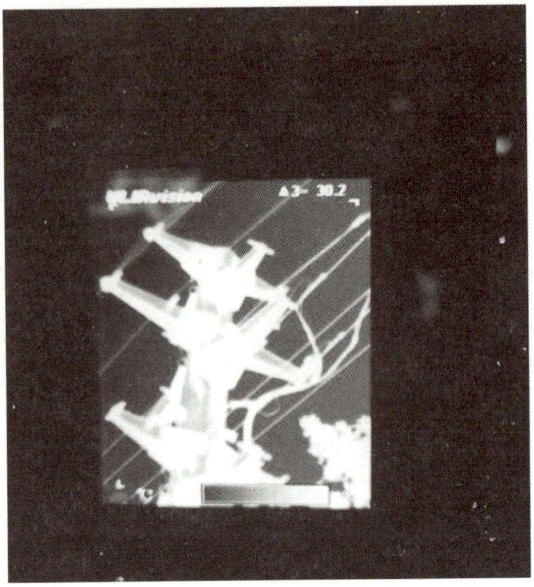

图 6　利用巡视工具进行巡视

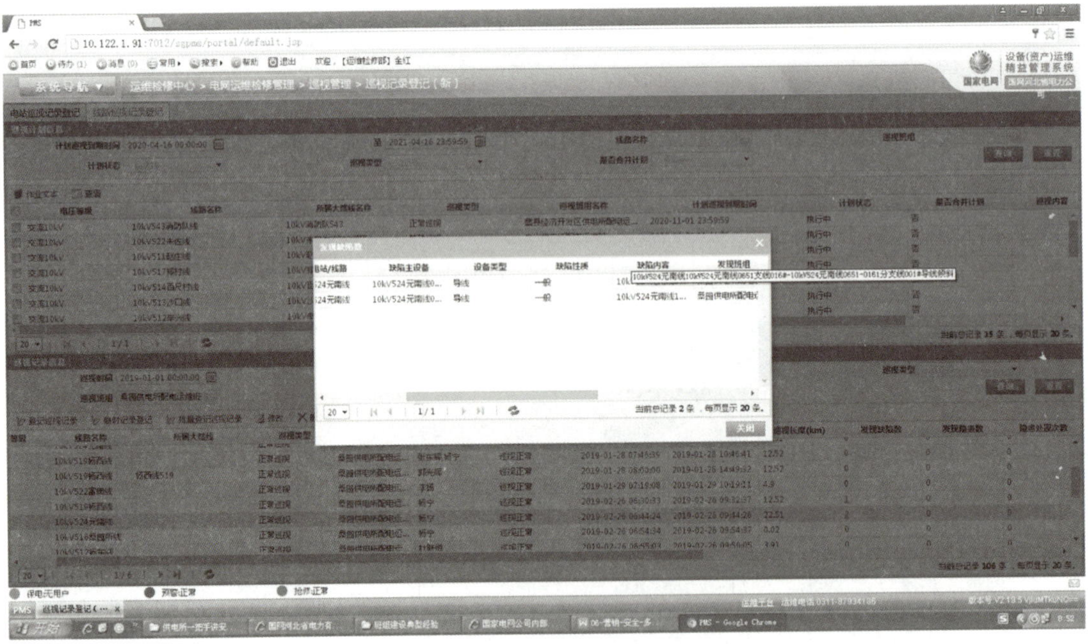

图 7　巡视等级界面图

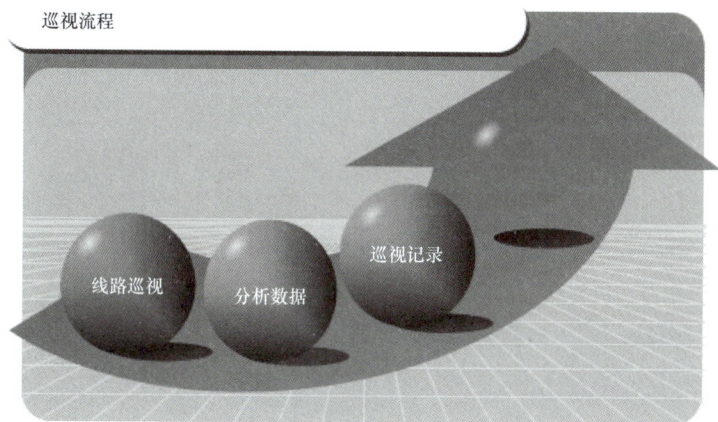

图 8　巡视流程示意图

（三）认真填写"缺陷记录"，及时上报

（1）缺陷管理实行三级闭环管理，建立班组、国网蠡县供电公司运维检修部、国网保定市供电公司运维检修部三级设备缺陷管理体系。班组设备运行人员在巡视中发现设备缺陷时应于当日将缺陷情况填入缺陷记录本，并报送班组长。班组长接到缺陷信息后，应检查和核实设备缺陷的定性、分类是否准确，并填写审核意见，危急和严重缺陷应立即汇报公司运维检修部领导。国网蠡县供电公司运维检修部在接到危及和严重缺陷信息后，尽快安排人员赶赴现场组织检修处理，随后应及时将缺陷的发展或处理情况电话上报公司领导和市国网蠡县供电公司运维检修部。每月 25 日前我班组将当月的设备缺陷统计报表报送至公司运维检修部，公司运维检修部汇总后报送至公司综合管理部和市公司运维检修部。公司运维检修部要求根据遗留未消除缺陷情况，定期进行缺陷平衡和分析，讨论制订消缺计划和方案，每年 12 月底将年度设备缺陷统计分析情况以缺陷报表、工作总结形式向公司综合管理部和市公司运维检修部汇报。

（2）班组建立了隐患管理数据库，做到"一患一档"。隐患排查治理过程中形成的传真、会议纪要、正式文件、治理方案、验收报告等归入隐患档案。每月底前将当月新确定的隐患以及当月完成治理销号的隐患报送公司运维检修部及安全质量监察部。公司职能部门向公司综合管理部和国网保定市供电公司安全质量监察部报备，严重隐患应立即上报县政府及市公司安全质量监察部。

（3）国网蠡县供电公司桑园供电所运维人员发现设备缺陷后应正确对缺陷进行定性、分类，并详细记录缺陷设备名称、部位、具体现象等，形成缺陷记录。

缺席记录　　　　　　　　　数据分析　　　　　　　　　缺陷处理

图 9　巡视记录、数据分析、缺陷处理

（四）执行工作票（操作票），加强"三措一案"管理

（1）凡在电力线路上进行的工作均需办理工作票，所办工作票种类及要求严格按照安规有关规定执行，严禁无票工作。工作票应一式两份，一份由工作负责人执行，一份由工作票签发人留存。倒闸操作时，运维人员必须根据值班调度员或值班负责人后进行操作，严禁无票或持手写票操作。

（2）相应工作结束后，要履行工作票的终结手续，工作许可人应将工作票的编号、工作任务、许可及终结时间计入登记簿。国网蠡县供电公司桑园供电所每月应将已终结的工作票（操作票）按编号顺序装订成册，并有班组长审核签名后保存，保存有效期 1 年。

（3）国网蠡县供电公司安全质量监察部每月对已执行的"两票"进行检查和评价，对不合格的"两票"提出改进意见。

（4）加强"三措一案"管理。现场施工应根据实际情况制定有针对性的"三措一案"，对复杂、大型工程编制"三措一案"前应进行现场勘察。在编制"三措一案"时，要结合本专业实际，按照工程概况、组织措施、安全措施、技术措施、施工方案的顺序制定。组织措施要求明确现场施工组织机构和相关人员的安全责任；技术措施要明确现场施工技术管理要求，进一步促使施工人员按照技术标准和工艺要求进行施工；安全措施应结合现场施工项目和施工特点进行危险点分析，针对工作中容易忽视的操作项目，制定出切实可靠的安全防范措施；施工方案要明确现场施工的施工顺序、操作步骤、操作方法等内容。"三措一案"要条理清楚，措施得当，专业特点强，具有现场可操作性、一致性。

图 10　现场施工

图 11　现场施工

图 12　国网蠡县供电公司安全质量监察部、国网保定市供电公司和国网蠡县供电公司领导监督检查

（五）"一份跳闸报告"为抓手，加强设备故障分析

（1）发生配电设备故障引起开关跳闸事件时，按照一事一报告的要求形成书面故障分析报告，报公司运维检修部。国网蠡县供电公司桑园供电所班组对每起设备跳闸进行认真分析，按照公司统一要求编制跳闸分析报告，上报运维检修部，并形成书面报告汇报市公司相关部门。分析报告应实事求是，责任到人，归档留存。

（2）故障发生后，国网蠡县供电公司桑园供电所班组、国网蠡县供电公司运维检修部应及时组织专业人员对故障原因进行深入分析，要通过设备故障原因暴露出的问题，排查设备存在的安全隐患，制订相应的整改措施及整改计划，落实整改责任人及时间节点要求，务必将银行治理落实到位。

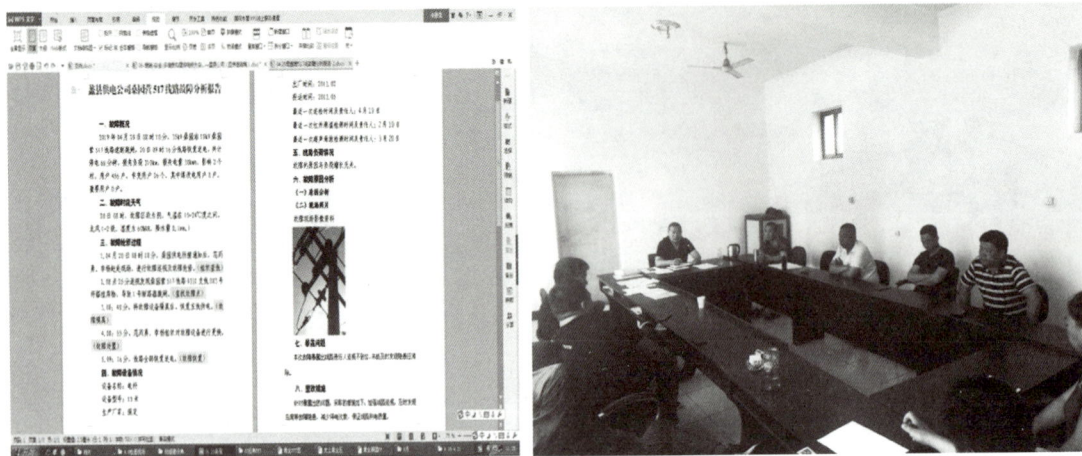

图 13　跳闸报告、会议分析

（六）坚持问题导向开展精益化运维

夏冬季负荷高峰来临前，召集班组运维专业人员，开展以解决问题为目的的电网诊断分析。从 10kV 线路、变压器到 0.4kV 线路、电表箱，从电压合格率、负载率到采

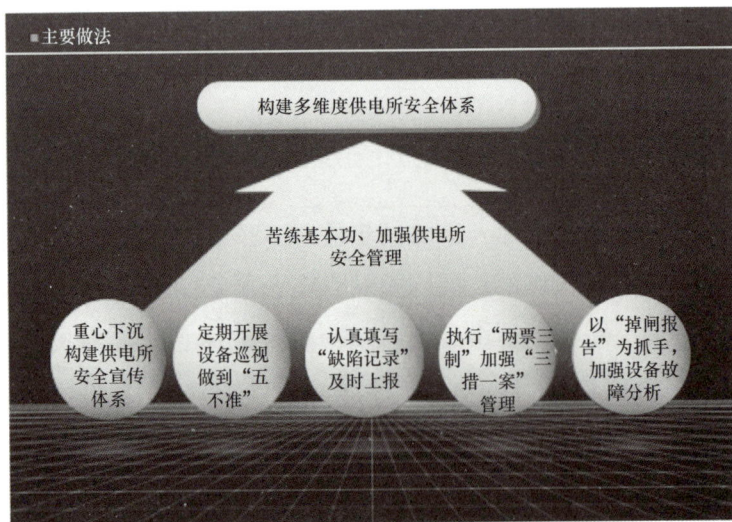

图 14　构建多维度供电所安全体系

集率、线损率，对供电所配电网存在的问题和薄弱环节进行全面的诊断分析，集中研判问题症结，本着对电网安全负责的态度讨论分析，制定行之有效、行之高效的解决方案。对较轻的问题，列入生产大修项目，通过日常检修消缺解决；对于涉及面广的问题，则列入技改或基建项目，编制好可行性研究报告，列项逐步解决，保证电网运行可靠。

三　实施效果

国网蠡县供电公司桑园供电所通过紧抓上述六项重点工作，日均采集成功率、台区同期线损合格率、投诉综合管控水平、10kV 线损达标率、10kV 线路百公里故障次数、95598 故障报修率、配电公用变压器运行正常率等指标同比有了明显提升，通过苦练基本功，加强供电所安全管理，取得良好效果，初步构建了面向客户、内核坚强的供电所大安全体系。

六个"强化"推动配电网工程管理提升

班组：国网阜城县供电公司业主项目部

一 产生背景

为加快提升配电网工程项目建设管理水平，促进各协作单位紧密联动，使项目整体推进有序开展，确保计划执行的刚性，杜绝无计划作业，实现现场安全文明施工，确保工程质量，提出业主项目部六个"强化"措施，推动配电网工程管理提升。

二 主要做法

业主项目部以六个"强化"推动配电网工程管理提升。

（一）强化工作责任落实

为加快提升配电网工程项目建设管理水平，促进各协作单位紧密联动，按照配电网标准化管理的相关要求，依据公司综合计划安排，组建了以公司经理为组长，副总经理为副组长，相关部室负责人为成员的 2019 年配电网工程建设领导小组，制定了详细的方案，明确责任分工。领导小组下设业主项目部，负责配电网工程的管理协调工作，为配电网工程项目的顺利施工及按期完工提供了有力的保障。

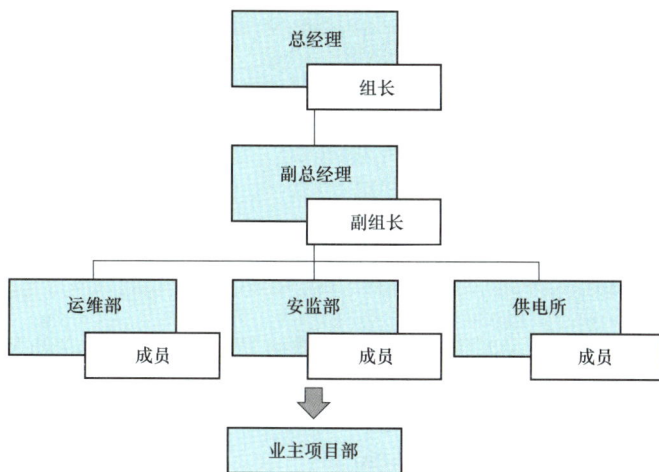

图 1　2019 年配电网工程建设领导小组

（二）强化工程前期管理

为了使项目整体推进有序开展，我们首先组织运维、供电所等相关单位对设计单位进行初设审查，确保工程顺利实施；然后由业主项目部编写项目管理策划文件用于指导项目的整体实施；同时监理、施工单位编制相应的监理、施工项目策划文件，并由业主项目部审批监理、施工单位项目策划文件并监督执行。

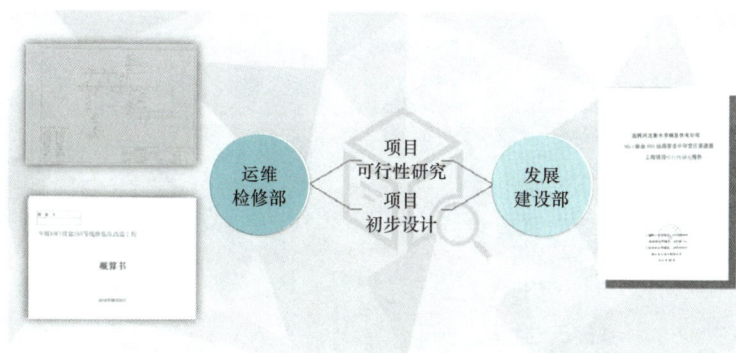

图 2　工程前期管理流程

（三）强化建设过程协调与监督

一是组织召开工程例会，宣贯项目重点内容，明确项目管理目标、相关措施、考核要求；传达上级各专业管理的相关规定及要求，掌控工程现场安全、质量、进度等工作计划落实情况。

二是跟踪项目物资供货情况，参与主要设备的到场验收、开箱检查，确保设备健康入网运行。

三是审批监理、施工项目部报审的有关过程管理文件，按要求组织开展现场安全、质量等监督检查并监督整改闭环。

四是及时协调工程建设过程中出现的属地协调、停带电、占地赔偿、联合施工等问题，采取有效管理措施协调解决，对于重大制约性问题，及时报建设领导小组相关领导协调解决，确保工程按计划顺利实施。

图3　项目实施过程中通过多种形式强化过程协调与监督

（四）强化工程计划管理

科学编制施工计划，确保计划执行的刚性，坚决杜绝无计划作业，确保工程实施和现场管理处于全面安全有序管控状态。为确保工程顺利开展，缩小停电范围，缩短停电时间，精心编制项目施工方案。根据工程施工作业的特点，组织制定"三措一案"（即组织措施、技术措施、安全措施和施工方案），严格编制、审核、批准各环节管理，确保实效性和针对性。

（五）强化施工安全管理

坚持以"安全责任重于泰山"为基本管理理念，始终把安全放在各项工作的首位，针对农网工程量大、工期紧，施工现场点多面广等不利情况，严格执行各类安全规章制度，严把施工现场安全管控。一是推行"现场安全管控 App+ 移动互联网 +现场监督"安全管控新模式，加强施工现场安全管控，实现现场安全文明施工，严把现场安全质量关。二是在工程建设过程中要严格执行"十不干""两票三制"、领导干部到岗到位等各项要求，认真开展施工作业风险分析管控和隐患排查治理，确保工程施工安全可控。

图 4　现场安全管控 App

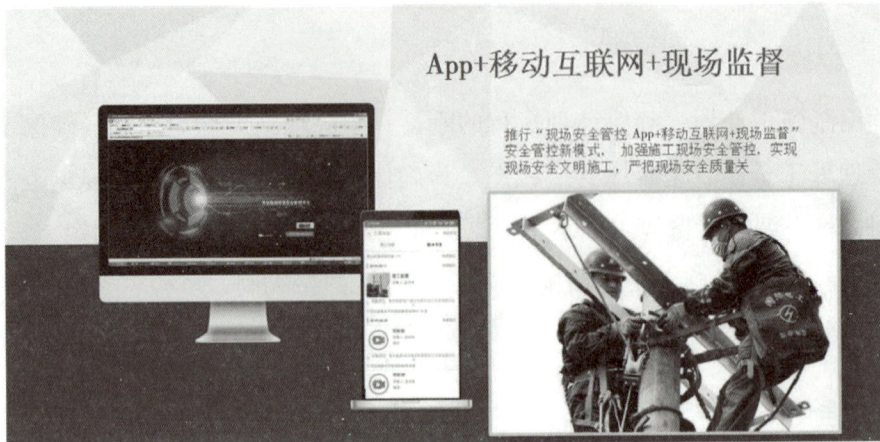

图 5　现场安全管控 App 移动互联网＋现场监督

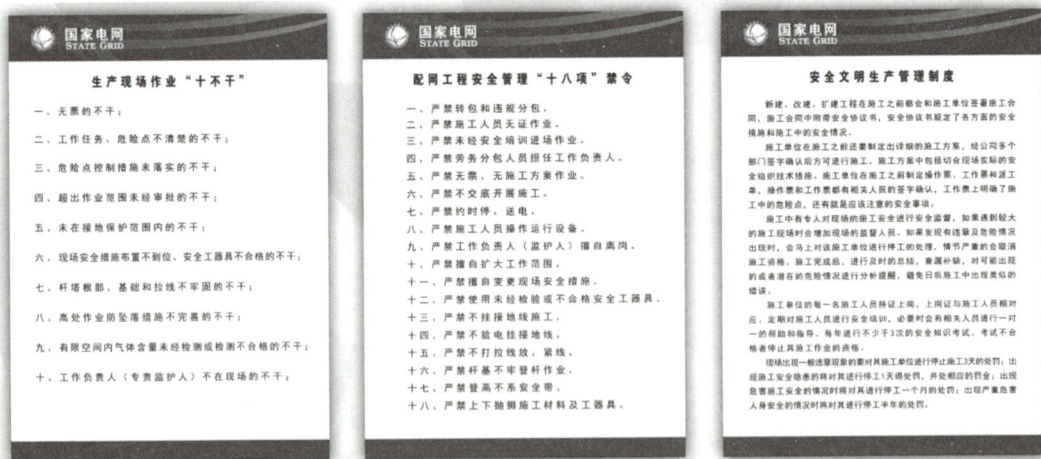

图 6　生产现场作业"十不干"等制度

（六）强化工程质量管理

质量是工程管理的根本，国网阜城县供电公司业主项目部始终把确保工程质量放在工程建设的重要位置，不断提高工程质量意识，坚持工期服从质量的原则，在建立健全质量监督保证体系的基础上，加强对工程的监督和检查，对工程进行全程监督，将质量管理贯穿于物资检测、工程设计、施工过程、竣工验收等各道关口。加强建设过程质量跟踪管理，严格执行工程建设标准，积极应用典型设计，采用标准化施工工艺，大力推广应用先进实用的新技术、新设备、新材料，不断提高工程建设质量。

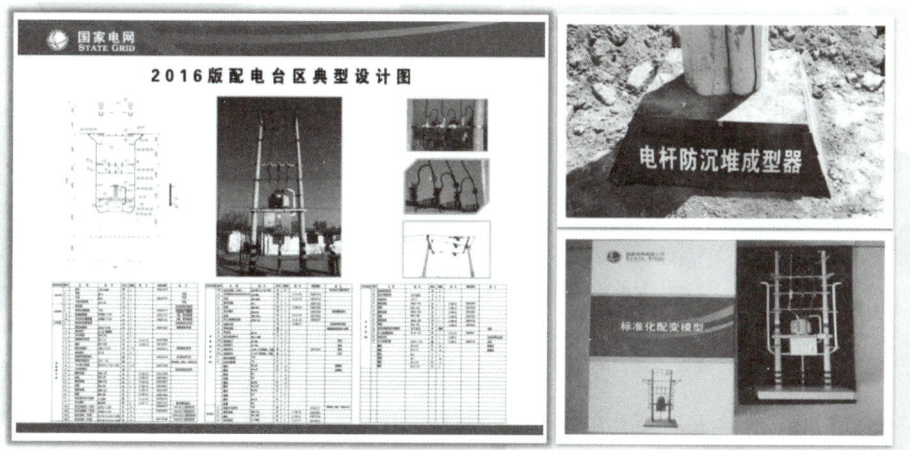

图 7　配电台区典型设计图

图 8　采用新材料提高工程建设质量

三　实施效果

业主项目部通过六个"强化"推动配电网工程管理提升，超前完成各类项目建设任务，并通过该经验荣获了"张雄 5295 线路改造工程""古城 543 线路古城街配电变压器改造工程"、两个国家电网有限公司"百佳工程""丁庄 551 线路后砖村配电变压器新增工程""蒋西 564 线路后寨村配电变压器新增工程"、两个省公司"优质工程"，

2019年争创了"古工543线路西徐村"国家电网有限公司"百佳工程"，争创了2019年度省公司标准化示范项目部。

古工543线路古城配电变压器台区新建工程荣获2015年国网公司"百佳工程"称号。

阜城564线路王吕村配电变压器新增荣获2016年省公司"精品工程"称号。

阜城10kV蒋西564线路前寨村配电变压器新增工程荣获2017年省公司"精品工程"称号。

阜城10kV古工543线路西徐村配电变压器新增工程荣获2018年省国网公司"百佳工程"称号。

图9　所获荣誉

以挂牌促摘牌，
提升班组教育培训工作水平

班组：衡水衡源电力建设有限责任公司源电建配电公司安装四班

一 产生背景

衡水衡源电力建设有限责任公司向来注重职工教育培训工作，鼓励班组在这方面做出实效，做出创新。该公司安装四班充分利用班组内老职工经验丰富，年轻职工想法多干劲足的特点，探索了"摘牌和挂牌"这一工作方法，针对安全、质量和服务问题找创新课题，激励了员工，也让职工教育培训工作提升了成效。

二 主要做法

衡水衡源电力建设有限责任公司源电建配电公司安装四班（以下简称"衡源电建配电公司安装四班"）在职工教育培训工作中，探索"摘牌和挂牌"的做法，收效甚佳，现将做法介绍如下。

（1）"摘牌和挂牌"的做法。"挂牌"由班组几个有经验的老职工，组成核心团队，根据班组月度配电工程安装质量问题分析和用户满意度调查情况，确定需要"挂牌"的课题，面向班组职工大张旗鼓地张贴出需要解决的课题名称，说明课题需要解决什么样的具体问题，根据"挂牌"课题的难易程度班组会给"摘牌"人什么样的奖励以及解决问题的期限。挂牌课题的难易程度由"摘牌和挂牌"的团队开会研究来决定，对于专业性较强，大家伙都认为是难题时，投票决定给予"挂牌"培训课题的分值，一般很难的培训课题为30分，较难的培训课题为20分，一般的培训课题为10分。这样大家伙做到了心中有数，也让摘牌人心里有了底数。

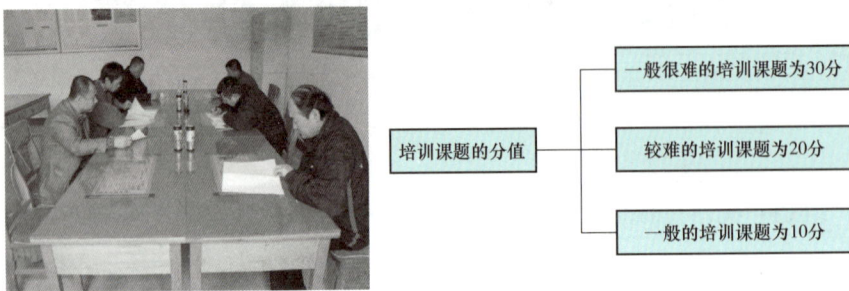

图1　开会研究挂牌和摘牌问题

（2）"挂牌和摘牌"工作实行正向激励机制。目的就是创新职工解决实际问题工作方法，促进大家积极参与教育培训工作，共同提高职工技能水平，提升班组的配电工程安装质量和优质服务水平。安装四班职工"摘牌和挂牌"组织团队由班长负责日常的"挂牌"和"摘牌"工作，制定了《配电公司安装四班职工培训"挂牌"和"摘牌"考核实施细则》，明确规定了"挂牌和摘牌"工作目的和意义，并利用教育培训例会和班务会进行了全面宣传和动员，大家一致反应热烈，参与的积极性高涨。

（3）针对安全、质量和服务问题找创新课题，达到解决共性问题，迅速提高公司服务品牌。根据班组作业现场《三级质量检验卡》中出现的配电工程质量问题中，有关技能方面的问题进行筛选，在班组公告栏进行"挂牌"。如，2019年5月15日，公司根据顺平街新建线路工作中，直瓶绑扎方法不统一和规范的问题，公司就问题的发生原因进行了分析，发生问题的原因是班组员工缺乏导线在直瓶上绑扎工艺要求方面的培训。于是班组在公告栏挂上了《导线在直瓶上绑扎工艺》的课题，在公司范围内征集培训课件，为激发大家参与的积极性，班组对敢于摘牌的人员给予月度培训考核嘉奖30分的奖励，结果安装四班的技术员孙某"摘牌"，制作了"直瓶绑扎方法"的培训课件，在全公司范围内进行培训学习，受到大家的一致好评。一位老师傅说："师傅怎样教，徒弟怎样学，有几个师傅，就有几个手法，绑直瓶这件很简单的一件小事，通过孙铁超讲解的绑扎方法，既省时又省材料。"通过这次绑扎直瓶的授课讲解，统一了直瓶绑扎工艺要求，消除了一项质量问题，大家又接受了一次培训授课，使大家认识到小事有大学问，进一步激发了大家学习业务技能和施工工艺要求的热情。

图 2　作业现场

（4）"摘牌"就是班组员工中任何一人，经过深思熟虑，觉得能胜任解决"挂牌"中提出问题，由该名职工将"挂牌"从班组公告栏取下，交给班长，然后当面领取挂牌任务，由班组技术员对摘牌人交代清挂牌问题解决要求，解决的期限、有关奖励和授课内容。摘牌人利用工余时间进行授课准备，包括编写讲义、教案，制作 PPT 课件，准备教材实物、教具等，在此期间，摘牌人如果需要培训专责协助的工作，如拍摄视频，完成动画效果的工作，由班组培训员报请公司领导统一安排全力提供资源支持。

例如，2019 年 7 月，根据现场安全督导发现的个别班组人员用脚口登杆时，动作不规范，容易发生高处坠落的不安全问题。班组"挂牌和摘牌"领导团队，开会研究决定，在班组公告栏张贴出"如何正确使用脚扣登杆"的挂牌培训授课课题，最后由安装四班李俊峰摘牌，班组成员共同制作了精美的 PPT 课件，在规定期限内给班组 45 名职工进行了授课和现场讲解，让大家从脚扣的结构、脚扣的外观检查、使用脚扣登杆时的动作要领、紧急情况下的安全注意事项和避险措施等多方面有了深刻了解，大家一致认为受益匪浅，平时觉得登杆用脚扣是非常小的一件事，还真有很深的道理。

图3　现场授课讲解与作业

　　通过"挂牌和摘牌"促进班组职工培训的积极性和创造性以及相互学习共同提高的机会。根据现场技能培训需求，以提高配电安装质量为培训目标，在班组范围内"挂牌"授课培训课题。在培训积分上加大奖励力度，鼓励全体职工"摘牌"并由班组统一组织进行授课活动。通过授课评比活动，评选出最优秀的课件，进行表彰，然后进行班组级的授课培训。这样既促进了全体职工参与培训师授课的积极性，同时，通过授课评比，大家都能互相学习，做到了优势互补，达到了共同提高的培训效果。目前共征集了培训师优秀课件14个，课件内容涉及了电工作业安全技能、交通驾驶安全、配电专业技能、配电工程施工及验收规范多个方面，这些课件以丰富的动画效果展示了安全生产方面的技能要求，安装工程方面的质量和工艺规范要求，以通俗易懂的PPT画面，传播着知识和技能。通过"挂牌和摘牌"活动采集的这些优秀培训师课件，为班组今后开展全员培训师授课活动，提供了丰富内容。

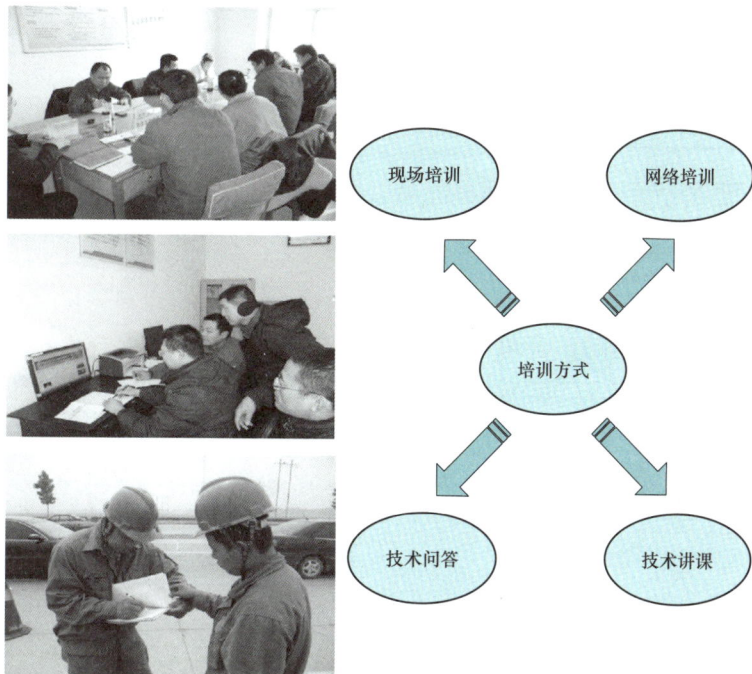

图 4　培训现场与培训方式示意图

三　实施的效果

通过"挂牌摘牌"活动，搞活了培训形式，实施正向激励机制，提高了全员职工积极参与"挂牌揭牌"活动的兴趣；是启发了职工在授课和课件制作方面的新点子和新思路，明白了小事情大学问的道理；丰富了班组培训资源，通过"挂牌和摘牌"2019年班组共征集优秀职工授课 PPT 课件 14 个，其中有专业技能授课课件 10 个，安全技能授课课件 4 个，为今后开展配电专项技能培训，打下了坚实基础。

实践证明，通过"挂牌摘牌"提升职工专业技能的培训活动，不仅激发了职工的创造性和能动性，而且在提高职工授课内容、技巧和课件制作方面，起到了推动作用，大家相互学习，共同提高的工作积极性和热情有了显著提升。2019 年公司共开展"挂牌摘牌"活动 6 次，进行了 8 次培训师授课活动，解决工艺质量要求问题 6 项，配电工程一次送电校验合格率达到 100%，用电客户满意度达到 100%。职工教育培训工作受到上级领导的好评。

根据安全生产需要、职工培训需求、公司的培训计划，制订班组的培训计划、培训方式以及绩效考核细则 → 按照培训计划开展形式多样的培训竞赛活动：
技术问答
现场讲解
培训师授课
技术比武
你问我答

根据公司的培训工作考核细则，制定了班组的培训工作激励考核细则，并落实好执行结果，将每月培训结果和考试结果纳入班组绩效考核当中，有效地调动了班组人员的主动性和积极性

公司及班组的培训绩效考核细则

根据检查及考试结果，按照绩效考核的相关规定，对班组成员进行加分或扣分。使考核情况直接与职工的奖金挂钩。

考核结果定期每月进行公布，形成简报
技术问答

每月定期检查培训手册及开展专业技术普考，检验职工日常培训效果

每月定期检查培训手册及开展专业技术普考，检验职工日常培训效果	考试试卷

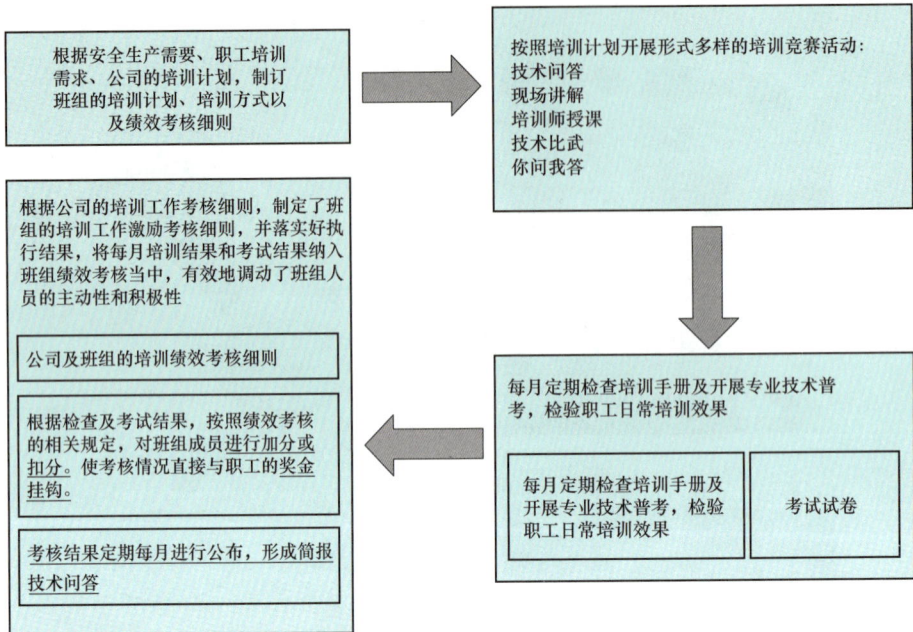

图 5　培训工作流程图

下一步工作，安装四班继续推进"挂牌和摘牌"工作机制，梳理配电安装专业技能方面的授课课件，完成配电专业培训课件库的编辑，为职工培训工作提供有效资源而努力。

蓝色"电力医生"
守护电网安全砥砺前行

班组：国网沧州供电公司变电检修室电气试验二班

一 产生背景

国网沧州供电公司变电检修室电气试验二班负责沧州地区 128 座变电站检修、试验及维护工作。2020 年上半年，停电试验 20 余个站，带电维护作业 1 万余项，开展安全技能培训 300 余人次，连续多年实现生产现场"零违章"。创新工作室完成成果 13 个，发明专利 2 项，实用新型专利 9 项。为持续给用户提供优质供电服务，出动 96 人次午夜"零点行动"，对 70 余座变电站开展带电测试累计发现 300 余项缺陷。成立战疫安全示范岗、突击队，开展专业特巡及带电抢修，保证医疗救治、物资生产等单位的安全用电。

面对近年来成倍增加变电设备，检修维护工作逐年上涨，设备管控要求日益严格，如何把握设备安全，减少设备故障的核心问题，我们作为蓝色"电力医生"立足岗位实际，在工作中始终践行牢固树立"风险可以防范、事故可以避免"的安全理念，真抓实干，全力保障电网、设备安全稳定运行。

二 主要做法

1.严控流程，全面防控保安全

该班组始终以风险严控保障本质安全，以质量严管提升效率效能，总结提炼出

"5614安全管控法"，全面实施标准化作业，严细检修工艺，严格检修质量，全力打造"零"违章班组，仅2020年上半年即安全完成停电试验20余个站、带电维护等作业1万余项。紧紧围绕"强化应急演练，确保安全生产"主题，56人次参加"安全生产月"应急预案演练，提高了防范、应对事故的能力。以消除典型违章为目标，提出"销号"处理原则，连续多年实现生产现场"零违章"，保障电网安全稳定运行。

图1　现场作业

2. 率先垂范，党员带头抓安全

安全示范岗示范引领作用充分发挥，党员职工全体参加"突击先锋队"，完成抢修消缺等重大安全任务60余次。实行"四红（红徽章、红袖箍、红榜单、红对子）"安全管理模式，设置"动态"安全责任区和责任岗，结合党员"积分制"，班组全体党员参与实施安全管理，营造全员抓安全良好局面。

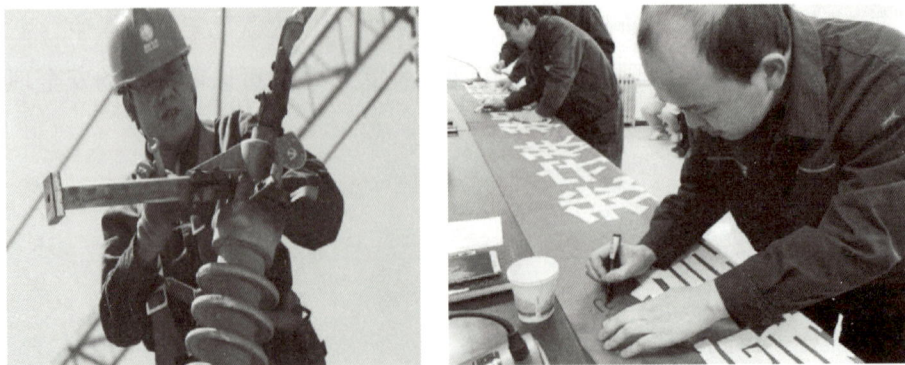

图2　"突击先锋队"现场作业，并在条幅上签字

3. 塑材练兵，提升能力护安全

创新提出"四纵两横"实用化员工特色培训机制，帮助不同层次的员工提高安全技能水平，全年组织员工培训 600 余人次，独立编著 2 本专业书籍由中国电力出版社出版。《多措并举，四纵两横，铺设青工高速成才路》获得国家电网有限公司工作案例二等奖。

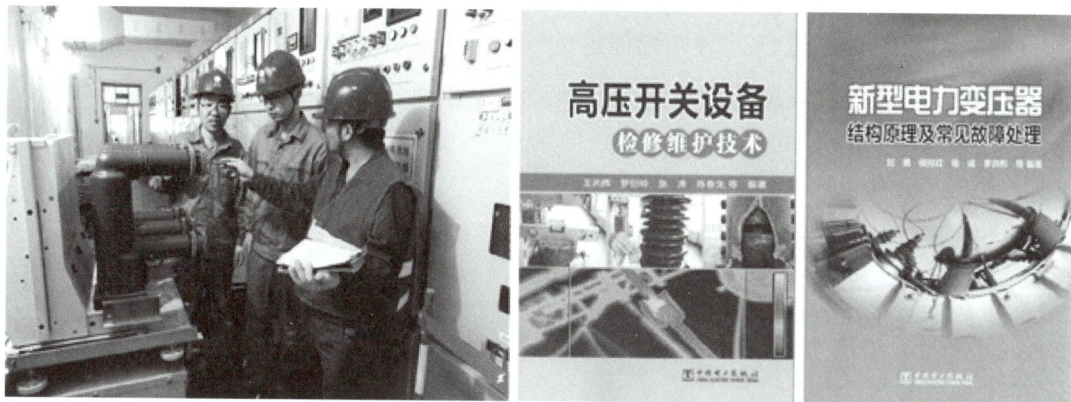

图 3　对员工组织现场培训，独立编著出版专业书籍封面

4. 创新先锋，凝聚智慧促安全

以"悬赏揭榜"为基础，推出"收集金点子，打造金项目"员工创新管理办法，提升安全生产水平。以青创赛为契机开展创新活动，班组员工完成创新成果 13 个，

图 4　推出"收集金点子，打造金项目"员工创新管理办法，进行"悬赏揭榜"

发明专利 2 项，实用新型专利 9 项。班组获全国优秀质量管理小组，1 项成果获国家电网有限公司优秀 QC 成果一等奖，1 项成果获全国能源化学地质系统成果评选二等奖。

5. 带电测试，设备把脉查安全

围绕着近期停电计划合理布置开展重点带电检测实施，采取了专项带电检测与停电检修试验相结合的方式，对计划停电的变电站在停电前 1~2 周之内开展带电检测，可以结合停电机会对发现的设备隐患及缺陷进行处理，大大提高了带电检测和停电检修试验的针对性和有效性。

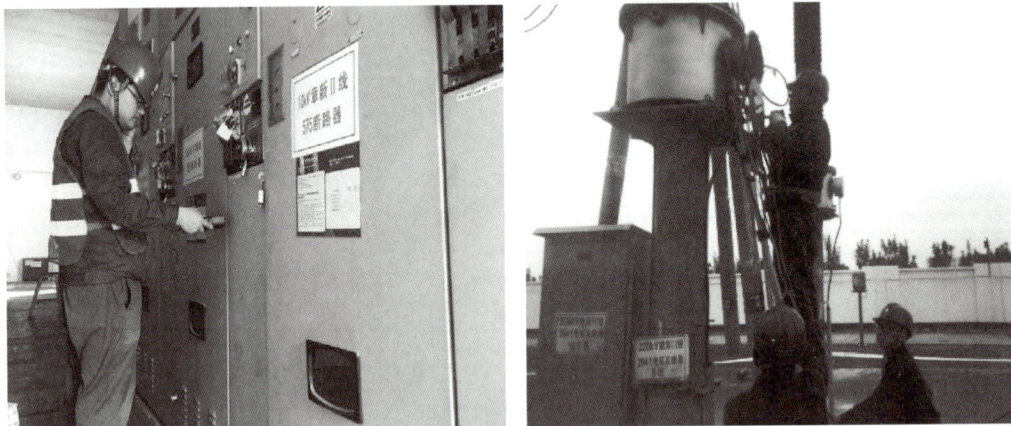

图 5　带电检测

三　实施效果

1. 战寒斗暑，保障安全优服务

2020 年迎峰度夏期间，沧州用电负荷屡创新高，为应对高温"烤验"，出动 96 人次开展午夜"零点行动"，避开用电高峰，保障用户持续可靠用电。提出"专业联动"工作模式，建立多专业协调联动机制，对 164 台"煤改电"相关设备进行隐患排查治理，切实为用户提供优质安全供电服务。开辟抢修绿色通道，快速响应助力京津冀产业落地、雄安新区建设等电网设备维护消缺工作，为服务国家战略做出贡献。

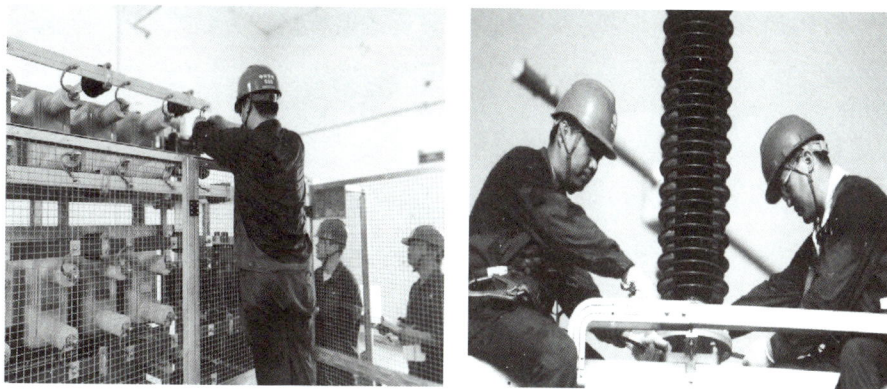

图 6　午夜"零点行动"，避开用电高峰，保障用户持续可靠用电

2. 顶风冒雨，筑牢安全保供电

2020 年，累计 600 余人次参与完成"春节""两会""中考""高考"等重大保电任务。连续三次迎战强降雨恶劣天气，顶强风、冒暴雨，全力抢修供电设备；强暴雨期间，三天两夜 24h 在变电站应急值守，及时抢修恢复受损设备，全力保障电网安全运行和人民群众生产、生活用电需求。

图 7　冒雨抢修供电设备

3. 疫情当前做表率，决胜战疫我先行

疫情期间，迅速成立战疫安全生产示范岗和防疫突击队，开展专业特巡及带电抢修消缺工作，保障了医疗救治、医疗物资生产等单位的安全可靠用电。在符合当前疫情防控的要求下，切实保障基建项目设备监造工作的有效开展，创新开展了变压器重点出厂试验项目远程视频见证活动，实现了对 1 座 200kV、5 座 110kV 新建变电站设备

出厂试验全过程的有效实时监控，对试验数据及结果严格把关。

图 8　战疫情，确保医疗救治、医疗物资生产等单位的安全可靠用电

4. 带电测试细致展，成效显著缺陷消

细致开展带电检测，严判设备状态，对 70 余座变电站开展带电测试累计发现 300 余项缺陷，其中多项是造成设备故障危急缺陷，包括里昌站 3911 电缆绝缘炭化、代庄站 311 电缆头局部过热缺陷等。克服人员紧缺、天气酷热等恶劣条件，采取普遍测试及重点检测相结合的带电测试策略，通过带电测试数据细致分析，加强多专业间信息共享，消缺与例行试验相结合，多次避免设备故障跳闸。

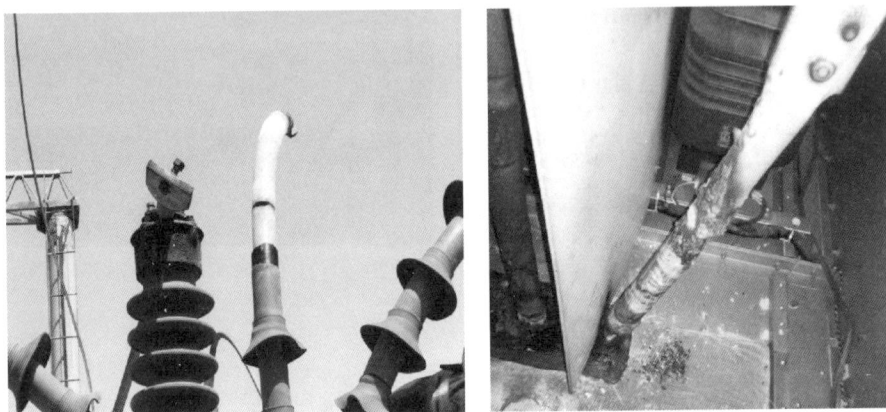

图 9　带电测试发现缺陷，消缺与例行试验相结合，避免设备故障跳闸

2019 年，该班组荣获全国优秀质量管理小组、国家电网有限公司"先进班组"，3 项成果分获全国以及省部级特等奖、一等奖和二等奖。多年来，先后荣获"全国五一

巾帼标兵岗""建功立业示范岗"、河北省"青年安全生产示范岗"等荣誉，连续五年被评为全国优秀质量管理小组，创新工作室获得省公司职工创新流动红旗，近百项创新成果先后获得国家以及省、市级奖项。

作为蓝色"电力医生"，立足岗位实际，严格设备管控要求，以过硬技术水平、严谨工作作风，高质量完成各项急难险重任务。试验班继续践行牢固树立"风险可以防范、事故可以避免"的安全理念，真抓实干，全力保障电网、设备安全稳定运行。

提高员工安全意识，
从根本上加大基层供电所安全建设

班组：国网献县供电公司南河头供电所

一 产生背景

电力安全关系到社会和谐稳定、人民群众的切身利益和职工家庭的幸福。深入贯彻习近平新时代中国特色社会主义思想，坚持"以人为本、安全发展"的安全生产理念和"安全第一、预防为主、综合治理"的安全生产方针，安全理念时刻不能松懈，通过企业文化宣传，提高员工的安全文化认同感，从员工自身出发加大安全教育，使员工自身安全意识提高，对班组安全建设有着重大意义。

二 主要做法

安全生产是企业发展的坚实基础，没有安全就没有效益，没有安全就没有企业长足的发展，而班组是企业生产经营管理活动的基本作业单位，也是职工学习技术、提升素质、发挥作用的场所。提高员工自身素质，对于基层班组安全建设有着重要意义。

1.发挥理念先导作用

心态安全是班组安全文化建设的基础和前提，最能体现人本思想，只有心态安全，才会行为安全，只有行为安全，才能保证安全制度落到实处。南河头供电所牢固树立安全生产"345"理念，一是增强 3 个意识：忧患意识、认真意识、到位意识；二是坚持 4 个零原则：操作零失误，作业零违章，供电零事故，设备零缺陷；三是掌握 5 个要素：设施安全、环境安全、操作规范、应急预案、实训演练。南河头供电所外设练兵场，内设实训室，结合定期安规考试，从安全理论到安全技能全方面入心入脑入身。

图 1　南河头供电所练兵场和实训室

2.发挥案例警醒作用

坚持以人为本的安全方针，创造班组安全文化。基层员工是生产过程中最活跃的要素，是安全生产的实践者，利用每周安全日活动，全员参与，积极讨论。在血淋淋的事故案例中，通过视频、音频等方式使职工直面悲惨的场面，哭声、血泪都无法挽回人的生命，让人难以接受和面对的现实。用这些直击人心灵的案例时时警醒职工，在具体的实际工作中，与案例多做比较，多做分析，如何避免和杜绝违章指挥、违章操作、违反劳动纪律等造成的安全事故。真正吸取教训，引导职工都要处处小心，总是把安全放在首位，杜绝任何抱着麻痹大意，侥幸心理，盲目蛮干的思想。

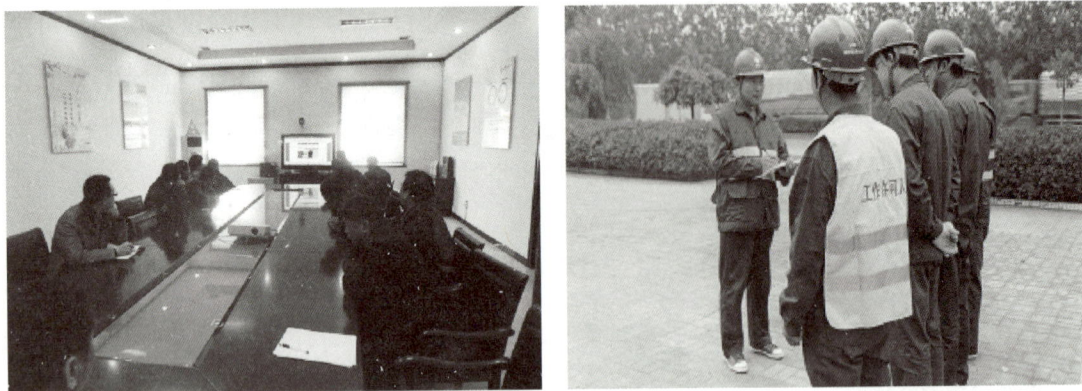

图 2　每周安全日活动，收看安全案例，进行讨论

3. 发挥宣传教育作用

从理论上来讲，促使全员树立正确的安全意识，最基本、最有效的手段就是宣传教育。如何确立每个班组成员的安全意识，使之实现从"要我安全"到"我要安全"的根本性转变，是班组安全文化建设的中心任务。通过电视、音像制品、报刊、板报、

图 3　聘请安监局专职安全人员来供电所授课，开展现场讨论

标语和安全知识竞赛、演讲比赛、现场观摩等形式多样的活动，加强安全生产宣传攻势，使安全意识深入人心，潜移默化的规范人的安全行为，培养安全心态。聘请安监局专职安全人员来供电所授课，开展全员讨论。

4. 发挥"党建＋安全"作用

全面调动所内干部员工，形成了公司、供电所上下齐抓共管的良好局面。大力实施"六在前"党建先锋工程，广泛开展"党建＋安全"、党员身边"三无"活动（无违章、无隐患、无事故），充分发挥党员在安全生产中的先锋模范作用。把资源配置向一线倾斜，配足配强基层力量，大力弘扬工匠精神，以创新创效推动安全管理水平持续提升。加大宣传力度，聚焦公司安全生产重点工作、做好内外部宣传，营造共促安全的氛围，凝聚共保安全的合力。

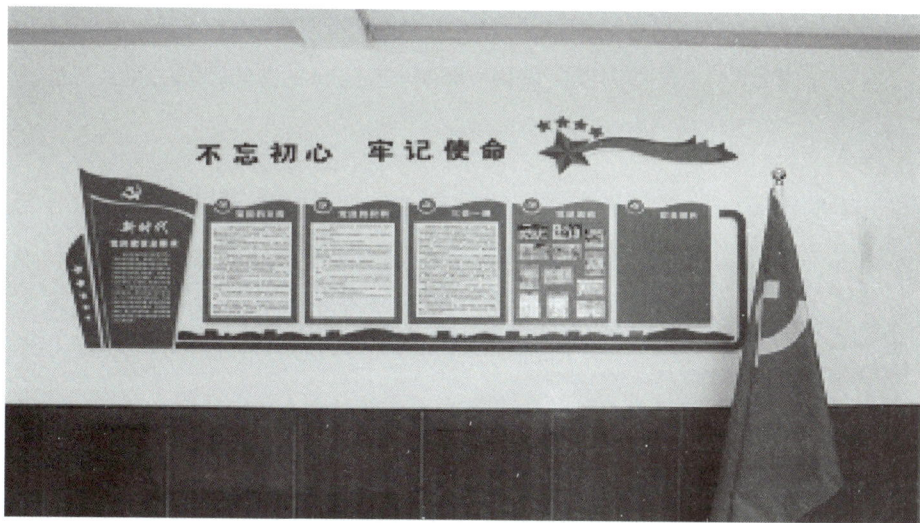

图4 开展"党建＋安全"活动

5. 发挥好亲情感染作用

采用亲情教育法，在活动室设立全家福照片墙，把每个家庭对自己亲人的安全期盼写在照片下面，时时刻刻提醒员工牢记亲人嘱托。在遇到节假日值班时所长、副所长尽量多值，尤其是春节晚上，尽量给职工与家人团聚的机会，家里安定了，工作的心才能安定；在职工大小红白喜事上，我们除了安排好值班生产外，尽量抽调人员参与帮忙，让职工感受到单位就是你的家，所有的职工都似亲人的感觉，形成团结友爱互帮互助氛围，增强了集体凝聚力。

图 5　活动室设立全家福照片墙，把每个家庭对自己亲人的安全期盼写在照片下面

6. 发挥人文关怀作用

关心员工的加班与抢修，员工在、我就在，与职工同吃苦共患难，荣辱与共，更多的时候职工不在乎加班费，在乎的是在干活其他人是不是在关心着自己，很多时候榜样的力量是无穷的，当然职工的福利我们必须去争取，想法为员工谋利益，那员工工作才有干劲。

图 6　对员工开展人文关怀

三 实施效果

通过上述措施的实施，提高了班组的整体安全意识，增强了员工的企业凝聚力，大大夯实了安全生产基础，稳定了安全生产局面，全年来未发生安全事故，2019 全年至今国网献县供电公司南河头供电所辖区内未发生人身触电伤亡及财产损失报告。企业文化与安全建设有机结合，国网献县供电公司南河头供电所班组安全管理水平有了显著提升，连续多年在省公司供电所同业对标中名列前茅，获得了众多表彰。另外，该班组还获得了河北省文明办优质服务流动红旗、沧州市政府先进集体、国家电网有限公司先进班组、河北省公司第一批五星级供电所、河北省质量协会 2019 年 QC 小组二等成果、沧州市 2019 年度先进集体等荣誉称号。

图 7　班组获得了众多表彰

谱写管理"四重奏"，安全畅行每一天

班组：国网河北电科院综合服务中心车辆服务班

一 产生背景

2019 年是雄安新区大规模建设的启动年，国网河北电科院承担的雄安新区电网支撑服务、雄安—石家庄、雄安—张北等特高压工程特殊交接试验与系统调试、国华锦界机组监督和调试等工作进入紧张实施阶段，现场作业处于高峰期，又有一批技术人员频繁来往于生产试验、基建调试工作现场和实验室之间，用车人数以及出车数量、频次较去年有较大幅度提升，交通安全管控难度加大、责任加重。再加上高温、大风雷暴、强雨雪等极端恶劣天气，也给车辆行驶带来较大的安全风险隐患。

为有效应对管理难题，综合服务中心秉承"预防为主、综合治理"的工作方针，着力健全交通安全管理机制，紧抓"制度""培训""监督""考核"四个基本点，以制度建设打基础、培训演练为先导、深层监督为手段、全面考核做保障，全力打造交通安全闭环管理体系，确保交通安全平稳局面，实现了服务到位、保障有力，得到省公司交通巡视组肯定。

二 主要做法

紧抓"制度""培训""监督""考核"四个基本点，打造"四重奏"交通安全管理体系。

（一）制度建设打基础

健全制度体系，筑牢管理根基。实现以制度管人，依规则管车。

安全行车，制度先行，完善健全的制度体系，是做好交通安全管理工作的基石。2019年，依托国家交通安全法律法规、国家电网有限公司通用制度要求，结合国网河北电科院交通安全管理实际，出台"年度优秀驾驶员评选办法""驾驶员出差管理规定"，完善了"三勤四检制度""驾驶员酒精测试规定"等针对性考核监督系列制度，对驾驶员日常及出差期间的驾驶行为进行细致规范，做到"行为有规章、考核有依据"，有效补充完善了国网河北电科院交通安全管理体系，为规范驾驶行为，培养良好驾驶习惯，保障行车安全奠定了坚实制度基础。

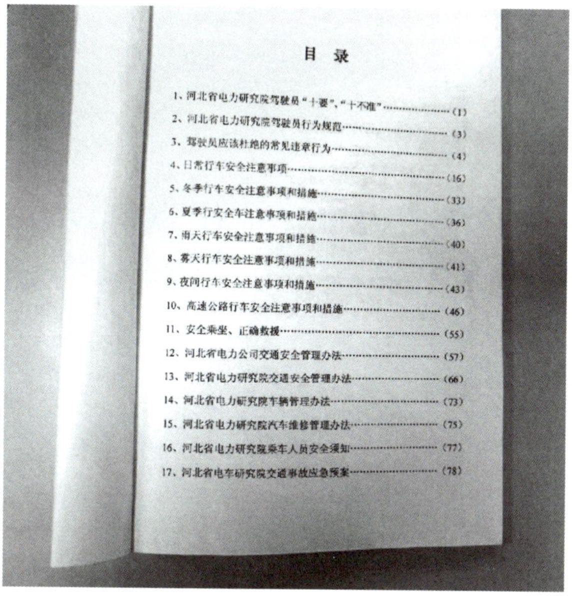

图 1　健全完善交通安全制度体系

（二）培训演练为先导

坚持"培训提智、演练促能"，使交通安全警钟长鸣，安全理念入脑入心。

一是做好日常培训。利用周例会，每周一个案例，通过对典型的事故案例进行剖析，分析事故原因，认清危害后果，提高驾驶员遵章守法的自觉性和责任心。每季度组织一次"交通安全座谈"，学习国家交通安全管理法规和企业安全管理规定，并结合季节、天气、道路状况的特点，引导驾驶员交流、掌握安全行车规律，最大限度地避免或减少交通事故的发生。

二是坚持活动传压。充分利用"安全日""安全生产月""安全生产大检查""看案例、谈体会、查隐患、促提高""交警大讲堂"等活动，对驾驶人员进行安全教育，分析形势，传递压力，提升意识。

三是重视现场教育。针对安全监督检查和车辆体检过程中发现的问题，当场纠正，即时进行现场教育警示，及时传导压力，强化安全意识，杜绝习惯性违章。

四是坚持以练促能。上、下半年分别组织开展车辆火灾应急演练和三勤四检技术比武，既验证了车载消防设备的可靠性，又达到了锻炼队伍、增强意识，提升应急能力的目的。同时，也发现了平时发现不了的问题，取得了良好效果。

图2　交通安全知识培训

（三）深层监督为手段

建立日常检查、随机检查、联合督查相结合的多层次监督管理体系，使监督常态化，深入化，并不断总结完善，促进制度执行自觉化、规范驾驶习惯化。

日常检查：每周对"三勤四检制度"执行情况进行内查，每月对出差人员情况进行比对核查，每季度进行车辆安全体检，对检查结果进行总结、评估，对检查项目逐步完善、使日常安全监督管理更加系统化。

图 3　"三勤四检"内查

随机检查：每周两次不定时对出行车辆驾驶员进行酒精测试抽查，每月进行一次车容车貌随机抽查，促进大家养成良好驾驶习惯。

联合督查：每季度由综合服务中心联合纪委办公室、安全质量监察部等部门开展车辆安全全面监督检查，从多角度、多层次对交通安全管理状况进行会诊、研判，同

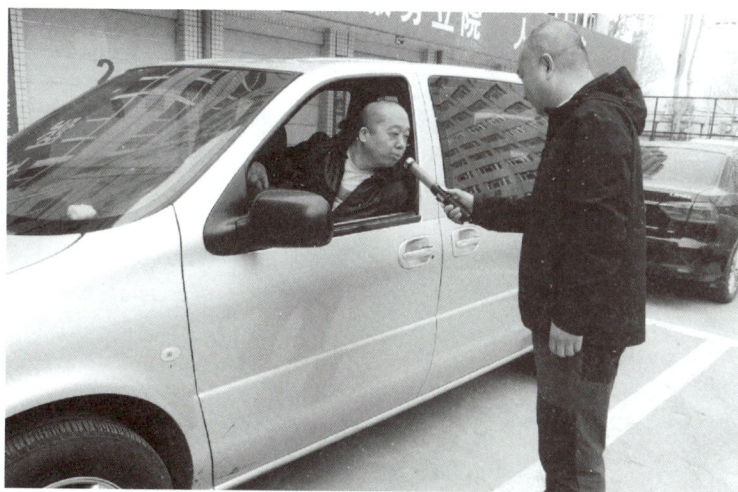

图 4　酒精测试抽查

时对相关人员进行现场警示教育，及时传导压力，强化安全意识，促进交通安全理念和防范意识入脑入心。

图5　驾驶员《电力安全工作规程》考试

（四）全面考核做保障

建立健全激励机制，坚持正向激励与反向问责"双向发力"，使考核激励成为安全管理的强力保障。

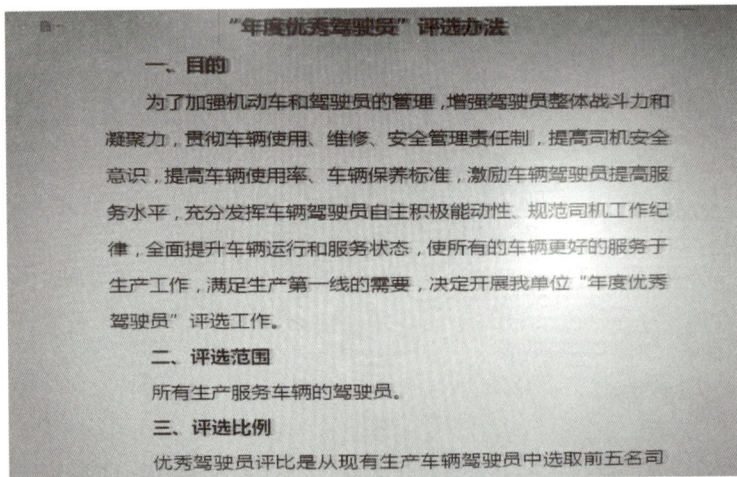

图6　一次综合考评

一次《电力安全工作规程》考试。年初，组织全体驾驶人员进行"安规"考试，考试内容涵盖通用综合应知应会和交通安全专业知识两项内容，考试成绩计入个人业绩考核档案，补考不合格者取消公用车辆驾驶资格。一次考试，起到了警示教育和知识考核双重作用。

一次综合考评。出台"年度优秀驾驶员评选办法"，根据月度小结、季度评比、年度考核、日常检查考评等情况对驾驶员进行全面综合评定，坚持正向激励与反向问责"双向发力"，充分激发干事创业、争先创优的内生动力。

三 实施效果

贯彻"预防为主、综合治理"的工作方针，打造的"制度、培训、监督、考核""四重奏"交通安全管理体系，实施一年多以来，效果显著。

"四重奏"交通安全管理体系实施以来，确保了全院交通安全平稳局面，全年完成出车 640 余人次，安全行驶大约 180000km，做到了交通违章和道路事故两个零发生，实现了安全服务、保障有力，得到省公司交通巡视组肯定。

经过在管理实践中不断总结充实，"四重奏"交通安全管理方法不断完善，成为我院后勤安全管理体系的有机组成，为今后的交通安全管理提供了有力制度支撑。

严管理、重安全、
精策划、创精品工程

班组：河北省送变电有限公司变电施工一分公司石北扩忻都间隔项目部

一　产生背景

石北 500kV 变电站忻都间隔扩建工程是国家大气污染防治行动计划的十一条重点输电通道工程的最后一项，也是国家电网有限公司高度重视的项目改造工程。该工程投运后，可进一步优化区域电网结构，为河北南网 500kV 主网架安全稳定运行奠定坚实的基础。

二　主要做法

针对该工程的特殊重要性，河北省送变电有限公司变电施工一分公司依托现场踏勘情况，超前科学谋划，编制施工方案，细化各项措施。预判重大作业风险，对工程施工安全工作进行全方位细致的策划，对现场所有风险提高等级对待。各级人员到岗到位，加强对现场人员及设备、物资的管控力度，全力以赴打造安全、优质工程，对电网二次误碰、误整定、误接线，旧设备拆装误碰、误动运行设备、吊装过程旧设备损坏等方面做好应急准备工作并开展应急演练。为确保二次回路拆除工作顺利实施，会同生产保护人员多次进行现场踏勘，核实新旧图纸差异，进行二次回路核对，编写二次回路拆线记录及接入记录，在原有指导书基础上增加编制安全措施执行记录涉及拆除电缆 253 根，1196 芯，安全措施执行 49 项。按照物资到货，组织专业技术人员提前完成新到场二次保护装置带电测试，确保装置功能正常，圆满完成施工任务。

图 1　5031 开关搬迁

　　将三措一案、风险管控方案以及现场使用作业指导书制作成二维码，张贴在施工现场，管理人员及施工人员可随时查阅，严格执行措施方案。同时对省公司八项安全管控措施进行细化，形成二维码内容，针对性制定措施并落实。

图 2　"互联网 +""二维码"助力现场施工管理

三色安全帽把控人员管理：现场制定安全帽使用规范，明确红蓝白安全帽使用范围：项目部管理人员与外来人员使用白色安全帽、一次人员使用蓝色安全帽、二次人员使用红色安全帽，通过白、蓝、红三色安全帽对现场人员进行精细管理。

图 3　安全帽三色管理

实风险点日推送制度：严格执行日交底、日协调、日汇报工作制度，将每日工作任务、风险点及控制措施、执行措施方案、施工作业票、质量控制要点、到岗到位记录等信息在展牌上予以公示，并每日进行更新，早班会交底学习。

BIM 技术应用：对现场重要设备拆装工作提前进行数据采集，利用 BIM 技术进行模拟施工，对过程中的施工设计与方案进行 BIM 验证，明确出作业车与带电体、临近设备的安全距离，确保了施工期间的电网、设备安全。

三维模拟操作保安全

图 4　BIM 技术应用

三　实施效果

石北 500kV 扩忻都间隔工程经过变电施工一分公司员工的共同努力，项目部以进度快、质量好、管理规范，得到了各级领导的认可，树立了良好的企业形象。同时，以管理细、质量优、完成产值高、安全环保措施到位，取得了有目共睹的成绩，优质高效地完成了施工任务。

图 5　安全文明布置一角

电网企业
班组建设典型实例（第三辑）

第六篇

班组民主、思想及文化建设

电网企业班组建设典型实例

（第三辑）

深根厚植、润物有声，
全力打造一流"匠心"班组

班组：国网石家庄供电公司电缆运检室电缆运检一班

一　产生背景

国网石家庄供电公司电缆运检室电缆运检一班成立于 2012 年 5 月，现有班组成员 9 人，党员 5 人，平均年龄 33 周岁，研究生及以上学历 6 人，技师及以上技能等级 3 人，工程师及以上职称 6 人。班组主要负责石家庄市区 35kV 及以上输电电缆设备、县域 110kV 及以上输电电缆设备及各县（市）公司 220kV 变电站站内电缆线路的运维检修、消缺、故障处理等工作。现管辖设备 220kV 电缆 236.155km；110kV 电缆 1093.615km；35kV 电缆 23.853km。自班组成立以来，在公司的统一领导和正确部署下，认真落实公司各项要求，充分发扬班组"勤干善建筑基业"的工作态度，努力筑牢班组根基，促进班组不断稳步向前。8 年来，班组没有发生一起红线违章，没有造成一起恶性停电事故，没有接到一起高压电缆投诉电话，达到安全生产近 3000 天的纪录。在班组全体成员的共同努力探索下，逐渐发展建设成一支成熟的专业的高压电缆运维团队，相信未来在青春新力量的注入、奉献下，我们的电缆运维质量会越来越高，取得的成绩会越来越多，地下电缆网络也会越来越强大。

二 主要做法

一是确保安全生产，全面落实安全生产责任制。安全生产，理念现行。安全永远是工作中的头等大事，为保障班组在生产中万无一失，班组建立了一系列安全体系，全面落实安全生产责任制，将具体设备责任分配至个人，确保人身、电网、设备安全。每年初，班组全体成员签订安全生产目标责任状，明确安全责任，实行安全工作一票否决制，并定期开展班组安全日活动，总结经验教训，避免事故发生。另外，班组严格执行公司及部门"十不干"条例，全力保证各项工作规范、有序、高标准、高质量完成，实现"无事故、无违章违纪现象、无障碍、无差错"，坚持"扎根生产一线、功夫下在平常"，安全运维不走过场。

图 1　国网石家庄供电公司电缆运检室电缆运检一班成员

2019 年，国网石家庄供电公司电缆运检室电缆运检一班对所辖 1000km 以上电缆线路，进行了全面系统的线路摸排和设备测量，及时发现并处理多起严重安全隐患，如：消除 220kV 兆常Ⅱ线接地环流数据异常缺陷；消除 220kV 元仓Ⅰ线 B 相电缆外护层接地电流超标危急缺陷；消除 220kV 石兆Ⅲ、Ⅳ线电缆终端漏油严重缺陷、消除 110kV 桥中线 C 相电缆 GIS 局放缺陷等。

图 2　对电缆线路进行线路摸排和设备测量

二是夯实基础建设，为设备管理保驾护航。设备管理是保障企业生产秩序、预防各类事故、实现安全运行的重要前提，是企业提高经济效益的基础。加强设备的管理与维护是班组的常规性工作。电缆工作往往在地下有限空间开展，工作环境艰苦，往往需要破土、下井等，工作难度极大。而且，电力故障抢修往往在节假日、夜间工作，这给工作人员提出了更为艰难的挑战，针对专业特点，做好设备基础建设工作更加重要。

2019 年，班组对市区内 27 座变电站，大约 1000km 电缆线路，进行了全面系统的线路摸排和设备测量。用 CAD 绘制完成了石家庄市区 110kV 和 220kV 电缆线路设备走径示意图，并与以往电缆设备运行数据汇编成册，以便帮助工作人员巡视时，对设备情况快速、直观地做出分析和判断，夯实电缆设备数据基础。班组还对电缆线路重点部位进行拍照留档、建立红外测温图谱分析库，编制电缆接地环流表，合成隐患排查数据库，进一步实现巡视工作和隐患排查工作的系统管理。

2019 年，班组对 220kV 民生隧道等 9 处防火板进行了安装、修复，共计长度 7.9km，有效地防止了隧道内电缆故障着火后造成相邻电缆的损坏，全面提高了输电电缆设备的运维水平。完成电缆验收及投运送电工作 23 项，严把验收关，确保设备零缺陷投运。

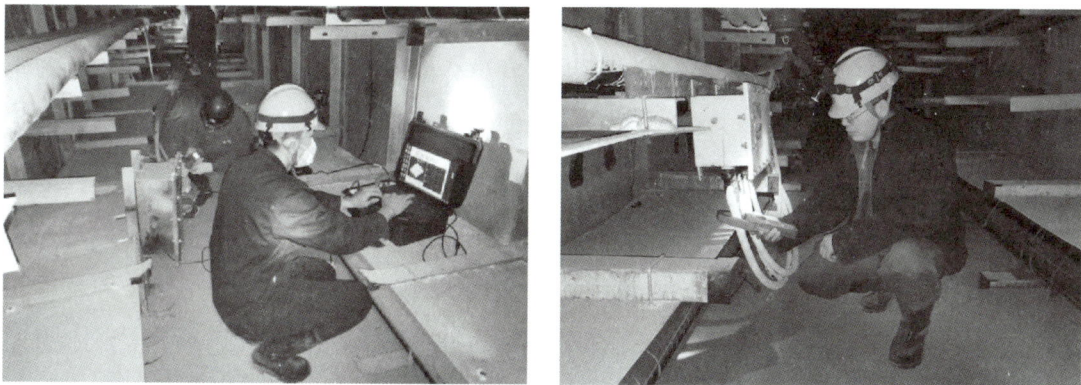

图 3　电缆工作往往在地下有限空间开展，工作环境艰苦

三是勇于创新，激发班组创造新活力。班组建设是提升企业核心竞争能力和夯实基础管理的需要，创新与实践是企业活力的源泉、是引领企业发展的方向。班组的创新建设管理是最基层、最基础的管理工作，只有加强班组的创新工作才能更好地推动公司的科学技术进步，才能为企业创造出更高的成绩。为此，班组在建设管理中，着重于对青年人才的思想教育和创新意识培养，使大家认识到自身综合素质提高和岗位建设的重要性。大家积极参与职工技术创新活动、QC 活动、管理创新活动，充分发掘自身价值，取得了优异的成绩。结合高压电缆专业特点制定多个科技研究课题，研发国家级专利 20 余项，获得省公司以上奖励 12 次，地市公司奖励 8 次。在解决重大问题上，国网石家庄供电公司电缆运检室电缆运检一班 QC 小组团队，从 2013 年至 2020 年先后 4 次获得河北省优秀科技质量成果奖；2016 年，《高压电缆加热校直一体机》获国家电网有限公司群创赛三等奖；2017 年，《高压电缆接地系统带电检修仪》获全国电力职工科技创新成果二等奖。

四是青年梯队培养，年轻人才展现辉煌。青年梯队建设是培养后备人才的基础，青年人才是企业发展和社会进步的中坚力量和不竭动力。青年人才的梯队建设不仅是激励创新的重要方式，更是加强班组人才队伍建设、实现企业战略目标的重要前提。班组自成立以来便十分注重青年员工技能的培养与提升，根据具体的工作与目标，帮助青年员工正确认识新常态、新变化，强化学习能力与知识培训，提升综合素质，在新时代的大背景下，培养自身的服务意识与创新思维。

近些年，班组内青年员工取得不错的成绩及众多荣誉，班组成员郭某在国网河北省电力有限公司 2018 年高压电缆带电检测及附件安装技能竞赛中获得团体第一名，"高压电缆高频局放检测"个人第一名，在国家电网有限公司 2018 年电力电缆检测及附件制作技能竞赛中获得了个人第十一名，并获得"国家电网有限公司技术能手称号""全国青年岗位能手"等荣誉称号，在 2019 年第三届京津冀职工技能大赛中获得个人第二名。李某某同志荣获 2017 年度省公司"杰出青年岗位能手""省会十大工匠"的等荣誉称号，张某某、谷某、潘某某同志也均在不同的电缆专业竞赛中获得"石家庄市电力电缆技术能手"荣誉称号，整个集体硕果累累，于 2019 年获得"国家电网工人先锋号"荣誉称号。

图 4 班组内青年员工取得不错的成绩及众多荣誉

三 实施效果

近年来，国网石家庄供电公司电缆运检室电缆运检一班一直保持着高涨的工作热情和团结进取的班组氛围，每次活动积极参加，每个现场细致验收，每次抢修快速出击，每次班会积极共享经验和感想，这样，班组越来越团结，文化的氛围也越来越重，工作的开展也越来越顺利。

国网石家庄供电公司电缆运检室电缆运检一班将继续践行"工匠"精神，立足本岗、尽职尽责，充分发挥"劳模""工匠"等优秀人才的榜样力量，提高员工的工作热情和工作效率，保证工作质量，主动承担相应的社会责任，全力做好电力供应，建设成一个充满青春活力、能打胜仗的一流"匠心"班组。

电力计量"秤杆子",
百姓用电明明白白

班组：国网新乐市供电公司营销部计量班

一 产生背景

随着现代社会发展，居民用电负荷大幅增长，作为电能度量的关键设备，电表关系到民生的切身利益，政府、社会公众、媒体都给予了高度关注，国网新乐市供电公司紧随"创新引领 开放崛起"步伐，从追赶着到引领者，以电力计量为主旋律，谱写了一首关于"度量衡"的时代新曲。

智能电表是智能电网的智能终端，它已经不是传统意义上的电能表，智能电能表除了具备传统电能表基本用电量的计量功能以外，为了适应智能电网和新能源的使用，它还具有双向多种费率计量功能、用户端控制功能、多种数据传输模式的双向数据通信功能、防窃电功能等智能化的功能，智能表电表是未来节能型智能电网最终用户智能化终端的发展方向。

面对部分市民反映的"电能表是否可能被加速"的疑惑，国网新乐市供电公司计量班制订培训计划，由计量班老师傅和外聘专家，从各供电所抽调年轻骨干力量，通过短视频、现场讲解等形式，近距离接触电能计量的检测和校验过程，提高基层人员计量知识储备，另外由计量班人员牵头到各基层供电所为百姓讲解宣传"电能计量开放日"讲解活动，让百姓用电明明白白。

二 主要做法

（一）提升自身综合素质，聚力班组建设

不断提升自身本领，计量班利用下班时间组织全员培训，由经验丰富的老师傅带领新员工手把手现场教学，有效地提升了班组全体员工的工作能力和计量专业知识储备。另外规范班组管理办法，实施分模块的管理办法，有效促进班组工作有序进行，做到"人员有分工，工作有专职，责任有落实"的管理目标。

（二）表计质量层层把关

国网河北计量中心是河北质量技术监督局授权的法定计量检定机构，负责全省计量器具检定配送、计量标准量传、计量技术监督等全自动化智能电能表检定与仓储一体化系统。从供货前的抽样检测环节开始，到货后的全检验收，保证合格的加盖鉴定封印、再到质量的复查，从已合格的产品中再抽取一定比例再次进行检测等全面"体检"，检验合格后方可入户安装。国网新乐市供电公司在确认收货后，用户使用前，再次对每块电能表进行检查，都说细节是魔鬼，计量班全体人员执行在细节中"按压住魔鬼"，筑起一道公正计量的"安全防火墙"，确保电网稳定运行，实施守护电力的供

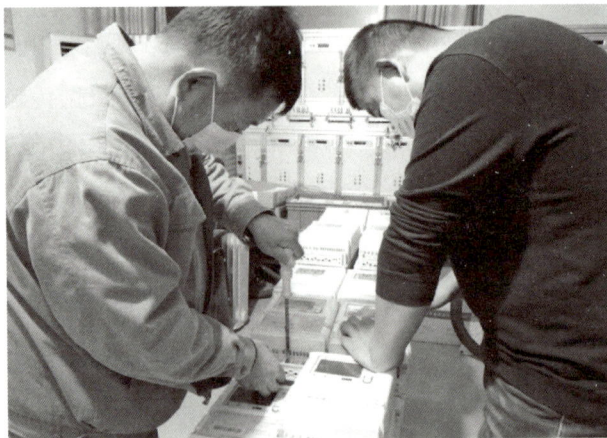

图 1 计量工作人员针对表计再次检查

应，国网新乐市供电公司计量班交上了一份关口计量"零失误"答卷。

（三）强化年轻人才队伍

国网新乐市供电公司计量班在每个供电所抽调年轻骨干人员，打造一支年轻青年有作为的队伍，制订培训计划，由该班组人员轮流主讲、外聘专家进行讲解等形式，强化素质培养。

图 2　开展加强计量知识培训班，加强年轻队伍建设

（四）开展"电能计量开放日"活动

2020 年 7 月国网新乐市供电公司计量班组织各供电所在营业厅、商场门口等人员密集区域开展"电能计量开放日"活动，由各供电所参与培训人员作为本供电所负责宣讲人，向客户现场讲解电能表相关知识，针对前来咨询的客户对"什么是智能电能表、智能电能表是否会故意调快以及智能电能表升级费用"等用户极为关心的问题进行了详细解答，工作人员耐心讲解，详细讲解了智能电能表的示数读取以及智能电能表的内部构造、基本工作原理、用电信息采集过程，并介绍了电能表的检定流程，现场演示了电能表计校验，详细解读了智能电能表只会更"准"，不会更"快"，对于该问题，一是早期的机械表由于长时间轴承磨合、锈蚀，可能导致计量逐渐失准，容易出现"慢"的现象，新换的智能电能表计量更准确，会给有的用户造成更"快"的错觉。二是早期的机械表灵敏度低，需要达到一定负荷，电能表才会"走字"，而智能电能表对这些电量都准确计量。三是随着生活水平的提升，家用电器越来越多，但有

的用户对家用电器的耗电情况并不了解，生活品质提升了，耗电量也会悄然增加。为达到大力宣传活动的目的，还向客户派发了节能灯、智能电能表升级和低压集抄全覆盖等宣传小册子，多渠道消除客户对智能电能表计量存在的认识误区。

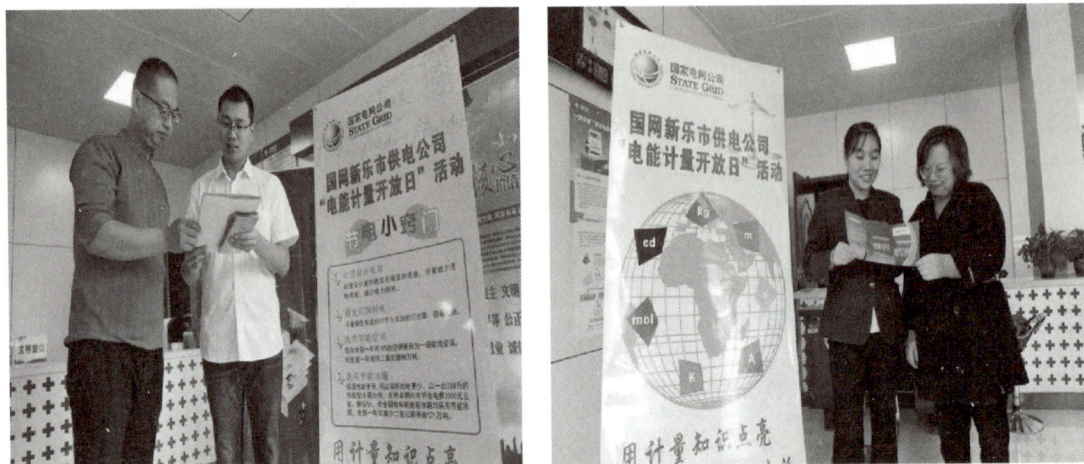

图 3　在供电所营业厅"开展电能计量"活动，为用户详细讲解计量表计知识

三　实施效果

国网新乐市供电公司计量班的多举措行为让广大用户对电力计量有了更深层次的了解，累计解答居民用户疑问 200 余次，发放各类宣传资料 500 余份，收集用户建议 17 条，使广大用户进一步加深了对智能电能表的认识，增强了用户对电能计量准确性、电能检定工作公平性、公正性的理解和信任，同时宣传了良好的用电习惯是节省电费的重要途径，向广大客户倡议，一是使用节能环保电器。如节能 LED 灯、高能效比冰箱和空调。二是避免不必要的浪费，对于暂时不使用的电器，应拔掉插头。三是错峰用电，对于有些电器设备，可设定在低谷时段运行，将有效节省电费支出，广大客户纷纷表示受益匪浅，也进一步拉近了供电企业与居民群众的距离，展示出供电企业诚信、公正的电力计量形象。

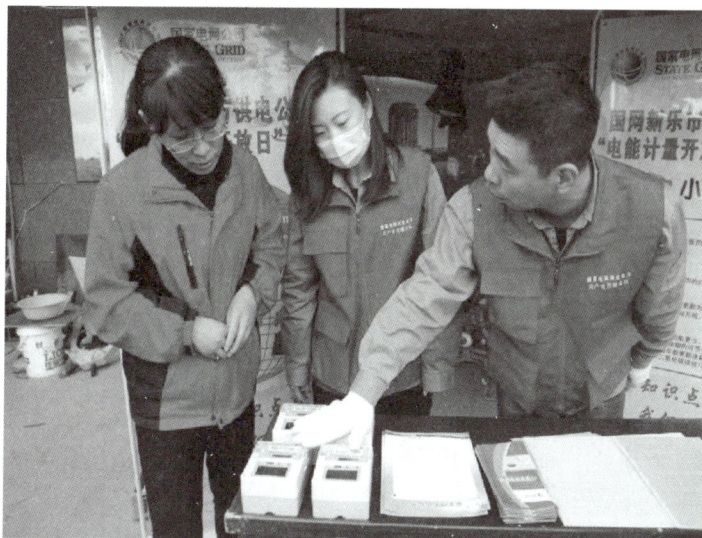

图 4　在小区门口，为客户讲解计量表计知识和节约用电小窍门

国网新乐市供电公司计量班始终遵守：我们是电能的"秤杆子"，保证电量计量的精准，让老百姓用电明明白白、清清楚楚，做好供电服务"最后一公里"的延伸工作。

开创"520"特色服务新时代

班组：国网任泽区供电公司经济开发区供电所

一 产生背景

经济开发区是省级工业园区，也是邢东重要的经济增长极，目前主要基础产业为橡塑制品、汽摩配件和机械制造等产业。任县经济开发区供电所担负着辖区内 20 个村庄、8 千余户用电客户的生产生活供电服务，现有 10kV 线路 11 条，总长 56km，配电变压器 243 台 /62MVA，低压线路 48km。国网任泽区供电公司经济开发区供电所不断创新优质服务，坚持面向社会、服务用户，在群众满意、政府放心上下功夫，不断规范服务行为，创新服务手段，促使优质服务工作不断推向新篇章。

二 主要做法

国网任泽区供电公司经济开发区供电所按照实际情况，逐步形成独具特色的"520"服务新模式。升级"五到位"（即硬件打造到位、组织管理到位、业务执行到位、客户需求响应到位、售后服务保障到位）服务，提升该供电所各项工作管理水平；坚持"两靠近"（即服务抢修靠近客户和配电检修靠近设备）原则，全面保障客户用电无忧；圆满完成公司各项指标，该供电所自成立以来服务类"零投诉"。

（一）"五到位"之硬件打造到位

设置了文化长廊、安全画廊、图书室、创新展示室、党员活动室、文体活动室，建立企业文化宣传阵地，针对不同的工作场所选择适合的企业文化内容，通过基本价值理念、荣誉墙、班组格言上墙、个人警句上桌等方式营造企业文化传播氛围，使员工在所有场所中，随处都能看得到国家电网有限公司统一的企业文化，实现文化"入眼"、服务"入心"。

（二）"五到位"之组织管理到位

1. 全能队伍组建

紧紧围绕"全能型"供电所建设要求，压缩管理层级，设置"一长三员两班"，纵向实行"所长—班长—班员"的管理机制，采用"1+1+N 型班组"的管理方式，成立内勤班、外勤班。内勤管内，外勤管外，有效促进营配末端融合，提升管理效率。横向实行"线路人员 – 台区经理"的管理机制，采用"1+N"型的管理方式，由专人针对性处理各台区内的问题。

2. 培养一专多能复合型人才队伍

所内业务人员通过专项实训、技术比武、技术创新、营配知识技能交叉培训、全员岗位轮训、内部调考加理论考试、模拟演练、专家培训、师徒传承等多种形式实现人员的一专多能。通过师带徒传帮带，引导柴某某和王某积极参加技能鉴定并顺利通过高级工和中级工考试，先后走上内勤班班长和技术员岗位；联系客户员李某参加兼职培训师和技师考试，提升综合业务水平；先后组织 8 人次参加台区经理和综合柜员培训及多次安全培训，安全员段某某获得省公司配电网作业竞赛第一名的好成绩。

3. 制定奖惩机制

该供电所制定员工奖惩办法和员工二次考核办法，对踏实干工作、完成任务好的人员落实奖励，对懈怠、消极的人员进行惩罚，促进各项工作有序进行。

4. 增加人文关怀

一是张某某车祸后双腿打钢板，在工作中尽量不安排其上夜班或从事高空作业，除列入困难职工补贴外还对其桃园进行消费帮扶。二是徐某某妻子患病生活无法自理，安排网格线路员张某某进行定点帮扶，主动解决工作和生活中的难题。三是台区经理是联系群众、服务群众的神经末梢，要及时感知群众的操心事、烦心事、揪心事，积极联系台区经理程某某、刘某某等 5 人补交养老保险，解决了他们的后顾之忧。

（三）"五到位"之业务执行到位

国网任泽区供电公司经济开发区供电所在日常工作中运用供电所综合业务平台实现内、外勤流转，形成闭环管理系统，有效整合了资源配置，优化了业务流程，实现了专业管理与综合管理相对接，有效承接了专业管理在供电所业务末端的融合。

（四）"五到位"之客户需求响应到位

纵向建立县、所、村三级供电服务责任网络，横向加强与公司内其他部门协同联动，形成分级管理、各负其责、层层落实、齐抓共管的服务质量管控长效机制。建立村村通微信群，微信群主时刻沟通，主动意识时时保持。对有服务需求的客户，针对性进行回访，常态开展客户诉求热点分析，加强专业溯源管理，准确定位服务短板。完善服务监督检查方式，强化检查、报告、整改、回头看闭环管理，促进供电服务水平全面提升。

（五）"五到位"之售后服务保障到位

1. 实施差异化服务策略

开展客户细分管理，将服务资源向优质客户倾斜。制定优质客户服务标准规范，动态完善优质客户信息库，向优质客户提供用电安全评估、设备状态监测、节能服务咨询、优先应急处置等增值服务。统筹服务资源，主动对接客户需求，提高响应速度，为园区大客户提供电网建设、线路迁改、业扩报装等"一揽子"解决方案。

2. 大力实施服务创新

全面推动"八大服务工程"，制订里程碑计划，确保按期高质量完成各项任务。深入开展营销大数据分析应用，推进内部作业智能化。加强电子渠道运营管理，筹建专业运营团队，统一服务资源调度和分级运营机制。积极推广"网上国网"手机 App 应用，截至 2020 年 6 月底，高压客户绑定率达到 100%，低压居民用户绑定率达到 49%，低压非居用户绑定率达到了 53%。深化供电服务指挥平台建设，促进服务更规范、更高效和更智慧，提升公司市场竞争能力。

3. 有效压降服务投诉

认真开展其他单位投诉问题学习分析，强化处理过程管控。对客户诉求反映集中、持续存在和屡禁不止的问题实施专项督办，深挖问题根源，切实做到处理一起投诉、解决一类问题，一查到底、管控到底。定期对辖区内客户进行实地走访，有计划停电、临时停电时及时通过微信群、村内大喇叭、系统派发短信等方式告知客户，降低投诉风险。

4. "红马甲"服务走街串巷

成立"电润陆泽"党员服务队，现有成员 21 人，其中党员 3 人，主要承担优质服务、安全用电宣传工作、爱心传递等志愿服务等工作。通过建立"村村通"微信群、发放台区经理联系卡、张贴夏季安全用电知识进乡村宣传图版、农排智能表应用图贴等多种形式告知客户用电信息、公布抢修电话、指导客户节约用电。通过"村村通"微信群发布用电宣传信息 30 余条、核实 600 余户、维护 106 户客户联系信息，发放台区经理联系卡 600 余张，张贴安全用电宣传图版 20 余张、农排智能表应用图贴 2000 余张。确保工作无缝衔接，做到与客户"零距离"接触。

（六）"两个靠近"之服务抢修靠近客户

无论是骄阳暴雨还是寒风冬雪；无论是深夜两点还是正午时分，故障就是命令，人民群众的利益就是使命，哪里有报修哪里就有电力人。经济开发区供电所对待服务抢修毫不懈怠，每一起抢修都反应迅速、组织有序、安全高效。并根据故障抢修现状，进行了深入分析，全面加强抢修人员管理，着力提高抢修效率和工作质量，为提升客户满意度打下坚实基础。迎峰度夏期间，开发区供电所一再刷新故障修复时间，最短修复时间仅 20min。本着"少停电一分钟"的理念，全力缩减抢修时间，保障客户用电。

（七）"两个靠近"之配电检修靠近设备

在日常工作中，建立有效的处理机制和控制机制，建构升级年度、季度、月度检修计划，在工作推进过程中，强化内部与外部的宣传工作，确保工作顺利进行。迎峰度夏期间实行"昼夜分工、双管齐下"，白天一方面强化输电线路隐患排查治理及重要设备巡查，另一方面设置专人关注配电变压器负荷的系统监控。夜间利用红外线技术，对辖区内的公用变压器进行测温。运用无人机巡视查找缺陷，迅速制定应急预案，发现缺陷及时处理，在最短时间内消除隐患。创新服务模式以来，完成测温105处，配电变压器测负荷32余台，发生温度异常3余处，针对存在隐患的线路设备已安排消缺计划，为迎峰度夏期间电网设备安全稳定运行奠定了坚实的基础。

三 实施效果

国网任泽区供电公司经济开发区供电所自"520"特色服务模式实施以来，以来实现了客户接触"零距离"、电网运行"零问题"、配电变压器烧毁"零事件"、供电服务"零投诉"。同时，公司安排的各项工作任务圆满完成，采集上线率、同期线损率等各项指标也全部达标，同业对标指标在公司排名第一。

下一步，国网任泽区供电公司经济开发区供电所仍要在服务中求创新，在创新中谋发展的实践，提高客户满意度，也增强自身的核心竞争力。但是，提高供电服务质量的道路只有起点没有终点，该供电所将继续加大优质服务工作力度，巩固基础，开拓创新，文明服务，稳健经营，通过全体员工的共同努力，不断提高经济效益和社会效益，提升员工队伍的整体素质和文明程度，使优质服务工作再结硕果。

贴心服务零距离，
奉献社会保民生

班组：国网邢台供电公司桥东供配电中心业务受理一班

一　产生背景

（1）创新服务举措，打造特色品牌，提升优质服务水平。

（2）转变观念，适应改革，服务经济社会发展。

（3）大力推进电能替代，倡导绿色低碳出行。

（4）优化营商环境，赢取客户良好"获得电力"感知。

（5）筑牢抗疫、防疫战线，做电力一线窗口的"逆行者"。

（6）创建文明城市，你我共同参与。

二　主要做法

（一）细微之处显真功

针对低压客户开展"一站式"服务，通过精简业扩报装资料、整合报装流程、强化专业协同、改进管理体制、完善物资保障五项措施，实现了低压居民"24h 送电工程"、非居民用户"当日受理、四个工作日内接电"，此外对于有报装意向但手续尚不完备的客户，采用与用户签订承诺书的方式，全面实行业扩报装"一证受理"，减少客户临柜次数，提高客户办电效率。通过专业融合和服务整合，重塑报装流程，使得客户临柜次数从 4 次减少为 1 次，现场服务也由以前的 2 次减少为 1 次，在减少用户往返次数的同时节省了服务人员资源，大大提高了工作效率。对于电网接入受限项目，坚持"先接入、后改造"原则，实现配电网业扩无受限，配套电网工程与客户受电工程同步建设，全力满足客户用电需求。同时，为了使用户享受到更具特色的服务，国网邢台供电公司桥东供配电中心业务受理一班倾情打造了"五精细十服务"工程，即通过时间控制精细化实现高速服务和可靠服务，通过环境整理精细化实现效率服务和精益服务，通过特色岗位精细化实现专业服务和爱心服务，通过咨询导向精细化实现主动服务和知识服务；在班组内推行轮值管理制度和评价管理制度，使班组成员的具体职责、外部评价等与激励、考核、奖惩紧紧相连，创新了班组管理新模式，规范了班内新制度。另外，在营业厅专门设立党员示范岗和群众征求意见箱扎实开展"三亮三评"活动，亮身份、亮职责、亮承诺，员工互评、群众点评、领导测评，主动接受群众监督，充分发挥党员示范带头作用。

（二）凝心聚力，积极响应

随着全球经济一体化和中国电力体制改革的不断深入，国网邢台供电公司桥东供配电中心业务受理一班解放思想，转变观念，适应变化，参与竞争，落实责任，积极开展售电侧放开业务服务工作，主动参与园区配售电业务竞争。该班组积极拥护政策，主动推进改革，快速响应市场需求，努力把"业务末端"打造成优质高效的"服务前端"。

（三）扩大电能替代，服务生态建设

首先，国网邢台供电公司桥东供配电中心业务受理一班高度重视电动汽车充换电设施报装工作，畅通电动汽车充换电设施报装，全力做好配套服务，满足车辆充电需求。工作中，严格履行文件要求，落实责任，优化用电业务流程，开辟绿色办电通道，为电动汽车推广提供了可靠的电力保障。其次，该班组加大"电能替代"宣传活动，定期组织班组成员在节假日开展新能源、电动汽车、电采暖等电能替代技术的宣传推广，让老百姓逐渐认识、了解并接受电能替代，推进低碳能源发展，"金山银山不如家乡的绿水青山"让太行山深处的那一抹绿更鲜艳，更长久。

（四）"六个再提升"助力"阳光业扩"工程

深入贯彻党中央、国务院、国家能源局关于优化营商环境的文件精神，秉承"管业务必须管服务、管业务必须管营商环境"的责任意识，大力开展"阳光业扩"服务提升行动，在全公司范围内打造以"更超前、更贴心、更透明、更快捷、更可靠、更规范"为目标的"六个再提升"办电服务新模式，坚持目标导向，聚焦当前业扩服务薄弱点，细化公司方案措施，打造一流电力营商环境，赢取客户良好"获得电力"感知，持续提升公司优质服务水平。

（五）众志成城，展巾帼风采

（1）在营业厅显著位置张贴加强疫情防治信息的宣传页，引导客户自觉佩戴口罩办理业务。配置体温枪，为前来办理业务的客户进行测温并登记。工作人员全部佩戴口罩上岗；营业厅及自助设备每日不少于三次全面消毒，明确专人负责，并做记录；接待客户后，对其使用过的设备进行全面消毒。在营业服务窗口采取分区服务的措施，将面对面业务办理窗口迁至封闭式收费窗口，最大限度减少客户与员工接触。

（2）合理引导客户线上办电，科学分流临柜业务。通过在营业厅设置专人引导、自助设备显著位置张贴宣传页等方式，引导客户通过"网上国网"手机 App、关注"河北电力"微信公众号或电话约时办理等方式，实现自助查询、交费和办电申请。

（3）针对必须到营业厅办理的业务进行全面简化，实现到厅"一次性告知""一次性办结"，严格落实"首问负责""一证受理""限时办结"等服务要求；建立营业厅疫情用电"绿色通道"，对疫情防控机构的新装、增容、故障抢修等用电需求，无条件先行处理，确保疫情防控用电快速及时办理。

（六）塑窗口形象，树行业新风

在服务"硬件"上，全面对标《创城实地测评体系》，大厅设置学雷锋志愿服务站，为用户提供业务指导服务，并设有急救药箱、雨伞、针线包、老花镜、拐杖等便民设施。先后开展了"高考保电""新时代 心服务"和"安全用电进校园"等系列公益活动，提供"妈妈式服务"。营业厅设有专人劝导不文明行为，维持营业厅文明秩序，实施窗口硬件升级，优化美化窗口服务环境，并做到常态化保持。在服务"软件"上，组织开展"提质提效·文明服务"竞赛活动，坚持以客户为中心不断深化服务意识，严格执行首问负责制、一次性告知、限时办结、最多跑一次等制度。

三　实施效果

（1）减少客户临柜次数，提高客户办电效率。在减少用户往返次数的同时节省了服务人员资源，大大提高了工作效率。

（2）适应改革、响应政策，从竞争中为企业注入新的活力、动力。

（3）老百姓逐渐认识、了解并接受电能替代的重大意义，推进低碳能源发展，"金山银山不如家乡的绿水青山"这句话正在逐渐实现。

（4）营商环境逐步向好，"获得电力"指标稳步提升。

（5）生命重于泰山，疫情就是命令，防控就是责任。在这场新型冠状病毒防控的严峻斗争中，国网邢台供电公司桥东供配电中心业务受理一班全体总动员，全力以赴投入到这场战"疫"中，她们始终坚守岗位，高效有序地开展疫情防控期间的服务保障及安全防控工作，默默地贡献着自己的一分力量，展现出新时代电力窗口职工的风采。

（6）在邢台日报社组织的"创城，交给我——微笑服务，让创城更有'温度'"活动中，业务受理一班营业员张佳丽同志获得"创城微笑大使"荣誉称号。微笑在脸，服务在心，她用标志性的微笑，让服务变得更有温度。

"望闻问切"工作法
打造班组文化落地实践新模式

单位：国网武安市供电公司徘徊供电所

一 产生背景

加强班组建设是构建和谐企业的需要。班组作为企业最基层的组织，担负着宣传引导、凝聚人心的重任。把职工的积极性、主动性和创造性充分调动起来，建设适应新形势、新要求的技能型、管理型、效益型、创新型、和谐型班组，大力培养高素质、高技能、高适应性的员工队伍，是落实建设具有中国特色国际领先的能源互联网企业的具体体现。做好新时期班组建设不仅要实现班组专业管理、效益方面提升，更要实现班组与成员之间相互依存、互利共赢。如何破解新时期班组建设与班组成员之间存在的瓶颈，打通班组建设"最后一百米"，是摆在基层班组管理人员面前一道亟待解决的新课题。

二 主要做法

在加强班组文化建设过程中，国网武安市供电公司徘徊供电所坚持以党内政治文化引领班组文化建设，强化文化驱动，开展文化创新，推动文化登高，增强文化自信。通过"望闻问切"工作法，不断增加员工在班组建设过程中参与度和积极性，有效提升员工获得感和归属感，做出了有益尝试，取得了良好效果。

（一）"望"外在强举措

图1 结合"主题班会"等大力弘扬社会主义核心价值观和优秀企业文化

坚持"多观察、会观察"，由外在表象深挖内在诱因，不断增强班组建设精准性。

一是观班组建设上级要求。时刻把握工作重心和上级决策部署，努力做到与党中央和公司党委在思想上保持高度一致，主动与公司专业部门进行对接沟通，增强班组建设前瞻性和针对性。

二是观班组建设薄弱环节和提升方向。结合星级供电所创建和班组建设实施细则，实时开展"回头看"，及时查找薄弱环节和存在问题，实施"一本账"管控（建立班组建设动态台账），制定任务书、计划图、时间点，防微杜渐，确保整改工作落实到位。

三是观员工思想、作风、能力建设。结合"主题班会"、党支部"三会一课"等活动，大力弘扬社会主义核心价值观和优秀企业文化，开展优秀共产党员、国网优秀职工典型事迹宣传，坚持文化引领、文化育人。加强国家政策、方针、《国家电网有限公司员工奖惩规定》等内容宣贯，每月定期从思想、作风、能力建设三方面对班组成员进行分析、评估，通过召开支部组织生活会、党风廉政座谈会等，对班组员工存在问题及不足开展批评与自我批评，并结合年度员工绩效考核兑现奖惩。通过锤炼班组文化建设和作风建设，"两手抓、两手硬"，潜移默化提升员工思想、作风、能力建设，营造"风清气正、干事创业"良好氛围，为打造优秀班组文化建设奠定基础。

（二）"闻"心声扩渠道

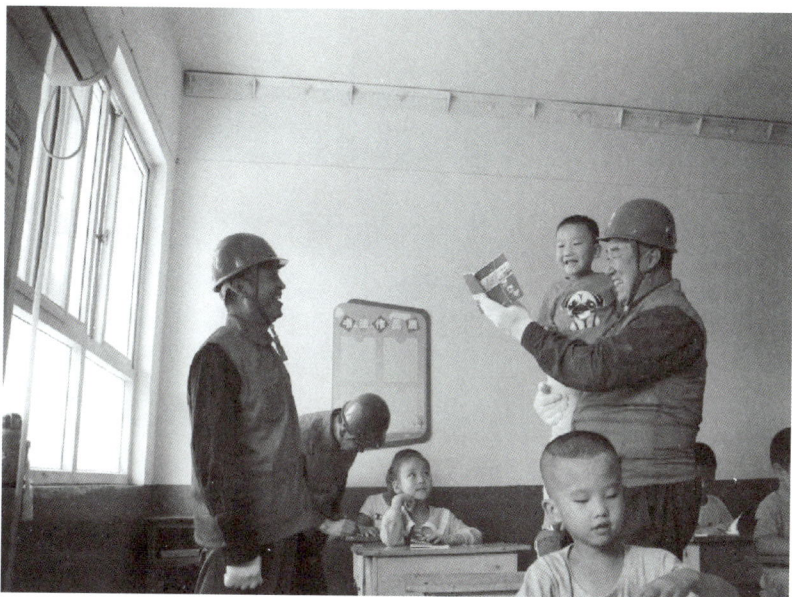

图 2　关心关爱班组员工，组织活动听取职工呼声

对内关心关爱班组员工，认真开展党支部组织生活会、班组谈心谈话等活动，认真倾听党员心声、职工呼声，及时帮助他们解决实际困难，尊重并响应合理诉求，围绕基层减负上报公司合理化建议 3 条，为班组员工解决困难问题 10 余件，满意率达 100%。对外深入开展"万千百十"大走访、共产党员服务队"五进"活动，主动征集用户意见建议；严格台区经理网格化服务举措，建立三级微信群，主动受理用户咨询、报修；公布供电所长联系电话，坚持每周四开展供电所长接待日活动，积极解决制约用户用电难题，通过拓宽交流沟通渠道，拉近与用户之间距离，避免了因沟通不畅造成的隔阂和误解，从源头降低了用户投诉风险。2019 年国网武安市供电公司徘徊供电所优质服务"零"投诉。

（三）"问"计策聚合力

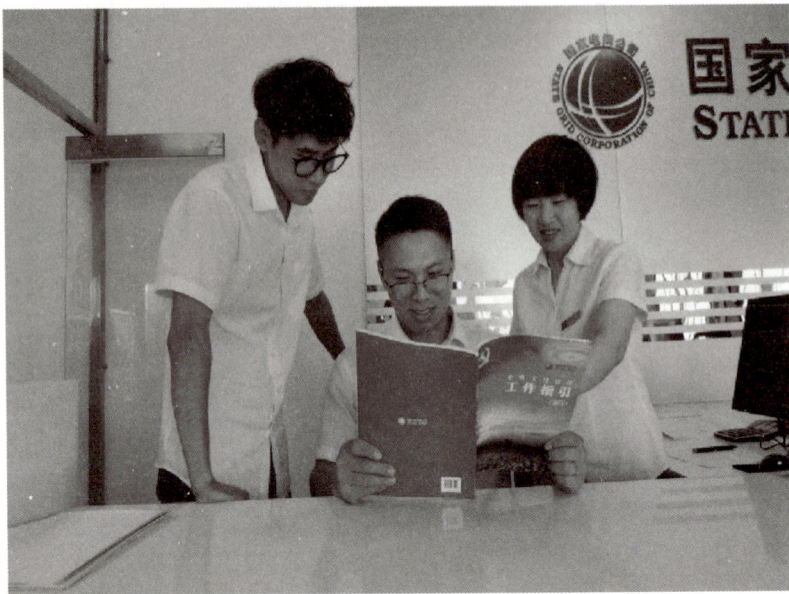

图 3　开展企业文化主题学习和讨论

创新开展班组"主题班会"模式，坚持"人人上讲台、人人当老师、人人是学员"，开展企业文化主题学习、热点追踪和班组幸福家园交流、讨论，增强员工班组建设参与度和积极性。坚持班组重大事项集体决策机制，强化班组民主管理，围绕经营管理、安全生产、同业对标、员工教育等重点工作，积极问计与员工，通过开展班组建设调查问卷、满意度调查、征集员工合理化建议，促进班组员工参与所务工作决策，培树班组成员"主人翁"意识，有效提高了员工幸福感和归属感。

（四）"切"症结促提升

坚持"突出三个导向、做好三个结合"。

一是突出目标导向，确保班组建设与卓越企业文化落地实践相结合。深入贯彻落实国家电网有限公司建设具有中国特色国际领先能源互联网企业新要求，制定《徘徊供电所卓越班组文化建设实施方案》，依托地域特色，积极打造"太行愚公班"班组建设，通过"四亮"工作法（即亮名片、亮技能、亮画像、亮制度），塑造"愚公班组"

形象。广泛开展倾情为家，省心服务惠润民生、能源转型，服务变革惠美乡村等愚公班服务场景创新，积极细化班组服务产品，升级场景体验。内质外形，积极发挥班组党联系群众连心桥作用，得到辖区用户一致肯定和好评。

二是突出问题导向，确保班组建设与员工获得感、幸福感相结合。坚持"以人为本"，不断丰富班组建设形式和内容，应用微信群，创新开展"三推一送"活动。应用美篇、抖音等互联网媒介和载体，将镜头对准一线，拍摄抖音、美篇等影像作品，记录班组成员工作点滴和闪光点，2019 年国网武安市供电公司徘徊供电所共拍摄抖音和美篇等作品 5 个（其中，雨雪天气巡视线路作品入选国网头条）；加强学习强国 App 学习，利用支部微信群积极推介时事要闻、重要讲话、规章制度等内容，坚定党员理想信念，锤炼党员党性修养。积极在台区经理微信群发布安全知识、企业文化答题等链接，组织全员开展企业文化、安全知识等内容学习和考试，利用职工喜闻乐见的形式，潜移默化中提升了员工业务技能。为班组员工举办庆祝生日活动，通过微信群为员工送去生日祝福和组织的关怀。通过一系列活动，增强了员工向心力和归属感。

三是突出成果导向，确保班组建设与公司卓越绩效管理相结合。以公司卓越绩效试点建设为契机，紧密围绕公司 2019 年工作部署，加强线路跳闸治理、投诉治理、线损治理，突出供电所综合评价和绩效考核，有的放矢加强重点指标和薄弱环节管控提升，2019 年国网武安市供电公司徘徊供电所 10kV 线路跳闸同比下降 9%，在省公司乡镇供电所综合评价中排名第 18 名。强化安全责任清单执行，逐级强化安全责任制落实，签订致员工家属一封信、安全生产目标责任书、生产作业"十不干"告知书等各 35 份，对生产性现场作业的个人实行准入管理，2019 年发放安全"驾照"35 本。

三 实施效果

（一）固本培元，提质增效

积极将优秀企业文化与班组建设提升相结合，班组硬指标、软实力相得益彰、相辅相成，破解了班组建设瓶颈，提升了班组专业管理水平。积极打造"太行山愚公班"班组建设模式，全力实施"望闻问切"工作法，于细节处察实情，紧切关键症结出实招，在潜移默化中"愚公精神"浸润班组高效协同，有效促进了供电所末端业务融合水平。

图4　班组成员在室外作业

2019年，国网武安市供电公司徘徊供电所结合公司年初"两会"精神及重点工作安排，持续发力，全面推动班组整体工作提质增效。

1. 增供扩销，开拓电力市场

2019年，国网武安市供电公司徘徊供电所完成购电量3272.02万kWh，完成售电量3221.32万kWh，同比分别增加22.51%、23.57%，电费回收率100%。积极跟踪太行钢铁退城进园项目，全面做好供电服务对接工作，3月份公司投运35kV孔壁变电站孔壁032路和顺义庄035路两条10kV线路后，先后为河北太行钢铁集团有限公司投运变压器7台8300kVA。

2. 降损增效，开展线损治理

贯彻落实公司台区实时线损"三个到天、两个力争、十项措施"攻坚行动，从源头上防范了台区线损异常波动。2019年，查处违约用电用户2户，追补违约用电电费1.88万元；完成综合线损率1.49%，同比降低1.68%；完成高压线损率1.55%，同比降低0.85%；完成低压线损率3.53%，同比降低0.01%。

3. 强基固本，加强采集管理

2019 年按时完成辖区 110 个台区集中器更换工作，完成了低压 11205 户 HPLC 宽带模块的更换，完成了夏庄村 1375 块卡表更换远程费控表计工作，实现辖区全域远程费控表安装率 100%，台区低压采集成功率 100%。

（二）文化聚魂，薪火相传

先锋领航，在书写"赶考"答卷过程中，班组通过发展积极健康的党内政治文化，推动中华优秀传统文化创造性转化、创新发展，培育班组员工政治气节、政治风骨；发扬了革命文化、传承了红色基因、弘扬了革命精神；同时，弘扬社会主义先进文化，引导党员职工带头争做社会主义核心价值观和优秀企业文化坚定信仰者、积极传播者、模范践行者。

截至 2019 年年底，班组召开组织生活会 1 次，开展各类主题党日活动 12 次、主题班会 12 次。先后组织党员服务队、班组骨干参加"清明防火"、迎峰防寒、迎峰度夏、春节保电及关键时期"属地化线路特巡"等 10 余次，受到辖区用户一致好评。2018 年，获评国网武安市供电公司"电网先锋党支部"。

（三）坚如磐石，担当使命

图 5　班组建设焕发出勃勃生机

　　坚持"以人为本"，促进班组建设与员工和谐共生、互利共赢，通过倾听员工呼声、心声，主动问计于员工，增强全员班务活动参与度和积极性，有的放矢激活班组细胞活力，班组建设焕发勃勃生机。坚持文化引领、文化育人，多维度、多层次开展先进榜样学习、规章制度宣贯，教育员工认识新形势、新任务，时刻敲警钟、鼓干劲，激励班组员工在建设具有中国特色国际领先的能源互联网企业进程中，吹号角，当先锋，潜移默化中增强了员工归属感和使命感，员工由原来被动接受变为主动作为，执行力及作风建设显著提升。

　　近年来，班组传承"赶考"精神、"7·19"抗洪精神，积极培树"立下愚公志、电亮桃花山""为民当先锋、服务作表率"等为民务实工作作风，班组员工连某某获评邯郸市"7·19"抗洪抢险先进个人、王某某获评国网邯郸供电公司2017年度属地化优秀班长称号。2019年，按照武安市整体部署，积极服务山区群众饮水工程用电需求，按时完成后水峪、姚家郊、天桥村三处饮水配套工程，新增10kV架空线路0.25km，新增配电变压器3台600kVA。

承传统、扬文化，
打造"2+2"班组文化新体系

班组：国网保定供电公司地区调度班

一 产生背景

国网保定供电公司地区调度班自 1958 年成立，负责保定电网运行、操作及事故处理，代表保定供电公司在电网运行工作中行使调度指挥权。自班组成立以来，一直采用半军事化管理，素有"铁打的调度台，流水的值班员"之称。雷打不动的提前 15min 到岗交接班，面对突发卫生公共事件果断全封闭隔离值班的优良作风，全天在岗、全年无休的调度台，纪律严明、技术过硬的调度员，面对各项工作任务，他们均能做到招之即来、来之能战、战之必胜。

国网保定供电公司地区调度班优良的传统和过硬的作风是鼓舞一代代调度人努力进取奋发向上的精神力量。然而，随着国家电网有限公司新战略目标的确定及国网河北电力"1132"工作思路的提出，仅靠"老传统"已无法适应公司发展需要。为加快建设具有中国特色国际领先的能源互联网企业，全力推动公司高质量发展，构建适应新时代发展要求的班组文化体系显得尤为重要。

二 主要做法

国网保定供电公司地区调度班以"公司文化"为载体，以"5+创新工作室"为牵引，构建了"2+2"班组文化体系，即传承调度班的"敬业""家企"两大传统，弘扬"创新""培训"两大文化。实现"老传统"与"新文化"的有机融合。

图1 "2+2"班组文化新体系

（一）传承"两大传统"

1. 恪尽职守、公而忘私的敬业传统

（1）事无巨细、严谨务实的工作态度。电网调度工作专业性强，责任心大。该班组一直以来秉承"敬业"传统，对调度员严格要求，使之养成了事无巨细、严谨务实的工作态度。例如，该班组对交接班力求"严、细、实"，做到"三个必须"原则，即电网方式变动情况必须交接清楚；重要事件、关键流程的进行情况必须交接清楚；电网变化情况对潜在事故处理的影响必须交接清楚。

（2）招之即来、战之必胜的政治觉悟。电网调度工作不仅要具有严谨的工作态度，更要具备公而忘私的大局意识和奉献精神。该班组充分发挥班组全体力量，应对各种"急、难、险、重"任务。例如，度夏期间恶劣天气事故频发，备班值班员牺牲休息时

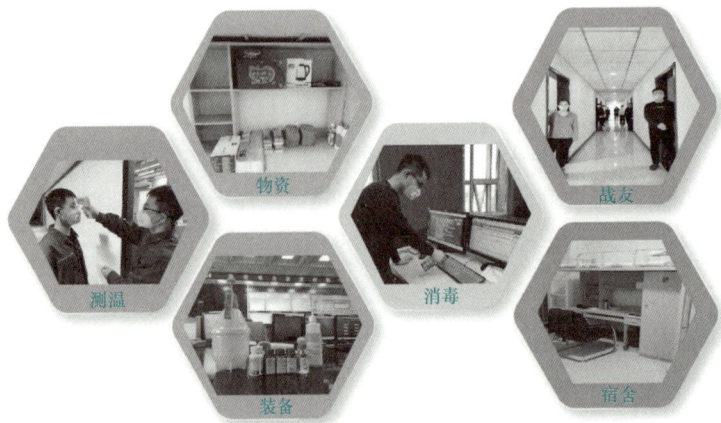

图2 集中封闭、共抗疫情

间到岗到位;"新冠疫情"期间,调控值班员舍小家,顾大家,主动参与集中封闭,共保电网安全。

2. 以岗为荣、以企为家的家企传统

(1)装备齐全到位、强化后勤保障。针对调度运行 24h 值班的状况,该班组在办公区域配备冰箱、微波炉、饮水机等生活设施,方便了大家生活,也让班员对班组真正有了"家"的感觉。同时,针对调控值班的特点以及值班员"久坐"运动量缺乏的现状,该班组购买了健身器材,设立了健身房,真正实现了以人为本,关心关爱员工健康。

(2)丰富文化生活、彰显人文关怀。为丰富班员业余生活,我班组定期开展各色活动。篮球友谊赛,队员你争我赶,不甘落后,将工作中奋发进取的精神带到了赛场上;除夕包饺子,班员互助友爱,学会了协作,收获了友情,懂得了团结。丰富的班组文化生活,营造了班组凡事有人做主、难题有人解决的良好氛围,增强了班员对班组的归属感与认同感。

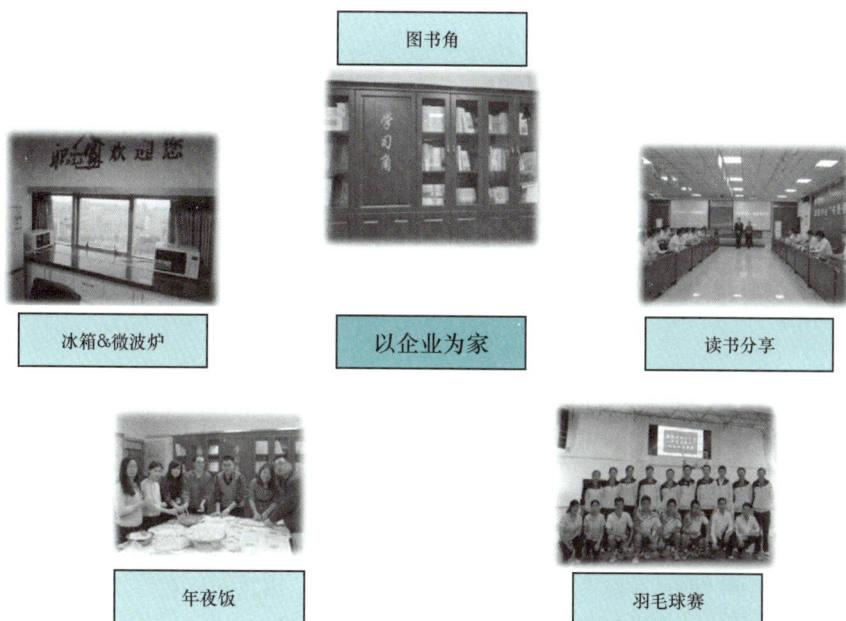

图3 互助友爱、以企为家

（二）弘扬"两大文化"

1.追求卓越、打造精品的创新文化

（1）众人拾柴、点亮创新火焰。针对"倒班"班组无法集中办公的特点，该班组创造性地采用了"轮换值班"模式，即倒班人员轮流参与长白班上班模式，确保每个人都能参与创新。青年员工是班组创新的骨干力量，针对目前班组青年员工较多的现状，该班组根据每一位青年员工的特质，为其分派特定的创新任务，以实现"人尽其才，物尽其用"，不断壮大班组的创新力量。

（2）联合攻关、铸就一流团队。创新理念是集众人之智，聚众人之力，成众人之事。该班组根据省公司重点工作安排，以实际工作需求出发，紧密结合自身情况制定创新项目计划表。采用"老带新"的团队管理模式，即对每一个创新项目指定一名具备班组创新经验的"老师傅"作为组长，由其带2~3名无经验的"新员工"组成攻关小组，使"新员工"锤炼成"老师傅"。"新老联合"的模式有效保证了创新工作的传承型与延续性，避免了创新团队出现"青黄不接"的问题。

图4　攻关小组实施闭环管控

（3）绩效绑定、激发创新活力。为了鼓励全员创新，激发班组创新活力，班组与车间开创性地推出将创新成果与绩效绑定的激励方法，即将成果等级和员工贡献程度与员工绩效绑定，并与薪点、奖金以及评优挂钩，该方法极大地激发了班员的创新热情，提升了班组发现问题和解决问题的能力。

2. 贤师授业、薪火相传的培训文化

（1）承前启后、师徒传承。电力调度员培养周期长，技能的成长主要源自实践工作经验，"老师傅"的技能传授相当重要。该班组根据调控值班特点，各值配置上采用"老中青"模式，以"老师傅"为核心，以"中年员工"为骨干，以"青年员工"为主体，形成多层次人才梯队，通过签署师徒协议，为每一位青工的指定师傅，相互促进业务技能提升，实现教学相长。

图 5 "老中青"人才梯队

（2）以讲促学、以学促干。调度业务联系人需通过持证上岗认证，因此每年需定期对县调调控员、厂站值班员以及直调用户值班员开展培训。为培养调控员授课技能，实现以讲促学，提升青工的理论水平。该班组建立了"选课—自学—试讲—互讲—评估"五位一体讲课模式，在提升调控员专业技能的同时，锻炼了 PPT 制作、语言表达、临场发挥等能力，并通过选取优秀视频课件建立了教学视频库，为新晋员工提供了多样化的学习素材。

图 6 学用并举促提升

（3）互动交流、共同进步。利用调度与监控施行的大值固定运转的有利条件，调控员在值内结为互助小组，形成"分组培训法"，即"以值为组、纵向培训、横向交流"。"以值为组"，对于倒班工作的调度员，可操控性强，在模式上保证培训工作顺利开展；"纵向培训"，提倡由工作经验和年龄上的纵向层次带来专业知识与工作经验的思想碰撞，实现知行合一；"横向交流"，针对小组内部无法解决的疑惑，利用每周一的安全日活动在各小组之间开展横向交流，共同提高。

| 以值为组 | 纵向培训 | 横向交流 |

图 7　互助交流促创新孵化

三　实施效果

通过构建新的班组文化体系，该班组成员整体素质得到全面提升，全员业务水平得到极大提升，班组工作效率得到大幅提升更有一大批管理和技术创新不断涌现。

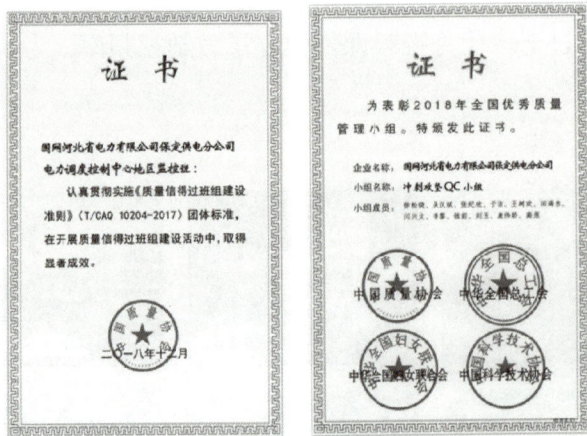

图 8　班组团队"双国优"称号

《创新应用卓越绩效评价体系，全面提升调控专业精益化管理水平》获得国网企协 2016 年度优秀卓越管理案例；地区调度班获全国质量信得过班组，"冲刺攻坚 QC 小组"获全国优秀质量管理小组称号，实现班组、创新"双国优"的优异成绩。

"三跨线路故障处置智能支撑平台"获省公司第三届青年创新创意大赛银奖；"载流量在线管理平台"获 2017 年度全国能源化学地质系统优秀职工技术创新成果三等奖；《电网调控业务全景化大数据分析系统》获 2019 年度全国能源化学地质系统优秀职工技术创新成果三等奖。

今后该班组将紧抓服务雄安发展的历史机遇，继续加强班组建设，提高班组管理水平，服务电网安全，坚持守正创新，发挥"5+ 创新工作室"的引领作用，充分为员工提供成长空间和展示平台，实现个人和企业双赢，用一流业绩为加快建设具有中国特色国际领先的能源互联网企业做出应有贡献。